不动产争议解决法律实务
——律师实战案例详解，办案实务操作指引

蒋修贤　著

中国财富出版社有限公司

图书在版编目（CIP）数据

不动产争议解决法律实务：律师实战案例详解，办案实务操作指引 /
蒋修贤著. — 北京：中国财富出版社有限公司，2023.12

ISBN 978-7-5047-8044-7

Ⅰ. ①不… Ⅱ. ①蒋… Ⅲ. ①不动产—民事纠纷—调解(诉讼法)—研究—中国
Ⅳ. ①D925.114.4

中国国家版本馆CIP数据核字（2024）第012248号

| 策划编辑 | 李　伟 | 责任编辑 | 田　超　张天穹 | 版权编辑 | 李　洋 |
| 责任印制 | 梁　凡 | 责任校对 | 庞冰心 | 责任发行 | 黄旭亮 |

出版发行　中国财富出版社有限公司

社　　址　北京市丰台区南四环西路188号5区20楼　　　邮政编码　100070

电　　话　010-52227588 转 2098（发行部）　　　010-52227588 转 321（总编室）
　　　　　010-52227566（24小时读者服务）　　　010-52227588 转 305（质检部）

网　　址　http://www.cfpress.com.cn　　　排　版　宝蕾元

经　　销　新华书店　　　印　刷　北京九州迅驰传媒文化有限公司

书　　号　ISBN 978-7-5047-8044-7 / D·0211

开　　本　710mm×1000mm　1/16　　　版　次　2024 年6月第1版

印　　张　21　　　印　次　2024 年6月第1次印刷

字　　数　355千字　　　定　价　65.00 元

蒋修贤律师，湖南邵阳人，西南政法大学法学学士、中国政法大学法学硕士，二级律师，现为广东广信君达律师事务所合伙人，广州仲裁委员会仲裁员，中国交易并购师。

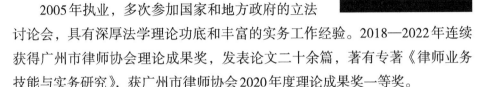

被聘为华南理工大学法学院兼职教授及校外硕士生导师、暨南大学专业学位研究生实践指导教师、广东工业大学经济贸易学院特聘教授、华夏职业学院兼职教授。

2005年执业，多次参加国家和地方政府的立法讨论会，具有深厚法学理论功底和丰富的实务工作经验。2018—2022年连续获得广州市律师协会理论成果奖，发表论文二十余篇，著有专著《律师业务技能与实务研究》，获广州市律师协会2020年度理论成果奖一等奖。

主要执业领域为：公司法律事务／城市更新、房地产建设工程／诉讼仲裁等业务，长期深入研究和办理不动产争议解决的法律业务，成功办理过大量国有土地开发、集体土地、城市更新、广东"三旧"改造、建设工程、矿山投资、海域码头尽职调查等重大不动产争议案件和非诉讼法律业务。

愿竭诚为各界提供高质量法律服务，维护法律公平正义，共创美好未来！

联系方式：
电　　话：18666028055　微信扫码：
电子邮件：18953111@qq.com

推荐序一

物权作为财产权的基石，是民事主体从事各种经济或社会活动的前提。不动产作为物权的客体之一，既是人类生存、繁衍、发展的物理空间，也是人类心灵需求满足的情景再现，甚至在满足人类居住使用需要的同时，也附带投资价值和金融属性，其重要性不言自明。作者将本书重心放在不动产相关争议及其解决上，对实务中不动产纠纷的常态化形式和诉讼仲裁结合的思路给予探讨，进而通过这些"典型案例"去探寻同类案件裁决者自由裁量的倾向和边界，以更好地指导涉不动产争议的非诉和诉讼事务。

本书的主要创新点有如下几个方面：第一，厘清我国现行法上庞杂的不动产权利体系。1978年改革开放至今，我国颁布了《宪法》《民法典》《土地管理法》《农村土地承包法》等法律以及大量配套的行政法规、地方性法规和规章，这些法律法规和规章规定了许多不动产权利的类型。目前，我国不动产权利形态可谓多种多样。在我国现行法律体系下，不动产上可设立的权利主要就是两类：一是物权，二是债权。前者由《民法典》物权编等法律调整，除不动产所有权外，主要是用益物权。后者由《民法典》合同编等法律调整，如本书所涉及的房屋租赁、土地租赁等。第二，阐明不动产争议频发的成因。当前不动产争议激增的原因在于相关不动产权利之间存在交叉重合，不动产登记的权利人和实际权利人不一致等，因此，要建立一个层次清晰、内容明确的不动产权利体系，使各个不动产权利尤其是不动产上的用益物权之间权属清晰。不动产上的各种用益物权形态，对于充分发挥不动产的效用，实现市场在资源配置中的决定性作用，发挥着非常重要的作用。第三，明确不动产争议解决的具体路径。一是完善不动产登记制度。不动产登记制度以维护

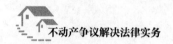

不动产交易安全和提高不动产交易效率为宗旨。因此，不动产登记并非意味着不动产登记机构只要将不动产的自然状况记载于不动产登记簿上即可。在不动产登记中，最重要的是将不动产上的权利准确地记载于登记簿上。唯此，方能维护交易安全和提高交易效率，避免不动产登记簿上的权利人和实际权利人不一致的情况出现。二是完善我国不动产的权利体系。以权利平等和物尽其用为原则，以《民法典》物权编中用益物权体系为核心，整合现有法律中重复和冲突的不动产权利规定，实现同样用途的权利之间在权利内容上的平等，例如努力实现集体经营性建设用地与国有建设用地的"平等入市"。三是加强不动产的执行工作。"无救济则无权利"，强化民事司法的执行工作，解决涉及土地、房屋等不动产执行难的问题，是确保法律全面正确有效实施的重要手段，也是解决不动产争议重要且关键的环节。

修贤君在本书的写作过程中，目光不断流转于事实与规范之间，思维跳动于笔墨之上，以依法治国理念为导向，以相关法条为指引，以案例焦点问题为引领，以争议解决为重点，在理论与实证层面均做出了重大突破。在理论研究层面，努力打破学科壁垒，充分借鉴哲学、文化学、社会学等学科的基本命题、理论模型、分析工具和研究方法，探寻不动产所蕴含的法价值、法理念，确证其规范功能，阐明《民法典》适用中的价值引领和裁判规则。在实证研究层面，以亲自办理的典型案例为实证依据，筛选不同类型的典型案例，对不动产纠纷的裁判进行定性、定量分析，对不动产权利进行类型化区分，进而为解决不动产争议提供实务解决方法和策略，分享办案心得和思维。我坚信，修贤君的著作必定在不动产相关理论及实务界留下浓墨重彩的一笔，也为中国法治的发展贡献自身的一份力量。

是为序。

华南理工大学法学院院长　教授、博士生导师

推荐序二

　　这是一部紧扣当下不动产争议与纠纷的焦点问题、内容全面系统、观点极具说服力、可读性极强的诉讼实务类法律专著，同时，也是一部充满思想火花的增智读物。

　　本书总结了15个专题，包括当下极具争议的土地租赁期限、小产权房买卖等热点焦点问题，旧改合作、定制租赁等疑难复杂问题，以及集体土地使用权流转、不同产征收等重大敏感问题，有的专题分别举出两个典型案例，从不同角度、不动层面力图将问题说清楚讲透彻。每个问题的论证均逻辑清晰严密、语言简洁流畅，读之有欲罢不能的淋漓畅快之感。

　　蒋修贤律师作为广东律师界的优秀代表，在繁重的实务工作之余，围绕法律实践中热点、焦点、难点问题，系统梳理自己团队近年来经办的典型案例，经验总结与理论升华互促共进，是当下只管埋头苦干、较少仰望星空的律师界的一股清流。本书意义不仅在于个人著书立说与团队锻炼提升，更在于为法律实务界提供了一部极好的学习教材，为社会公众提供了一部中肯、规范的行为指引。

　　难能可贵的是，蒋律师在深入思考、挖掘案件细节的过程中，并未陷入具体案件的细枝末节不能自拔，而是兼具高屋建瓴的宏大视角。在多处微观的法律技术性阐释中，引发深刻的人生大义，闪耀着哲理的光芒。"法者，以匡扶正义为己任"。就此而言，本书绝不仅仅是一部法律技术的专著。

龚军伟

广东华宪律师事务所主任

自 序

回望律师执业之路，发现与不动产法律业务似乎有深深的不解之缘——2014年起笔者曾担任某市土地发展利用中心的常年法律顾问，为做好该单位的法律顾问工作，笔者就此一头扎进了土地、房地产和建筑工程等不动产法律业务领域。笔者不仅努力将涉及不动产方面的法律政策条文熟记于心，并且阅读了大量的不动产典型案例，其间又边学习、边处理了该单位追索欠缴土地出让金、闲置土地收回、土地价格评估等工作项目，代理了上百件涉及不动产争议行政诉讼案件，为处理不动产争议案件的法律理论和实务经验打下了基础。笔者又先后担任了广州市仲裁委员会、肇庆仲裁委员会的仲裁员，积累了作为民事案件裁判者视角的经验，同时受邀于中山大学 EDP 继续教育中心、华南理工大学法学院、暨南大学法学院、广东工业大学经贸学院、华夏学院等高校讲课，有了将司法实践经验与教学理论相结合的机会。笔者也常受邀参加政府部门对不动产立法的专家讨论会议，加上长期代理大量的不动产争议案件及办理大量的非诉讼不动产法律服务业务，对不动产争议法律业务有了自己的看法和认知，收获的经验值得分享给大家作为参考。当然，正如法国哲学家笛卡尔所言，"越学习，越发现自己的无知"，不动产法律业务领域就像浩瀚的大海，而笔者就像一艘小艇，虽然已经扬起风帆、奋勇向前，但未来需要探索的领域还很深远、辽阔，笔者天资愚钝、才疏学浅，仅以此书抛砖引玉。

本书对不动产之物和物权的理论进行了简要概述，分析指出当前不动产争议增多的成因、不动产争议解决具有专业性和复杂性的特点，介绍了不动产争议解决的方式等内容，从最近数年代理过的实务案例中精选具有代表性

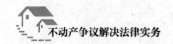

的不动产争议案例，将典型案例分为15个专题类别，对具体的案例进行分析。在案例分析的体裁上，首先是在"案例导读"中简要提出问题，其次在"典型案例"进行案情介绍，最后在"律师评析"总结该案办案方式、经验和技能，指出该类型不动产争议的特征、实务解决途径和经验，并引申出"相关问题与分析"的内容，在该部分内容中分析类案的共性特征、比较法律的适用、进行不同观点的阐述、分享办案经验与技巧等，并附该类案件相关的法律政策指引和文书模本，希望在内容上尽可能达到笔者写作的目的——有可借鉴的办案经验和技能，有可参考的法律文件模本，有可索引的法规指引，可成为法律工作者办理类案的参考书。

在不动产争议领域的长期法律实践中，我们需要不断总结不动产的特性和变化，积累争议解决的技能和经验，以便我们向当事人提供多种法律途径的解决方案，在一些涉及国计民生或宏观调控的不动产领域，国家法律和政策变化节奏加快，例如，房地产业、城市更新、广东"三旧"改造等领域，要认真考量每个具体案件，以维护法律公平为办案思维导向，以促成交易和发展为目的，在帮助当事人维护权利的同时，更要促进经济发展和社会稳定和谐，实现法律工作者所追求的社会效益。笔者以为，"法者，以匡扶正义为己任"，正如德国批判哲学家康德所言："世界上唯有两样东西能让我们的内心受到深深的震撼，一是我们头顶上灿烂的星空，二是我们内心崇高的道德法则。"这是法律人追求的理想，也是我们内心幸福的源泉。

本书之所以能够成稿并出版，得益于笔者律师团队吴剑良律师、郑劭律师、温建坤律师、邹子东律师等精诚合作，共同办理了本书中的大部分案件，并及时总结办案经验；杨超男博士对本书的创作也给予了大力支持；笔者所在单位——广东广信君达律师事务所对本书出版亦鼎力支持。同时对一直以来倾情支持笔者的读者们和亲友们、合作单位等，在此特别予以感谢！

蒋修贤

2023年3月于广州市

概　述

　　不动产（immovable property）属于民事法律领域中所指物的一种类型，是相对动产而言的，动产是指可以移动且不损害其形态和价值的财产，而不动产的物，是指不能移动或者移动就会改变性质、损害价值的物，包括土地和土地上的有形物质实体及其相关权益，比如，人力建设的定着物，我们日常可见的房屋、桥梁、公路、水电站、码头、地下设施等建筑物和基础硬件设施，在土地上自然生长的定着物，如林木、森林、草原等，以及被人工规划修整利用的土地、荒地、滩涂、温泉、湿地、矿山、海域等。

　　不动产权是属于物权的一种特别重要的权属类型，杨立新教授认为："不动产是指依自然性或者法律的规定在空间上占有固定的位置，移动后会影响其经济价值的物，包括土地、土地定着物、与土地尚未脱离的土地生成物、因自然或者人力添附于土地并且不能分离的其他物。"[杨立新,李怡雯.中国民法典新规则要点[M].北京:法律出版社,2021.]《中华人民共和国民法典》（以下简称《民法典》）第一百一十四条规定"民事主体依法享有物权。物权是权利人依法对特定的物享有直接支配和排他的权利，包括所有权、用益物权和担保物权"，第一百一十五条规定："物包括不动产和动产。法律规定权利作为物权客体的，依照其规定。"由此可见，我国《民法典》对物的划分为"不动产"和"动产"，物权又分为三种法定的权利，即所有权、用益物权、担保

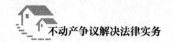

物权。杨立新教授认为："物分为不动产和动产。不动产和动产的划分，是物的最基本、最重要的划分，这种划分对民事权利尤其对物权制度具有决定性的意义。"[梁慧星，中国物权法草案建议稿——条文、说明、理由与参考立法例[M].北京：社会科学文献出版社，2019.]物权的权利，是由法律明文规定的，是法律创设的权利，不能由当事人之间创立，对于物权的具体权利，我国《民法典》主要规范于第二编之中。不动产所有权人与动产所有权人，拥有所有权的区别在于，不动产权的初始取得、流转、变动或改变用益状况，须采取特定的方式，国际上主要有三种形式。一是英美法系国家采取了"地券交付"制度，初始取得由政府向所有权人颁发证书，我国在民国时期房地产亦采取这种"房契""地契"制度。二是大陆法系国家如法国采取的是不动产权登记或公示制度，即双方当事人之间不经登记也产生法律效力，但不得对抗第三人。三是德国的登记要件制度，即不动产权利的移转必须采取登记为要件。我国《民法典》与德国制度为相同类型，即将登记作为产生不动产权利的要件。我国《民法典》第二百零九条规定："不动产物权的设立、变更、转让和消灭，经依法登记，发生效力；未经登记，不发生效力，但是法律另有规定的除外。依法属于国家所有的自然资源，所有权可以不登记。"这也就是物权的公示原则，因此，我国的不动产物权的创设和取得、流转，须取得相关权属证书，即需要取得不动产权证、用益物权证、抵押权证，作为法定权利的基本凭证，当证书载明事项与登记内容不一致时，如果有证据证明证书载明内容确有错误的，则以不动产登记为准。

在实务中，经常出现不动产所有权人与实际权利人在人民法院的执行程序中产生冲突，即不动产证上登记的权利人与实际权利人不一致，那么如何维护实际权利人的权益呢？对此，《中华人民共和国民事诉讼法》（以下简称《民事诉讼法》）设计了财产买卖未更名造成证载权利人与实际权利人不一致的执行排除措施，以及案外人对执行标的存在权属主张的执行异议与执行异议之诉的制度，对于争议物权的最终确定，还需要依法提起确权之诉解决。例如，在商品房屋买卖合同中，双方当事人签订了房屋买卖合同，也实际交付了房屋，房屋已经由买方占有使用，但因没有完成办理房屋所有权证书变更登记，买方未取得不动产证书，对该房屋不享有不动产的所有权，双方仅形成合同上的权利义务关系。假如卖方因欠债，债权人向人民法院申请强制执行，查封、拍卖该房屋，实际权利人买方要排除该执行措施的，则需依据《最高人民法院关于人民法院民事执行中查封、扣押、冻结财产的规定》第十五条规定，"被执行人将其所有的需要办理过户登记的财产出卖给第三人，第三人已经支付部分或者全部价款并实际占有该财产，但尚未办理产权过户登记手续的，人民法院可以查封、扣押、冻结；第三人已经支付全部价款并实际占有，但未办理过户登记手续的，如果第三人对此没有过错，人民法院不得查封、扣押、冻结"。因此，买方需要具备"已经支付全部价款、实际占有该房屋、不存在过错"三个条件，依据2021年修订的《民事诉讼法》第二百三十四条："执行过程中，案外人对执行标的提出书面异议的，人民法院应当自收到书面异议之日起十五日内审查，理由成立的，裁定中止对该标的的执行；理由不成立的，裁定驳回。案外人、当事人对裁定不服，认为原判决、裁定错误的，依照审判监督程序办理；与原判决、裁定无关的，可以自裁定送达之日起十五日内向人民法院提起诉讼"；《最高人民法院关于人民法院办理执行异议和复议案件若干问题的规定》第二十八条："金钱债权执行中，买受人对登记在被执行人名下的不动产提出异议，符合下列情形且其权利能够排除执行的，人民法院应予支持：（一）在人民法院查封之前已签订合法有效的书面买卖合同；（二）在人民法院查封之前已合法占有该不动产；（三）已支付全部价款，或者已按照合同约定支付部分价款且将剩余价款按照人民法院的要求交付执行；（四）非因买受人自身原因未办理过户登记"；第二十九条："金钱债权执行中，买受人对登记在被执行的房地产开发企业名下的商品房提出异议，符合下列情形且其权利能够排除执行的，人民法院应予支持：（一）在人民法院查封之前已签订合法有效的书面买卖合同；（二）所购商品房系用于居住且买受人名下无其他用于居住的房屋；（三）已支付的价款超过合同约定总价款的百分之五十"。因此，对于不动产的执行排除措施，原则上是以不动产登记和证书为依据，否则必须满足法律规定的严格要件和程序，方可确认实际不动产权利。

　　不动产权的登记发证工作十分重要。对此，我国于2015年3月1日实施了《不动产登记暂行条例》，各地方政府也颁布了施行的具体办法规定。例如，广州市于2022年3月1日实施了《广州市不动产登记办法》，笔者也曾参与该办法的立法专家意见座谈会，对关于在城市更新中对原不动产权证书的注销

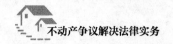

程序、条件及救济等提出建议。

孟子曰"无恒产而有恒心者，惟士为能"，反过来可以理解为"有恒产者，才有恒心"。自古以来，拥有稳定和丰厚的资产一直是大多数人民所向往和追求的目标，《管子·牧民》曰"仓廪实而知礼节，衣食足而知荣辱"，资产不仅可以满足人们对物质财富的需求，同时也是社会建立精神财富的基石，更是维护国家稳定，维护社会制度和道德风尚的前提物质条件，国强民富一直是中国仁人志士追求的目标，也是国家确定的"以经济建设为中心"，实现全民族"共同富裕"的国策。改革开放以来，中国人民无限的创造力和经济活力得到充分的释放，中国经济快速融入全球经济圈，虽然发展过程中遇到了金融风暴和各种困难压力，但中国的经济一直保持稳健和持续的增长。人们开始拥有房屋、车位、工厂、码头、海域等各类不动产，而且人们追求拥有不动产物和不动产权，不再仅为了利用不动产的使用功能，更重要的是利用不动产实现其投资价值和金融功能属性。比如，曾经在北上广深等一线城市出现的"炒房"行为，就是利用房屋价值的高增长来实现其投资价值和抵押融资金融杠杆功能，过度"炒房"行为催生房地产市场的各种无序乱象，高房价导致了一二线城市中的低收入者群体难以购买住房，杜甫"大庇天下寒士俱欢颜"的和谐社会理想也难以实现。2016年12月中央经济工作会议明确指出，坚持"房子是用来住的，不是用来炒的"，要合理运用金融、土地、财税、投资、立法等手段，加快建立符合国情、适应市场规律的基础性制度和房地产市场的长效机制，既抑制房地产泡沫，又防止房价的大起大落等。要求加快建立多主体供给、多渠道保障、租购并举的保障制度，让全体人民住有所居。中央和地方政府的一系列房地产调控政策的相继出台，对于过度利用金融杠杆进行房地产开发、"炒房""圈地造城"等无序现象进行了抑制。从2021年开始，国内房地产行情出现迅速下滑趋势，相关的不动产争议也骤然增长，关于不动产争议的解决也成了法律工作者关注的重要课题，值得我们深入研究和探讨。

（一）当前不动产争议增多的成因

首先，我国社会和经济的快速发展，推动了不动产的利用效率和交易量的持续增长，造成交易中的争议和摩擦增多。其次，我国法律法规和政策的经常变动和不完善，也是不动产争议增多的原因。比如《中华人民共和国物权法》（以下简称《物权法》）于2007年10月1日施行，但是《民法典》于2021年1月1日起施行之后，《物权法》即废止。关于集体土地的流转和开发的问题，虽然国家支持和鼓励"集体土地平等入市"、集体土地上建设公寓的试点、农村承包土地的"三权分立"，鼓励将承包权流转，但是制度设计和法规执行，存在不合理不完善及无法落地的问题，并且涉及不动产新的法律和政策也在推进中经常反复波动，比如，广州和深圳的城市中存在大量的村庄和集体土地，即所谓"城中村"，1998年原国土资源部与广东省政府签订广东建设节约集约用地试点示范省的协议，通称"三旧"改造政策，该项政策在广东省持续推进，历经十多年的发展，至今已经取得令世人瞩目的成绩，城中大量的旧村、旧厂和旧城镇得到了迅速而富有成效的更新改造，不仅当地城市面貌焕然一新，更是推动了当地经济的繁荣发展。2020年8月28日召开的广州市委第十一届十一次会议，甚至将城市更新与人工和智能化，并列为广州市经济发展的"双引擎"，相关的规章和政策不断发展和完善，广东省2021年3月1日施行《广东省旧城镇旧厂房旧村庄改造管理办法》，广州市于2016年1月1日施行了《广州市城市更新办法》及配套文件，但是2021年8月30日发布的《住房和城乡建设部关于在实施城市更新行动中防止大拆大建问题的通知》，对地方城市更新的法规和政策执行进行了新的重要指导，城市更新市场也随之迅速降温，大量的城市更新项目则需按照上述政策进行调整，其间关于"三旧"改造的投资合同争议也骤然增多，广东省高级人民法院甚至专门就"三旧"改造的争议出台了文件，2021年12月7日广东省高级人民法院发布了《关于明确"三旧"改造房屋拆迁补偿有关纠纷受理问题的通知》（粤高法〔2021〕126号）。最后，执法不严也是不动产争议增多的重要原因。随着城市规模的迅速发展，房屋和工厂等不动产物业的非法建设和销售行为屡禁不止，比如，当前城中村的集体建设用地成了房地产开发的风口，各种违规操作和变相销卖时有发生，甚至一些无规划许可的违章建筑直接投入商业使用，某些开发商甚至将集体土地上的房屋分割售卖使用权，而且某些村镇政府对这些房屋还加盖证明或颁发证书，形成所谓"小产权"房，"小产权房，它是在农民自己的土地上或者是农村集体土地上违法建造并对外销售的房屋"[中央民族大学 / 刘会娟：《小产权

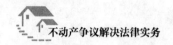

房存在的问题及合法化途径探析》，见湖北经济学院学报（人文社会科学版）2020年第7期]，大量的非法、变相的建设和交易行为，必然引发大量的交易争议。

（二）不动产争议解决的专业性和复杂性

不动产争议的解决具有专业性的要求，由于不动产权属作为最基础的权利法律关系是极为重要且十分复杂的，因此，国家需要制定专门法律规定来规范，我国《民法典》第二编"物权"就是专门规范包括不动产在内的物权内容，并且一些特殊的不动产领域还需适用专门的法律法规，比如，沿海而建的码头、港口、钢铁厂、原油加工厂、核电站等不动产项目，就会受到《中华人民共和国海域使用管理法》专门法律的约束，地方政府还会制定相应的办法和细则、政策，比如，广东地区颁布了《广东省海域使用管理条例》《广东省项目用海政策实施工作指引》《珠海市市、区管用海项目审查审批工作细则》等。矿山也是不动产中的一个特殊领域，需要适用专门的法律法规和政策，除了矿山开采必须具有法定的资质证照之外，矿山的相关生产经营运输等工作，也需要适用相关的法律法规政策，矿山不仅存在安全生产、尾矿治理、爆炸物的申领、运输、装卸、存储、环境污染等问题，还存在森林自然区的保护、水源保护、野生动植物的保护等问题，另外，租用农村集体山林进行开采的矿山，还存在与村集体山林租赁关系、山林承包经营权的流转关系，不仅要适用《中华人民共和国土地管理法》《中华人民共和国自然保护区条例》等国家层面的法律，而且要适用地方政府的法规政策，比如广东省就颁布了《广东省森林和陆生野生动物类型自然保护区管理办法》《广东省自然保护区名录》等政策指引。不动产权属关系和争议，一般都会涉及国家层面的法律和政策，还会涉及地方政府的行政规章和政策，这都需要专业的法律工作者进行处理、研究和适用，对于不动产争议解决的法律领域，专业性要求是该领域的基本特性。

不动产争议案件具有复杂性的特点。举例说，笔者代理一宗执行异议的案件，某宗不动产作为法院执行的标的，在执行程序中案外第三人提出了执行异议，由此产生一系列的法律程序，包括执行异议、执行监督、刑事程序、执行回转、不动产确权诉讼等，因一宗案件引发了多道法律程序和多重交织法律关系。笔者曾为一宗复杂的遗产继承案件提供法律咨询，该遗产是位于广州市荔湾区的一栋具有历史文化价值的民国风情建筑，这栋建筑是清末民初时期某实业家投资所建的私宅，中华人民共和国成立后该栋建筑物收归国有，后又根据相关政策发还，并由当事人对该建筑代管，但该建筑是某实业家以其朋友名义所建，地契署的是朋友名字，后朋友至加拿大定居，要求其后人信守诚信将该建筑返归至实业家后人。由于历史时代的变迁、法律政策的变化、证据缺失、涉外举证、建筑文物保护等原因，现当事人想要将该建筑确权为遗产就存在十分复杂的问题，当事人已经是该实业家的第四代曾孙，实业家后代中还有多个子孙，因此当事人是否具有继承权和委托代理权就存疑。要厘清该案，需要大量的调查工作、法律政策研究工作、大量历史证据的调取等，着实是"剪不断，理还乱"。笔者认为，大量的不动产争议案件，显示出不动产案件的复杂性，当然复杂案件往往也存在多重法律关系，那么解决路径就有多种选项，面对复杂案件，如果换种思路，往往能达到"柳暗花明"的效果。

（三）不动产争议解决的方式

不动产争议解决的方式有多种。《民法典》第二百三十三条规定："物权受侵害的，权利人可以通过和解、调解、仲裁、诉讼等途径解决。"因不动产争议的种类有很多，最为常见的就是在商品房买卖、房屋厂房租赁、土地的流转、房地产的合作开发等不动产交易中产生争议，以及不动产抵押产生的争议，在抵押合同关系中，特别要注意抵押权的期限性、有效性。当争议出现，如果当事人能够通过协商达到和解，则无须通过法律途径解决，如果自行和解无法解决，则可以选择调解的方式，调解方式是一种相对温和、便捷的争议解决方式，目前调解机构已经丰富多样，比如国家级的中国国际商会调解中心，还有行业协会设立的调解机构，律师事务所设立的调解中心，司法行政部门和律师协会设立的调解机构如广州市国际商贸调解中心。人民法院也非常注重调解，案件一般有诉前调解阶段，如果能通过第三方调解解决争议，不仅有利于争议的解决，也有利于结果的执行，全社会需要大力倡导以调解方式解决争议。调解无法解决争议的，可以通过司法途径解决，仲裁和诉讼（含行政诉讼和民事诉讼）是两种不同的法律途径，需要当事人根据

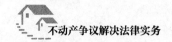

案件的实际情况选择，涉及不动产的行政诉讼和民事诉讼适用专属管辖的规定，而仲裁则无此规定。《中华人民共和国行政诉讼法》（以下简称《行政诉讼法》）第二十条规定："因不动产提起的行政诉讼，由不动产所在地人民法院管辖。"依据《民事诉讼法》第三十四条，"下列案件，由本条规定的人民法院专属管辖：（一）因不动产纠纷提起的诉讼，由不动产所在地人民法院管辖"；另外，对于涉及土地所有权和使用权的争议，需要经过人民政府先行处理的前置程序，依据《中华人民共和国土地管理法》（以下简称《土地管理法》）第十四条，"土地所有权和使用权争议，由当事人协商解决；协商不成的，由人民政府处理。单位之间的争议，由县级以上人民政府处理；个人之间、个人与单位之间的争议，由乡级人民政府或者县级以上人民政府处理。当事人对有关人民政府的处理决定不服的，可以自接到处理决定通知之日起三十日内，向人民法院起诉。在土地所有权和使用权争议解决前，任何一方不得改变土地利用现状"。而启动仲裁程序仅需要双方事先达成仲裁条款，将案件交由双方选定的仲裁机构进行仲裁处理，不存在不动产专属管辖的规定。《中华人民共和国仲裁法》（以下简称《仲裁法》）第二条规定："平等主体的公民、法人和其他组织之间发生的合同纠纷和其他财产权益纠纷，可以仲裁。"第四条规定："当事人采用仲裁方式解决纠纷，应当双方自愿，达成仲裁协议。没有仲裁协议，一方申请仲裁的，仲裁委员会不予受理。"第六条规定："仲裁委员会应当由当事人协议选定。仲裁不实行级别管辖和地域管辖。"值得一提的是，在办理具体不动产争议案件的过程中，尤其是通过诉讼仲裁解决争议的案件，裁判结果存在着不确定性、波动性和风险，这对当事人和代理律师而言均存在一定风险和压力。针对如何面对这种心理压力，正如美国作家纳西姆·尼古拉斯·塔勒布（Nassim Nicholas Taleb）在《反脆弱》一书前言中所言："有些事物能从冲击中受益，当暴露在波动性、随机性、混乱和压力、风险和不确定性中，它们反而能茁壮成长和壮大。"从单个案件而言，案件裁决的结果确实存在一定的风险压力，但是就宏观而言，案件裁决结果不确定性是一种基本常态，因此法律工作者，特别是青年律师，需要保持一种坦然面对裁决结果的积极心态。

　　总之，不动产之物和物权都会随着时代的发展而变化，我们要跟随时代前进的步伐，关注不动产物权法律政策的修改和调整，作为法律专业工作者，我们不仅要认真进行理论研究，更要在办案实务中提炼和积累经验，为国家和地方政府在立法方面建言献策，为司法工作提供闪着智慧光芒的办案思路，为国家在普及不动产法律知识方面积极奉献力量，我们法律工作者需凭借扎实的法律理论知识和丰富的办案经验，以敏锐眼光捕捉案件的突破口，紧紧抓住案件的焦点，以务实和执着的精神推进案件解决进程，维护法律的公平正义和当事人合法权益，努力实现作为一名法律工作者的珍贵并崇高的自身价值。

目　录

第一章　建设工程施工承包合同纠纷 ················· 1

01　建设工程未经验收，但已交付使用，发包方是否有权以质量

不合格为由，解除建设工程承包合同，要求施工方退还工程价款？ ······ 1

典型案例1：某科技公司与某图书馆工程施工合同纠纷案 ········· 1

02　建设工程项目的发包方和承包方串通投标，并由实际施工人

挂靠施工的建设工程承包合同是否有效，法律责任如何分担？ ······ 17

典型案例2：某房地产公司与某建设公司、李某建设工程合同

　　　　　纠纷案 ············· 17

第二章　房地产合作开发纠纷 ··············· 31

03　在合作开发房地产合同中，约定一方以国有土地使用权形式出资

（以下简称"出地"）、一方出资，出地一方固定收取一定比例价款或

物业面积的，合同性质如何认定？ ··············· 31

典型案例1：A公司与B公司、C公司国有土地使用权转让

　　　　　合同纠纷案 ··············· 32

04　合作开发房地产项目面临破产清算，作为项目公司的大股东、

债权人，如何保护该项目的债权和物权不列入破产分配？ ········· 42

典型案例2：A公司诉B公司、质押人C公司、刘某合作

　　　　　开发房地产借款案 ··············· 43

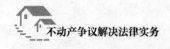
第三章　房地产"烂尾项目"争议处理 ……………………… 56

05　在房地产"烂尾楼"盘活项目中，如何巧用民事诉讼的措施，
先恢复项目的继续建设问题，让楼不再"烂"下去？ ……… 56

典型案例：某"烂尾楼"先行裁决收楼、代建一案……… 57

第四章　商品房屋买卖合同纠纷 …………………………… 65

06　商品房局部结构与销售沙盘模型、销售人员描述不一致，购买方
是否有权拒绝收楼及要求开发商承担违约责任？ …………… 65

典型案例1：邓某与A公司商品房买卖合同纠纷案 ………… 65

07　何种情况下预约合同可认定为合同成立？如何认定商品房买卖
协议中存在的"格式条款"的效力？ ……………………… 73

典型案例2：吴某与A公司商品房买卖合同纠纷案 ………… 73

第五章　城镇房屋租赁合同纠纷 …………………………… 84

08　定建租赁合同关系中，承租方违约中途解除合同，出租方的定制
损失如何保护？ …………………………………………… 84

典型案例1：A公司与B公司厂房租赁合同纠纷案 ………… 85

第六章　集体所有土地合作开发纠纷 …………………… 112

09　在集体土地合作开发合同中，如何认定是房地产合作开发关系
还是土地租赁关系？集体土地租赁的合同期限是否可超过二十年？ … 112

典型案例1：某村经济联合社与A公司集体建设用地租赁
合同纠纷一案 ………………………………… 113

10　房地产项目未取得建设用地规划许可证，政府整改会议纪要
可否视为"经政府主管部门批准建设"？ ……………… 124

典型案例2：A公司与B公司、张某房屋租赁合同纠纷案 …… 125

第七章　集体物业租赁、买卖合同纠纷 ……………………… 133

11 非本村集体组织成员之间转让宅基地及房屋的转让合同是否有效？转让合同争议处理原则是什么？ …………………… 133

典型案例1：A公司与邓某房屋买卖合同纠纷案 …………… 134

第八章　宅基地合作建房、买卖合同纠纷 …………………… 147

12 获得农村宅基地的法定条件是什么？如有证据证明宅基地证违反强制性行政管理法规，法院在民事诉讼中是否有权直接认定宅基地证非法无效？ ……………………………………… 147

典型案例1：A公司、某河灌溉工程管理所合作建房纠纷 …… 148

第九章　城市更新合作协议纠纷 …………………………… 157

13 如何认识旧村改造中村集体、开发商及平台公司之间签订的旧村改造委托服务合同的合法性问题？ ………………… 157

典型案例1：A公司与B公司委托合同纠纷案 ……………… 158

第十章　矿山开发权租赁合同纠纷 ………………………… 172

14 矿山租赁经营合同签订之前形成的矿山内部安全隐患，导致承租期间发生安全事故造成承租人损失，出租人是否应承担责任？ … 172

典型案例1：A公司与B公司某矿山租赁经营合同纠纷 ……… 173

15 因开采权存在瑕疵，矿山开采和配套加工项目停工停产，如何厘清法律关系，盘活项目？ ………………………… 182

典型案例2：某矿山和配套生产基地重组法律服务项目 …… 183

第十一章　不动产收并购尽职调查注意事项及争议案例处理 …… 191

16 填海造地海域使用权转为国有土地使用权登记换证等法律问题 ………………………………………………… 191

典型案例1：A公司收购某码头公司之法律尽职调查 ……… 191

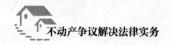

17 如何对不同权属主体持有和运营的不动产项目进行法律尽职调查,调查内容主要包括哪些? ················ 214

典型案例2:某物流园收购项目之法律尽职调查 ············· 214

18 在企业收购兼并中,如何化解目标企业原股东和管理团队进入新公司的利益冲突,避免消极怠工对抗,以实现收购目标? ··· 229

典型案例3:王某等三人与李某股权转让合同纠纷一案 ········· 230

第十二章　不动产抵押合同争议 ················ 248

19 不动产作为抵押物,如果没有办理抵押登记,抵押合同是否生效,抵押权人是否有权要求抵押人承担违约赔偿责任? ········· 248

典型案例1:某银行诉某公司、陈某借款合同纠纷再审案 ····· 248

第十三章　不动产征用、征收纠纷 ················ 258

20 在集体所有土地和房屋拆迁案件中,应如何审视征收拆迁程序的合法性和补偿的合理性? ················ 258

典型案例1:某民办学校征收拆迁法律服务项目 ············· 259

第十四章　不动产执行纠纷与救济程序 ················ 274

21 在对不动产的执行程序中,发现涉及虚假诉讼的刑民交叉问题如何解决? ················ 274

典型案例1:某市土地违法拍卖执行监督案 ············· 275

第十五章　旧村改造项目争议之法律意见 ················ 286

22 "三旧"改造是广东省特有的城市更新政策,旧村改造合作企业的主体资格确定之后,合作企业或项目公司可否转让股权? ····· 286

典型案例1:某村旧改项目公司股权转让的法律意见 ··········· 287

阅《不动产争议解决法律实务——律师实战案例详解,办案实务操作指引》有感 ················ 301

第一章　建设工程施工承包合同纠纷

01 建设工程未经验收，但已交付使用，发包方是否有权以质量不合格为由，解除建设工程承包合同，要求施工方退还工程价款？

案例导读

　　建设工程施工领域中，经常存在项目完工但未经验收，建设方由于特殊情况需要提前投入使用或部分使用，然而在使用过程中又发现质量存在问题，因此拒绝进行竣工验收并拒付工程尾款，而施工方称未验收的责任在于建设方，要求进行工程款结算并追索相关工程款项，本案具有典型意义，本案一审法院裁决施工方建设质量不合格，判决解除施工合同，责令施工方退还款项并根据合同约定处以罚款，施工方不服，向某省高级人民法院上诉，终审判决结果如何呢？

典型案例1：某科技公司与某图书馆工程施工合同纠纷案

上诉人（一审被告）：某科技公司（以下简称"A公司"）
被上诉人（一审原告）：某图书馆（以下简称"B馆"）

　　原告B馆向某市中级人民法院提出诉讼称，2008年5月原告通过政府公开招标程序，对案涉"建设工程施工合同"公开招标，根据中标通知，被告A公司与原告B馆就"某市图书馆智能安保系统工程采购及安装项目"签订

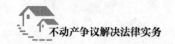

了《采购合同》，合同约定工期为55天，其中的基本合同条款明确交货方式为"现场免费安装调试验收"，竣工验收前A公司需要对产品全面检查并整理验收文件，经过系统检测、初步系统验收、系统安装调试、最终验收才能正式竣工交付。合同签订之后，2008年6月经被告申请，监理工程师签发了《开工申请》《开工令》，允许被告进场安装，根据"项目需求和说明"第七条规定，被告对项目负有深化设计义务，被告未按照原告要求提交深化设计方案，至2008年10月原告向被告发出通知"方案基本可行"，但仍要按照要求修改完善，并要求最迟应于11月30日前完工并投入运行。至此，被告耽误了原合同约定全部工期，工期延长两个多月。2008年11月原告发现被告施工安装过程中采购的部分设备和货物存在偷梁换柱、以次充好，擅自更换原定品牌设备，提供不合格产品，不装、少装系统和配套硬件等情况，为此又向被告发出通知制止被告的上述行为，但是直到2009年4月原告开馆时，被告施工的设备系统安装工程仍然没有完全竣工，验收工作遥遥无期，导致整个项目无法竣工验收、竣工结算并办理产权登记手续。原告开馆以后，本项目在边施工、边调试、边返工整改中进入"试运行"阶段，而被告的整改和施工进程断断续续。视频监控系统于2008年12月基本完工，入侵报警系统拖到2010年9月才完工，门禁系统于2011年3月才完工，巡更系统于2011年11月才完工，虽然被告也为初步验收制作并提供了相应的竣工申请，但是项目无法竣工验收，未进入正式交付环节，被告构成严重违约。2014年12月被告失去了整改的耐心，擅自撤离、放弃工程，致使原告的合同目的无法实现，并造成原告重大经济损失。为此，原告要求解除合同，退还已支付的工程进度款，要求被告支付误期赔偿金、质量赔偿金、罚款、直接经济损失等共计2000余万元。

被告答辩称，不同意原告诉讼请求，被告方认为项目已经按合同完工，延期问题是建设方的方案调整、审批延迟、建筑物局部倒塌等原因所致，例如，在双方合同尚未签订、深化方案尚未确定、深化图纸尚未确认的情况下，原告签发《开工令》要求被告进场施工，又多次对设计方案进行修改、评审，最终深化设计方案修改意见于2008年10月才获得上级单位的批复，根据批复意见，原告又深化了设计的图纸，但原告迟迟未确认。由此可知，《采购合同》所确定的竣工日期2008年9月因原告自身的原因根本无法执行，监理方2009年5月已出具了完成施工并竣工的证明，B馆也在2009年5月投入使用，原告在2009

年5月也出具了竣工图，并得到了监理的签字认可，但是原告一边使用，一边又迟迟拖延不予验收，并且于2014年10月将被告安排的维修人员强行赶走，其对该工程自行使用和维修，在此期间已举行了十余次大型活动和展览，项目工程已经接收并使用近十年。根据《最高人民法院关于审理建设工程施工合同纠纷案件适用法律问题的解释（一）》第九条第（三）项"建设工程未经竣工验收，发包人擅自使用的，以转移占有建设工程之日为竣工日期"之规定，应驳回其诉讼请求。并且被告提出反诉：A公司立即向B馆支付工程款尾款、质保金等合计人民币140余万元，承担本案的全部诉讼费用。

一审法院经审理认为：B馆、A公司签订的《采购合同》系当事人真实意思表示，内容未悖法律强制性规定，属于合法有效的合同，当事人争议的焦点是：一、B馆要求解除《采购合同》是否合法有据；二、B馆要求A公司返还工程进度款、代垫费用及支付违约金、赔偿经济损失是否合法有据；三、A公司要求B馆支付工程尾款及质保金是否合法有据。

（一）关于B馆要求解除《采购合同》是否合法有据的问题

根据合同基本条款第11.10条第3、第5、第6、第9项约定："乙方违约有以下情形之一者，甲方有权解除合同，没收乙方的履约担保金，并另行发包工程，同时由乙方承担因此造成的一切损失：（3）不具备完成本项目工程的技术、机械能力，被甲方判定为没有能力履行全部合同。"直至本案诉讼时，A公司延期多年未能按照约定，完成工程项目的施工及验收。B馆根据A公司多年整改未达到合同约定质量的情况，认定A公司不具备履行本案工程项目的能力，并据此解除合同，符合上述合同条款的约定，本院予以支持。

（二）关于B馆要求A公司返还工程进度款、代垫费用及支付违约金、赔偿经济损失是否合法有据的问题

如前所述，B馆有权行使约定的合同解除权解除《采购合同》。《中华人民共和国合同法》（以下简称《合同法》）第九十七条规定："合同解除后，尚未履行的，终止履行；已经履行的，根据履行情况和合同性质，当事人可以要求恢复原状、采取其他补救措施，并有权要求赔偿损失。"本案中，鉴于本案工程至今未通过验收合格，本院对B馆要求A公司返还已支付工程进度款的

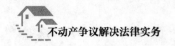

诉讼请求予以支持。

（三）关于A公司要求B馆支付工程尾款及质保金是否合法有据的问题

如前所述，《采购合同》因B馆行使解除权而解除，尚未履行的，终止履行。A公司要求B馆支付工程尾款及质保金属于要求继续履行合同，本院不予支持。

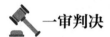 **一审判决**

2018年6月某市中级人民法院作出一审判决，判决内容：一、判决双方合同解除；二、判决A公司退还已收取的施工款700余万元；三、判决A公司向B馆支付罚款200余万元，驳回A公司的反诉。一审判决后，双方均向某省高级人民法院提出上诉，二审法院经审理之后，认为：

（一）关于一审法院判决解除本案《采购合同》并判决A公司向B馆返还进度款700余万元、支付罚款200余万元是否正确的问题

从本案履行合同的情况看，A公司已完成所有工程项目，B馆亦向A公司支付工程进度款，虽然案涉工程尚未通过竣工验收，案涉工程存在部分质量问题，但B馆从2009年起，已陆续接收工程并使用至今，本案合同已履行完毕，不符合合同解除的条件，故对B馆提出的解除《采购合同》等主张不予支持。

（二）关于B馆请求A公司支付误期赔偿金900余万元、赔偿直接经济损失60余万元，是否有事实和法律依据的问题

A公司应于2008年11月前完成案涉工程，即便扣除合理的顺延期间，A公司完成全部工程也明显超出了合理期间，构成工期延误，按照约定，应承担延期责任，B馆已接收完所有案涉工程。因B馆并未提供充分证据证明其因案涉工程支付了检测费、维修费、律师费，故要求赔偿直接损失，本院不予支持。

（三）关于 B 馆应否向 A 公司支付工程尾款、质保金 140 余万元的问题

B 馆于 2009 年 5 月开始投入使用，并一直使用至今，应向 A 公司支付工程尾款、返还质保金，A 公司的上述要求，具有事实和法律依据，本院予以支持。

2019 年 12 月某省高级人民法院作出终审民事判决，认定一审判决认定部分事实不清，实体处理不当，应予纠正。并判决如下：

1. 撤销某市中级人民法院的一审民事判决；

2. A 公司向 B 馆支付误期赔偿金 300 余万元；

3. B 馆向 A 公司支付工程尾款、质保金 140 余万元；

4. 驳回 B 馆的其他诉讼请求。

一、律师评析

本案二审法院的判决举重若轻，简明扼要地将认定事实和适用法律阐述清楚，上诉方的律师代理意见得到法院大部分的支持。但是，在诉讼过程中，对于双方代理人而言，则不能像裁决文书一样，简要对待案情，而应重之、慎之。

（一）关于 B 馆是否将工程投入使用的问题

本案工程已于 2009 年 5 月完工并经工程监理签名确认，已经达到交付及实际使用的条件。B 馆于 2009 年 11 月 12 日书面确认本案工程已经进入收尾阶段，并要求 A 公司于 2009 年 11 月 30 日前全部完成、进入验收。退一步讲，即便按 B 馆所称的"初步验收"时间为 2012 年 3 月，也已经明确证明本案工程已经完工、处于验收阶段。这说明工程项目已经完工，但由于部分质量瑕疵问题未得到 B 馆认可而未进行竣工验收，这一事实在原审中 B 馆也未否认，其明知本案工程未验收合格情形下，将工程投入使用至今，其间还举办了多次大型活动，使用案涉工程和设备，足以证明 B 馆虽然未对工程进行验收，但已经接收工程并投入使用，施工方的合同主要义务已履行完毕，后期 A 公司需要提供的是维修保养的合同义务。

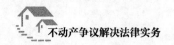

（二）关于建设工程"未经验收但投入使用情形"的法律适用问题

建设工程质量直接关系到公共安全及人民群众人身财产安全，是工程建设管理中的重中之重，为此国家颁布了工程质量验收的相应强制性标准。依据《民法典》第七百九十九条（《合同法》第二百七十九条）、《中华人民共和国建筑法》（以下简称《建筑法》）第六十一条、《建设工程质量管理条例》第十六条等规定，建设工程未经验收或者验收不合格，不得交付使用。这是法律对不得交付使用的强制性规定。发包人擅自使用说明其主观存在过错，法律后果应自行承担，发包人使用未经验收的工程，其应当预见工程可能存在质量问题，使用未经验收合格的建设工程，发包人应承担相应法律后果。《最高人民法院关于审理建设工程施工合同纠纷案件适用法律问题的解释（一）》（法释〔2020〕25号）第十四条规定："建设工程未经竣工验收，发包人擅自使用后，又以使用部分质量不符合约定为由主张权利的，人民法院不予支持"，本案中B馆接收工程并投入使用，其间处于"边维修、边使用"状况，构成"擅自使用"行为，依据上述法律规定，建设方擅自使用本案工程后，其已丧失以质量不符合约定为由主张权利的请求权基础，一审法院以本案工程未达到合同约定质量标准以及未达到合同目的为由，判定解除合同，是适用法律错误。二审法院的认定是准确的："从本案合同履行来看，A公司已经完成所有工程项目，B馆亦向A公司支付了工程进度款，虽然工程尚未通过竣工验收，且案涉工程存在部分质量问题，但建设方B馆已投入使用至今，合同已履行完毕，不符合合同解除条件。"

本案终审判决之后，双方当事人均服从判决结果，未再起争议，双方按终审判决的内容顺利履行完结，取得比较圆满的代理效果和社会效益。作为A公司的代理方，获得上述代理效果实属不易，其中办案经验分享如下。

1.前期案情全面调研，充分掌握案情

A公司决定委托笔者律师团队代理二审，接受委托之后，第一件事情，就是团队主办律师上门至客户处，与经办该项目的主管领导、项目经理、具体施工人员进行案情交流会议，几次会议都是从工作时间直至深夜，甚至"边吃盒饭、边开会"都成了工作的常态，通过夜以继日地工作，主办律师获取该项目从中标到一审判决过程中的案情细节，梳理出有价值的案件线索和要点；第二件事情，团队深入研究案情，研究一审中全部的案卷材料，研究案情会议中获知的案情细节，发现必要的事实证据，安排证据的全面搜集和整理工作，比如，该案在上诉中，代理人安排新增了施工方资质和业绩材料，双方的往来函件，该项目维修记录，该项目开馆运营的网络截图等16份新证据，上述证据材料对佐证事实非常重要；第三件事情，代理律师亲自至项目所在地进行实地查看，了解该项工程施工和运营等情况，听取该项目负责人的案情陈述，了解建设方态度等情况。

2. 与客户共同分析案情，共同确定诉讼方向和策略

全面掌握了案情和证据材料之后，笔者律师团队多次开会研究案件涉及的法律关系和适用的法律、司法解释，并收集了最高人民法院和其他法院的类似司法判例，查询了行政部门如公安部、某省相关部门对安防的相关规定，咨询相关负责部门意见等，并且负责律师又多次上门与客户管理层就案情的诉讼方向、策略进行商议，管理层也认真听取了律师的意见，支持律师策略。律师团队认为，在上诉状中须将主张、证据、论述，清晰有力地向法官呈现，并且将已有判例包括某省高级人民法院的案例，附在上诉材料中列明呈现，将新获得的证据全部向法庭提交，以确切有力地支持代理人的观点，最后定稿的上诉状字数达12000多字，新提交的证据共16组。上述材料，也经过多次与客户管理层商议修订补充，使客户产生信心，最后由客户股东会敲定，才递交给法院。

3. 诉讼进程中的开庭、质证，以及补充新证据等措施

针对我方提出的上诉状和证据清单，对方倍感压力，为了保守一审的胜利成果，对方在二审中加大谈判的筹码和对法庭施加压力，于是跟着提出上诉请求，要求施工方增加赔偿误期赔偿金、直接经济损失计1000余万元。2018年12月本案在某省高院如期开庭，双方律师均出庭应诉，审理过程中，三位法官对案件进行细致的审理，依据法定程序进行法庭调查、法庭辩论、最后陈述等法庭审理阶段，对证据进行质证，对焦点问题进行激烈的法律辩论。在法庭辩论阶段，笔者律师团队清晰、准确地陈述了上诉请求、提出相关证据，以证明该项目在完工之后，虽未进行验收，但责任并不在施工方，而且该项目自2018年10月起即一直处于使用状态，并向法庭提出了对工程进行现场调查、调取建设方的安保记录、对工程质量进行鉴定的各项申请，对方代理人认为，施工方签订了《采购合同》，理应按合同全面履行，但施工方

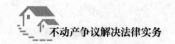

不仅偷工减料、以次充好，施工的工程粗制滥造，延迟交付，最重要的是工程根本无法投入使用，合同目标无法达到，以致该项工程一直瘫痪闲置，并未投入实际使用，造成建设方巨大经济损失。庭审结束之后，法院主持双方进行调解，由于双方分歧太大，调解未果。

4.开庭之后，代理人争取和解的努力

开庭之后，双方律师互相传达了和解的意图，反复沟通长达一年多，和解协议文本亦根据建设方的要求多次修改，但是最终以建设方不同意和解而终止，在此期间，代理律师为争取和解，多次书面致函建设单位相关领导以及上级单位领导，陈述和解对双方的益处，双方律师也一直进行坦诚的沟通。

5.代理律师在开庭之后的努力

法院调解未果之后，B馆在施工场馆又举办了一系列公开活动，并且相关新闻由电视台播出，笔者律师团队将上述新证据交给了承办法官，并且向法官提出进行现场取证的书面请求，本案结果对当事人利害攸关、责任重大，代理律师庭后又多次向合议庭法官寄送书面的和解方案、代理意见、案件焦点分析等多达数十份，一再向合议庭的法官阐明案件分析意见，积极争取法庭的认同理解。经过笔者律师团队专业、严谨、执着的代理工作，最后终于获得终审的胜诉。

二、相关问题与分析

在建设工程领域，工程质量问题关系国计民生，工程竣工验收标志着承包人施工任务的完成和发包人对该工程接管并使用的开始，即工程的风险责任由承包人转移给了发包人。建设工程实践中，有的发包人为了提前获得投资效益或其他原因，不顾法律的强制性规定，未经验收就擅自使用未竣工验收的工程，客观上造成了一定的安全隐患，因此未经验收合格的建设工程，依法是不可投入使用的。建设方可以采取法律途径，要求对方及时维修整改至符合验收的标准，或者依据法律规定，主张施工方的行为已经构成违约，符合解除合同的，则可以起诉要求解除合同，就施工方造成的延期和损失等，要求其承担赔偿责任。

但是在项目建设施工中，因建设方与施工方产生工期、工程量、结算等争议，导致施工方怠于施工或长期停工，而建设方又需要及时完工并尽快交付工程，客观上无法与施工方继续合作，此时某些建设方选择直接将施工方的人员和设备赶出现场，对施工方的施工原状进行公证保全，再聘请第三方在原有基础上继续施工，这种做法是不是可取？笔者认为，严格从法律程序上讲，双方未协商共同解除合同，一方强行驱赶施工方，这种自力救济的行为是不可取的，有可能引起现场冲突和更大矛盾，因此，稳妥的做法，是按照合同的规定，采取诉讼和仲裁途径，由裁决机构对施工现场进行保全，在解除双方施工合同之后，再按照裁决结果执行。当然有观点认为，诉讼仲裁的过程漫长，一旦进行程序将导致工程停工拖延，笔者认为，可以在程序中申请法院或仲裁机构，依据《民事诉讼法》规定的"先行裁定""先行判决"，固定施工方已经建设的工程量和质量，建设方先代替继续进行建设，案件同步审理，但需要争取裁决机构支持。

在建设工程领域内还存在一些特殊的问题，比如，施工方为了索取工程款，故意占用建设工程，并且拖延不提交竣工验收的建设资料，造成建设方无法接收工程，也无法办理竣工验收备案，还可能间接导致建设方对第三方的违约，而建设方又无法承受对第三方违约之重，如何解决这种连环困境？笔者认为，建设方也可以向法院或仲裁机构申请"先行裁定""先行裁决"，申请裁定施工方先行移交工程、提交建设资料，以便尽快实现工程移交，进行竣工备案，另外，建设单位对于这种故意不移交工程、不提交建设资料的行为，可以向建设行政监管部门进行行政投诉，或者请求建设行政监管部门进行协调。在建设工程领域，由于施工方又包含分包方、非法分包方、农民工队伍等，情况十分复杂，需要具有建设工程领域专业经验的律师协助处理，以便更好地维护合法权益。

三、规范指引

■《民法典》

第七百九十九条第二款　建设工程竣工经验收合格后，方可交付使用；未经验收或者验收不合格的，不得交付使用。

《最高人民法院关于审理建设工程施工合同纠纷案件适用法律问题的解释（一）》

第十四条　建设工程未经竣工验收，发包人擅自使用后，又以使用部分

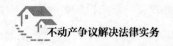

质量不符合约定为由主张权利的，人民法院不予支持；但是承包人应当在建设工程的合理使用寿命内对地基基础工程和主体结构质量承担民事责任。

附：优秀代理文件参考（节选）

民事上诉状

上诉人（一审本诉被告、反诉原告）：A公司
被上诉人（一审本诉原告、反诉被告）：B馆

上诉人因与被上诉人建设工程施工合同纠纷一案，不服某市中级人民法院2018年6月××日做出的（20××）某01民初×××号民事判决，现提起上诉。

上诉请求：

1.撤销某案民事判决第一、第二、第三、第五项的判决内容；

2.改判驳回被上诉人的一审全部诉讼请求；

3.改判被上诉人向上诉人支付工程尾款、质保金共人民币140余万元；

4.改判被上诉人承担本案一、二审诉讼费用。

事实和理由：

一、本案工程已于2009年5月完工并投入实际使用，一审法院以上诉人的工期延误、存在质量问题为由解除合同，是对案件事实错误的认定。本案工程早已全部完工，并且在未经竣工验收的情况下，已经投入使用至今，依法应认定工程已竣工

本案工程已于2009年5月完工，并经工程监理的签名确认，已经达到交付及实际使用的条件。

其一，工程竣工图经工程监理签名确认，证实工程已完工。

2009年5月上诉人提交竣工图，该竣工图经工程监理单位——某公司的现场监理陈某签名，证明工程竣工已经监理现场审核通过。根据《建设工程监理规范》（GB/T 50319—2013），在建设工程监理工作范围内，建设单位与施工单位之间涉及施工合同的联系活动，应通过工程监理单位进行；工程监

理单位受建设单位委托，根据法律法规、工程建设标准、勘察设计文件及合同，在施工阶段对建设工程质量、造价、进度进行控制，对合同、信息进行管理，对工程建设相关方的关系进行协调，并履行建设工程安全生产管理法定职责的服务活动。据此，工程的质量监督，依法由监理单位负责，监理人的签名具有法律效力，具有直接的证明力，足以证明，本案工程的施工质量和进度，是得到监理机构认可的。

其二，被上诉人书面确认本案工程已完工。

被上诉人于2009年11月书面确认本案工程已经进入收尾阶段，并要求上诉人于2009年11月前全部完成、进入验收。退一步讲，即便按被上诉人称"初步验收"的时间为2012年3月，也明确证明本案工程已经完工、处于验收阶段。2009年11月被上诉人发函，函中明确确认："工程已进入收尾阶段，为尽快进入工程验收工作，我馆与监理单位对各项工程项目进行检查，发现各项工程中存在的多种问题需进行整改。各项工程施工及需整改的工程须在11月30日前全部按质完成。"

其三，本案项目进度款项的支付情况印证工程已完工。

根据合同第五条约定：按工程进度付款，支付报表及资料报由监理工程师完成确认，报经甲方审定后的10天内拨付工程进度款。本项目合同内进度款支付限额为80%，工程竣工验收合格后付至95%。除了以上合同约定，《建设工程质量管理条例》第三十七条也明确规定："工程监理单位应当选派具备相应资格的总监理工程师和监理工程师进驻施工现场。未经监理工程师签字，建筑材料、建筑构配件和设备不得在工程上使用或者安装，施工单位不得进行下一道工序的施工。未经总监理工程师签字，建设单位不拨付工程款，不进行竣工验收。"如前所述，本案的工程进度已经监理确认，而被上诉人自身也认可并付款。

★参考案例：

"桂林市盛泰消防有限公司（以下简称"盛泰公司"）因与被上诉人南宁海奇房地产开发有限公司（以下简称"海奇公司"）建设工程施工合同纠纷一案（案号：（2015）南市民一终字第1824号）"：付款情况可证实工程完工情况——"关于海奇公司提出要求盛泰公司返还已付工程款36000元的反诉请求。由于海奇公司对盛泰公司已经按合同约定进场施工并完成部分木质防火

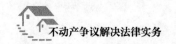

门安装工程的事实并无异议，仅是对盛泰公司所主张完成的工程量未予认可，且认为工程尚未取得消防验收合格，不应支付工程款。从海奇公司分三次实际支付部分工程款的事实来看，海奇公司对于盛泰公司按合同约定实施了木质防火门安装工程的施工事实应当予以认可，并基于盛泰公司完成工程的实际情况给付了相应的工程价款，该付款行为符合合同约定"。

其四，一审判决认定的事实证明工程早已完工。一审判决第××页第三段记录了各项子工程具体完工时间，一审判决第××页认定也称"A公司完成全部工程项目已经明显超出了合理期间，构成工期延误"，而非称A公司至今未完成工程项目。

二、被上诉人明知本案工程未办理竣工验收，擅自使用本案工程至今

被上诉人提供的多方联络文件、众多证据等材料，均可证实本案工程自2009年5月起一直实际使用至今，这是不可否认的事实。

其一，被上诉人证据《关于派员解决B馆安防设备有关问题的函》正文第1行就称"由你司承建的我馆安防系统在运行过程中部分设备经常出现故障"以及倒数第3行"望你司接此函后立即派员前来处理，以确保安防设备正常运行"。

其二，被上诉人证据《关于立即维修B馆摄像机的函》正文第1行"你司所承建的B馆安防工程中的云台摄像机因故障原因不能使用，于2010年7月由你司拆走进行维修，此期间我馆多次以发函或电话等形式催促，要求你司尽快恢复该位置摄像机的使用"。

其三，上诉人在早期回复被上诉人的多份函件中，均陈述系统工程自2008年10月前投入使用，一直24小时全天候运营。例如：《关于〈B馆安全技防系统工程初步验收意见〉的回复》提及"B馆安全技术防范系统工程于2008年6月开始建设，并于次年投入使用，系统现已运行了三年多。三年来设备一直24小时全天候工作"。

三、本案工程应认定于2009年5月竣工，"未经验收即投入使用至今"的事实，说明被上诉人自身存在法律责任，应承担不利的法律后果

被上诉人于2009年5月起全面开放对外接待，构成"擅自使用"行为。被上诉人擅自使用本案工程后，其已丧失以质量不符合约定为由主张权利的请求权基础，一审法院以本案工程未达到合同约定质量标准为由，判定解除合同适用法律错误。

建设工程的质量直接关乎社会公共安全和人民群众生命财产安全，一直是工程建设管理的重中之重，国家也为此颁布了工程质量验收的相应强制性标准。《合同法》第二百七十九条、《建筑法》第六十一条、《建设工程质量管理条例》第十六条，均规定建筑工程未经验收或者验收不合格，不得交付使用。这是法律法规对不得交付使用的强制性规定。发包人擅自使用说明其主观存在过错，由此产生的法律后果应自行承担。因发包人使用未经验收的工程，其应当预见工程可能存在质量问题，使用验收不合格的建筑工程更说明发包人对不合格工程予以认可，被上诉人应承担相应的法律后果。

★法律与理论依据：

1.《最高人民法院关于审理建设工程施工合同纠纷案件适用法律问题的解释（一）》第十四条的规定："建设工程未经竣工验收，发包人擅自使用后，又以使用部分质量不符合约定为由主张权利的，人民法院不予支持；但是承包人应当在建设工程的合理使用寿命内对地基基础工程和主体结构质量承担民事责任。"

2.最高人民法院官方业务微信公众号"法信"于2016年4月15日发布了原创作品《发包人使用未经验收建筑工程，质量责任谁来承担？》，该文明确："建设单位在具备竣工验收条件时应当及时组织参加验收，没有经过竣工验收或者验收未通过的，发包人不得提前使用，对发包人擅自或强行使用的，根据本条司法解释由此发生的质量问题及其他问题，由发包人自行承担责任。该规定表明：交付工程责任风险的转移。"

本案工程已经完工并投入使用至今，合同目的已经实现或者说基本实现，这也说明上诉人是完全具备履行合同能力的，而自2009年至今已经有近十年时间，被上诉人既未要求解除合同，也未进行解除合同的书面催告，一审判决无视本案这一焦点事实，造成认定事实错误。依据《最高人民法院关于审理建设工程施工合同纠纷案件适用法律问题的解释》第十四条第（三）项规定，建设工程未经竣工验收，发包人擅自使用的，以转移占有建设工程之日为竣工日期。且自2009年5月竣工后出现质量问题，也是属于上诉人履行维修、维护责任的期间，不得因"维护不当"而解除合同。本案工程已完工且使用达十年之久，合同已经履行完毕，无法进行解除。

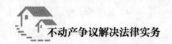

四、一审判决对于"A公司要求B馆支付工程尾款和质保金是否合法有据的问题"的认定是错误的

如上所述，本案工程最迟已于2009年5月完工并使用，而且被上诉人亦实际使用到今，依法应认定本案工程已经交付并竣工。目前工程虽然可能仍存在局部、少量的质量问题，但此系合同约定的维护期间的义务问题，而不能以此解除合同。上诉人可以承担工程维护义务和责任，但被上诉人应支付的工程尾款和质保金，仍应按约支付。

五、一审判决解除合同，裁决的后果严重违反合同法"维护交易稳定与安全"的基本原则，与最高人民法院关于审理合同应"鼓励交易"的精神相悖

一审判决无视本案工程已经完工的事实，无视本案工程实际投入使用多年的情况，判决解除合同，这无疑导致已安装完毕的价值近千万元的整个监控智能防护系统工程全部被拆除丢弃作废，重新再安装一套新的近千万元监控防护系统工程，会造成极大的人力、物力、社会资源浪费，完全违背了最高人民法院"维护交易稳定与安全"的合同基本审判精神，对双方当事人、国家和社会，将造成不可逆转的经济损失，案件判决结果对社会无积极意义。

综上所述：

上诉人认为，一审判决无视本案工程已经完工投入使用至今的事实，显失公平，令人难以信服。上诉人恳请二审法院，支持上诉请求，依法改判！

代理词

尊敬的审判长、合议庭成员：

某律师事务所接受A公司的委托，指派蒋××、吴××两位律师作为代理人，参加B馆诉A公司建设工程施工合同纠纷上诉一案，现提出代理意见如下。

一、关于工程完工时间问题

（一）工程监理签名确认竣工图，足以证实工程已于2009年5月完工

A公司提交的2009年5月的竣工图，该图上有工程监理单位：某建设监理有限公司的现场监理陈某签名，证明工程已于2009年5月竣工。工程的质量监督，依法由监理单位负责，监理人的签名具有法律效力，具有直接的证明力，该图足以证明，本案工程的施工质量和竣工，是得到监理机构认可的。

（二）B馆在多份文件中均认可工程已经完工，构成自认事实

2009年11月B馆发出《工程限期整改完毕并进入验收程序的函》，函中明确确认："工程已进入收尾阶段，为尽快进入工程验收工作，我馆与监理单位对各项工程项目进行检查，发现各项工程中存在的多种问题需进行整改。各项工程施工及需整改的工程须在11月前全部按质完成，逾期没有完成的，将停止施工及整改进入工程验收阶段。"可见，B馆已经确认工程进入验收阶段，如果没有完工，B馆不可能进入验收阶段。B馆证据第 × 页，其证据44，某电子科技有限公司的《项目系统施工、竣工图——现场核对报告》，其总述部分中援引的也是A公司2009年5月的竣工图，证实B馆认可2009年5月工程已经完工。

（三）工程款支付进度也印证工程已于2009年5月完工

一审判决已经查明的B馆付款情况中，截至2009年8月B馆已付工程款累计达600余万元，占约定工程款的79%，与《采购合同》中关于本项目按工程进度付款，本项目合同内进度款支付限额为80%相符。剩余的则是约定：竣工结算后支付至工程价款的95%。该付款进度已证实：2009年8月前B馆已认可工程完工进而付至支付限额。

综上所述，各项证据和事实都足以证实工程已于2009年5月完工。

二、关于工程已投入实际使用问题

B馆自2009年5月完工后，更是完全投入使用。《最高人民法院关于审理建设工程施工合同纠纷案件适用法律问题的解释》第十三条规定："建设工程未经竣工验收，发包人擅自使用后，又以使用部分质量不符合约定为由主张权利的，不予支持。"故，再主张质量问题、解除合同没有依据。

2009年5月起B馆全面开放接待读者，B馆时常在自身多份函件中多处提及运行时某一设备出现问题（如部分设备出现故障、某某号摄像机不能使用、尽快恢复使用、部分监控设备出现故障等描述，均可侧面反映出其他设备是在正常运转中）均显属长期、持续使用中遇到的问题，B馆2009年5月起常年举办重要展览活动，均足以证实：B馆于2009年5月将工程投入实际使用，是

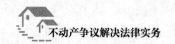

无法回避的事实。根据相关证据，B馆2009年5月开馆以来先后成功举办了43项重要展览及活动。根据前述司法解释，B馆未经验收即实际使用本案工程，现以质量问题主张权利，依法不予支持。

三、关于本案是否适用《最高人民法院关于审理建设工程施工合同纠纷案件适用法律问题的解释》第十三条的问题

B馆在答辩状中称：依据《建设工程分类标准》，本案工程属于建设工程下的机电工程中的智能化工程，而《最高人民法院关于审理建设工程施工合同纠纷案件适用法律问题的解释》第十三条是指建设工程下的建筑工程，因此不能适用，说法无依据。

B馆援引的所谓《建设工程分类标准》是2013年才发布实施的，而《最高人民法院关于审理建设工程施工合同纠纷案件适用法律问题的解释》在2005年1月1日已经发布实施。所以，用《建设工程分类标准》去解释《最高人民法院关于审理建设工程施工合同纠纷案件适用法律问题的解释》的适用范围，完全是B馆自己歪曲立法原意。

《最高人民法院关于审理建设工程施工合同纠纷案件适用法律问题的解释》正文开头就明确规定"就审理建设工程施工合同纠纷案件适用法律的问题，制定本解释"。可见，适用明确规定是"建设工程"，而非B馆自称的仅适用"建筑工程"。

本案经贵院立案确定的案由就是"建设工程施工合同纠纷"，完全符合《最高人民法院关于审理建设工程施工合同纠纷案件适用法律问题的解释》的适用范围。

综上所述：

本案好比，A公司卖了一辆车给B馆，B馆称车有质量问题，开了十年之后，要求退货，还要求A公司赔偿一辆新车。这显然是不讲道理。请合议庭依法、公正审理、判决。以上代理意见，供贵院参考。

代理人：某律师事务所律师_____、_____

日期：　年　月　日

02 建设工程项目的发包方和承包方串通投标，并由实际施工人挂靠施工的建设工程承包合同是否有效，法律责任如何分担？

案例导读

　　在建设工程领域，挂靠施工是一种普遍现象，甚至某些有较高施工资质的企业，也以收取挂靠费用为主要业务收入。产生此种现象，首先是我国城市建设和基础设施建设的高速发展，需要大量企业参与建设施工，但是符合资质要求的企业相对较少，因此没有资质的企业或个人就与有资质的企业达成"挂靠"协议，利用有资质企业的名义和资质去参与投标和建设，但实际施工人是没有资质的企业和个人。根据《建筑法》第十二条、第十三条、第十四条规定，从事建筑活动的建筑施工企业、勘察单位、设计单位和工程监理单位，应当具备法定的条件，因此采用挂靠施工的行为，无疑是规避法律规定的行为，是不合法的。根据《最高人民法院关于审理建设工程施工合同纠纷案件适用法律问题的解释（一）》第一条规定，承包人未取得建筑业企业资质或者超越资质等级的，依据《民法典》第一百五十三条第一款及第七百九十一条第二款、第三款的规定，合同应认定为无效。一旦发生纠纷诉诸法律，就涉及合同是否有效、法律责任承担的问题。为此，本案例针对建设工程领域中常见的"挂靠"施工、"串通投标"行为的法律效力和责任后果等进行分析和探讨。

典型案例2：某房地产公司与某建设公司、李某建设工程合同纠纷案

　　原告：某房地产开发有限公司（以下简称"A公司"）

　　被告1：某建设集团有限公司（以下简称"B公司"）

　　被告2：李某

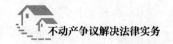

2021年10月原告A公司向某区法院提出诉讼请求：①请求贵院依法判令两被告返还原告工程进度款项2000余万元并承担逾期竣工违约责任，向原告支付逾期竣工违约金暂估1万元。②判令A公司、B公司立即配合项目的城建档案移交工作，并且赔偿原告经济损失3000万元。③判令两被告承担共同支付责任。④本案诉讼费由两被告承担。被告2李某提出反诉，反诉被告1为A公司、反诉被告2为B公司，反诉请求：①请求确认李某为本案建设工程的实际施工人。②请求判决A公司、B公司向李某支付拖欠的工程款8000余万元（具体以鉴定为准）。③反诉产生的诉讼费用由A公司、B公司全部承担。

原告认为：①遵照《中华人民共和国招标投标法》（以下简称《招标投标法》）的相关规定，案涉工程建设项目经过招标，原告、被告于2014年10月签订了《建设工程施工合同》，并且按规定在某市某区的建设局备案。②按照上述合同约定，工程项目的建筑总面积为81220.89平方米；工期天数为240天（2015年6月竣工）；工程总投资1.3亿元人民币；付款方式：按照工程进度的80%付款；结算：工程总投资加图纸变更，变更部分经设计部门、建设方、监理方签证确认。③合同签订后，被告进场施工，按合同约定的竣工日期应该是2015年6月底之前，但是至2015年12月底，被告实际完成的工程总量还不足65%，已经构成严重违约，但是被告却以各种理由、手段催要工程款，甚至不惜采用上访、停工、堵路等过激方式。原告出于善意并为维护社会和谐，超额支付了工程款350万元（注：合同约定该施工阶段应支付工程款7600余万元，原告实际支付工程款7950万元）。④进入2016年以后，被告变本加厉，通过停工和组织民工上访的手段，对政府施加维稳工作的压力，逼迫原告于2016年1月后又陆续多支付工程款4400万元，造成被告在仅完成工程总量不足65%的情况下，却取得了全部工程总投资80%以上工程款即12300万元。⑤被告取得上述工程款后，既不复工，又不足额给施工队伍和农民工发放工资，也不给材料供应商结算材料款，反而把与项目施工队伍、农民工及材料供商等第三方相关的款项责任全部推向原告，而原告并未与上述第三方发生直接的合同关系，亦未签署过任何确认的书面材料。原告作为建设方不清楚被告方到底拖欠了多少施工材料款和施工工人工资，但为了不形成半拉子"烂尾"工程，不得不额外支付第三方施工人员的工资及其他各类费用，其中包括12个工程班组支取的费用。被告上述恶意违约的行为，不仅导致建设工程竣工期限严重滞后，而且给原告造成了极大的经济损失，更为严重的是极大地侵害了购房业主的合法权益。被告为了牟取不当得利而恶意违约，严重侵害了原告的正当利益，一是导致工程严重逾期1190天；二是导致原告支付超出合同约定总价款2000余万元，原告支付案涉工程款共计16700万元，超出合同约定工程总价款（14600万元）2000余万元。被告2李某作为被告1B公司的代理人，代为参加招投标、签订施工合同、负责具体施工、代收工程款等，故其应与B公司共同承担违约责任并返还工程款2000余万元。并且根据《房屋建筑和市政基础设施工程竣工验收规定》《房屋建筑和市政工程基础设施工程竣工验收备案管理暂行办法》等相关规定，建设工程具备验收条件后，承包人负有配合办理竣工验收及备案的附随义务，其拒绝履行前述义务、故意拖延城建档案材料移交工作的行为将导致项目的商品房延迟交付、无法办理房产证等情形，造成原告重大经济损失，故被告1、被告2应予赔偿，请贵院依据有关法律规定，在查清事实的基础上，作出公正判决。

被告1、被告2均不同意原告的诉称内容，并且被告2提出反诉，并称是借用被告1资质，以被告1名义与A公司分别于2014年6月签订《建设工程施工协议》，2014年10月签订《建设工程施工合同》，由被告1承建案涉工程，但实际施工人为被告2，工程于2017年3月竣工验收合格。被告2与原告于2019年9月确定以2014年6月签订的《建设工程施工协议》为实际履行合同，工程所涉人、财、物均是被告2承担的，在实际履行中，原告也是直接将工程款支付给被告2，足以证明被告2为案涉工程的实际施工人，合同内工程竣工结算价为1.8亿元。被告2将上述竣工结算价报至原告之后，原告对此未提出异议。另外，案涉工程增加的工程量价款为460万元，案涉工程总造价为1.8亿元，被告2仅收到1.1亿元，尚欠7900余万元。为准确确定上述合同内和合同外价款，明确各方的责任，被告2对完成的全部工程量及造价依法申请鉴定，具体金额以鉴定结果为准。被告1在案涉工程中作为资质的出借方，应将收到的原告的工程款支付给被告2，被告1应当与原告承担共同支付责任。关于城建档案材料移交事项，两被告均认为，在原告没有结算付完工程款的情况之下，其依法有权拒绝移交相关资料。

在双方争议过程中：原告曾向被告1、被告2发送律师函，内容如下：A公司与B公司于2014年6月签订《建设工程施工协议》，承建A公司开发的案

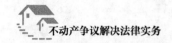

涉建设项目（1—7号楼、1—2号沿街商业、酒店1、酒店、地下室，总建筑面积81220平方米，中标价为人民币1.3亿元，中标总工期为240日历天）。根据《某市工程质量监督报告》，建设项目于2017年3月完成竣工验收，工程技术档案和管理资料完整，并取得《某市建设工程竣工规划验收合格确认书》，主体、人防、防雷、电梯、门窗、消防等专项已完成验收。但至今贵方（即被告1、被告2）未向A公司移交建设项目（1—7号楼以及1—2号沿街商业、酒店1、酒店、地下室）的所有竣工资料，亦未配合A公司办理房地产开发项目竣工验收备案手续，未完成项目竣工验收备案手续。为便利高效推进城建档案材料的移交，A公司与贵方李某（被告2）于2021年5月共同协商竣工验收备案工作事宜，并达成合意，共同出资委托中介服务机构协助推进城建档案材料移交工作。A公司已于2021年6月向李某支付3万元中介费，由李某统一接收竣工验收备案材料并移送至市建设工程档案馆。根据《某市城建档案馆建设工程竣工资料目录审核及移送表（房建工程）》《建设工程文件归档规范》以及中介服务机构的要求，A公司先后向李某移交6批共计40项材料。

　　鉴于贵方办理竣工验收备案手续存在故意拖延情形，A公司已要求监理公司介入督促贵方履行义务，并于2021年7月向贵方邮寄送达《监理工程师通知单》，督促贵方于2021年8月完成竣工验收备案手续。贵方于2021年8月向A公司送达了《告知函》，并表明附条件履行竣工验收备案，竣工验收备案是被告的法定履行义务。根据《城市建设档案管理规定》第六条规定，《房屋建筑和市政基础设施工程竣工验收规定》第四条、第五条规定，《某省房屋建筑和市政基础设施工程竣工验收备案管理规定》第四条规定，工程竣工验收后三个月内，贵方负有移交建设工程的所有竣工资料及配合竣工验收备案手续的义务。根据《某省房屋建筑和市政基础设施工程竣工验收备案管理规定》第九条规定，由于贵方至该项目竣工验收之日起至今未履行移交建设工程的所有竣工资料及配合竣工验收备案手续的义务，导致该项目无法办理产权登记，造成A公司无法向买受人按购房合同期限履行办证手续。A公司于2021年9月收到《某区管委会建设局关于案涉项目加快办理不动产分割登记手续的通知》，由于贵方未能向某市城建档案馆移交建设项目档案备案验收，A公司无法办理产权证，将面临500多万元罚款。

　　在双方争议过程中，原告曾向项目所在地的区管理委员会提出申请：

A公司某项目成立以来，感谢政府的支持和帮助，该项目得以顺利进行。2021年4月在政府主持下，A公司对全体业主承诺于2021年5月前补交土地出让金1000万元，并于2021年8月前逐批发放房产证，但在履行过程中存在一些困难，尤其是推进城建档案材料移交工作，请求政府监督并处理。

1.成立专项工作组。A公司积极办理城建档案材料移交工作，公司内部于2021年5月成立了由董事长、法务、工程、财务等部门组成的专项工作组，加强与政府各部门的沟通联系，全力追溯及补齐城建档案材料，推动施工、监理、勘察、设计等部门协调配合，共同推进城建档案材料移交工作。

2.委托中介服务机构。A公司与B公司达成协议，共同出资委托中介服务机构协助推进城建档案材料移交工作，并由B公司统一接收移送材料。

3.全力追溯及补齐城建档案材料。根据《某市城建档案馆建设工程竣工资料目录审核及移送表（房建工程）》《建设工程文件归档规范》以及中介服务机构的要求，A公司先后前往某市自然资源局、市生态环境局、市发展和改革委员会、市住房和城乡建设局、新区管委会综合执法局等多个行政部门查阅及复印该项目的历史材料，并先后向B公司移交6批共计40项材料。

4.B公司拒不配合城建档案材料移交工作。B公司以A公司未支付工程余款为由要挟，拒不配合城建档案材料移交工作。根据《房屋建筑和市政基础设施工程竣工验收规定》《某省房屋建筑和市政基础设施工程竣工验收备案管理规定》等规定，建设工程具备验收条件后，承包人负有配合办理竣工验收及备案的附随义务，其拒绝履行前述义务、故意拖延城建档案材料移交工作的行为将导致商品房延迟交付、无法办理房产证等情形。城建档案材料移送到某市城建档案馆，是办理产权登记的必备程序。目前A公司已按要求准备了城建档案材料并交付中介服务机构，但B公司拒不提交材料，请求政府协调解决城建档案材料移送工作事宜，或对B公司、李某的行为依法予以责令更正或处罚。

一、律师评析

本案主要存在两个争议焦点问题。其一，本案实际施工人李某挂靠B公司施工，那么A公司与B公司签订的建设总承包合同是否有效，B公司出借企业资质的行为应承担何种责任？其二，本案工程款应该支付给承包合同签订方B

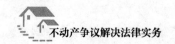

公司，还是支付给实际施工人李某？李某是否可完整获得全部工程施工款项？类似本案的纠纷在建设工程领域内比较普遍，读者朋友们亦可自主思考案件的法律关系和裁决结果，笔者针对上述案件焦点问题，做如下评析，以供参考。

（一）关于挂靠施工的合法性、挂靠施工的款项支付的问题

本案原告A公司起诉被告B公司、李某要求退还超额支付的工程款、要求被告承担延迟竣工的违约等责任；而被告李某提出反诉，主张其是该项工程的实际施工人，其是根据A公司的要求，以B公司名义签订承包合同，但该项工程的实际施工是李某出资并组织进行的，故要求对工程进行评估鉴定，并要求A公司支付拖欠的工程款余款，还要求B公司与A公司承担连带支付责任。本案的建设工程项目已经完工并验收合格，大部分房屋也已经出售，双方对项目的工程量未进行总的核算，亦未对工程款进行结算，双方也达不成协议。为此被告方拒不移交工程施工资料，造成原告方无法就施工项目进行归档备案，也就无法办理项目和房屋的产权证明，导致原告方对业主延迟办理产权证书的违约责任并产生维稳的压力，同时被告2李某向法院申请了对项目的工程量、造价进行鉴定。在司法实践中，如果合同没有明确约定工程量计算方法，双方又达不成协议的，法院一般会同意对工程的评估鉴定申请，并对合同合法性及责任进行审理。

关于本案涉及的挂靠和工程款支付的问题。本案《建设工程施工合同》，实际上是李某借用B公司的资质进行承包施工，依据我国颁布的《建筑工程施工发包与承包违法行为认定查处管理办法》第十条，"存在下列情形之一的，属于挂靠：（一）没有资质的单位或个人借用其他施工单位的资质承揽工程的……"，本案就是明显符合上述规定的情形，可以认定为借用他人名称和资质进行施工，认定为非法挂靠的合同关系。依据《建筑法》第二十九条"禁止总承包单位将工程分包给不具备相应资质条件的单位"的规定，以及《最高人民法院关于审理建设工程施工合同纠纷案件适用法律问题的解释（一）》第一条，"建设工程施工合同具有下列情形之一的，应依据民法典第一百五十三条第一款的规定，认定无效：……（二）没有资质的实际施工人借用有资质的建筑施工企业名义的……"本案A公司与B公司签订了《建设工程施工合同》，由李某挂靠B公司进行实际施工，这种出借资质、挂靠施工的

合同关系，均是非法无效的。合同无效之后，根据《民法典》第一百五十五条、第一百五十七条之规定，合同无效是自始无效，并且按各自的过错承担相应的法律责任。本案的《建设工程施工合同》应认定为无效合同，自始无效，各方应按照各自的责任承担义务和责任。

《民法典》第七百九十三条第一款规定："建设工程施工合同无效，但是建设工程经验收合格的，可以参照合同关于工程价款的约定折价补偿承包人。"因此，工程款应以"折价"补偿方式支付给实施承包人，而非全额支付给实施施工人，这也是基于挂靠合同非法无效的认定，以及法院不支持这种非法挂靠关系。本案工程项目已经完工并验收合格，发包方A公司应按"折价"标准向施工人李某补偿工程款，折价标准根据双方过错责任等实际案情由法院掌握，属于法院自由裁量的范围。笔者认为，对此"折价"应在高于成本价、低于合同价的幅度内合理掌握，需体现法律对这种非法关系持否定的态度。《建筑法》第六十六条规定："建筑施工企业转让、出借资质证书或者以其他方式允许他人以本企业的名义承揽工程的，责令改正，没收违法所得，并处罚款，可以责令停业整顿，降低资质等级；情节严重的，吊销资质证书。"所以，对于出借资质一方，因没有参与实际施工，其无权获得工程款，已经获得的工程款，应予以返还，并且对于其收取的"管理费用"，依法应作为非法收益予以没收。人民法院也有权出具司法建议，对出借资质情节严重的行为，移交相关建设主管部门对其违法行为进行处理，并且建议罚没其出借行为收取的"管理费用""提点"等非法收益。因此，基于挂靠合同非法无效，实际施工人李某要求B公司承担连带支付工程的反诉请求，缺乏法律依据。对于建筑工程施工领域的连带责任，根据《建筑法》第六十六条规定，对因该项承揽工程不符合规定的质量标准造成的损失，建筑施工企业与使用本企业名义的单位或者个人承担连带赔偿责任。连带责任的条件和范围，是特指质量不符合标准造成损失的范围，由实际施工人与出借资质的单位对工程质量造成的损失承担连带责任。

（二）关于承包方是否有权顺延移交城建档案材料的问题

本案实际施工人和挂靠施工单位，均以发包方没有按约支付工程款为由，拒不配合提交城建档案材料，不配合发包方向相关政府部门移交城建档案材料，办理工程的归档备案，根据《房屋建筑和市政基础设施工程竣工验收规

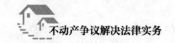

定》《某省房屋建筑和市政基础设施工程竣工验收备案管理规定》等相关规定，建设工程具备验收条件后，承包人负有配合办理竣工验收及备案的附随义务，即B公司、李某负有配合城建档案材料移送工作的义务，其拒绝履行前述义务、故意拖延城建档案材料移交工作的行为，将直接导致项目无法办理产权，无法为商品房办理房产证。城建档案材料移送城建档案馆，是办理产权登记的必备程序，根据上述法律和规定，城建档案材料移交主要是一项行政管理上的法律义务，承包人不得以业主方未按约支付工程款为由拒不履行该义务，并且这也是承包人的施工关系附随的法定义务。如果承包人拒不移交城建档案材料，一般会产生两个方面的法律责任：其一，行政法律责任，如果其拒不履行，建设方可以向建设主管部门投诉，由主管部门责令其移交，并对拒不移交的行为进行处罚；其二，如拒不移交材料，导致无法办理房产证，并因此造成建设方损失，应承担违约或违法的损害赔偿责任。因此，在实务中如果有承包方拒不移交城建档案材料的行为，发包方应迅速采取法律措施，避免过多的纠缠和委曲求全，造成长期拖延和更大的其他损失。

二、相关问题与分析

在建设工程领域内，还存在一类突出的情况，就是建设工程项目在投标过程中存在违法行为，比如采取串标、骗标、行贿等方式中标的，依据《招标投标法》的规定，采取违法行为所签订的合同无效。关于"串标"的问题相当突出，比如，建设方与投标方进行串通，建设方以内定标书内容和中标价格，或者设置不合理的条件等方式，与投标方串通中标，共同分配利益。如果有上述情形的，则可能构成串通投标的行为，该中标依法为无效，产生的承包合同亦为无效合同，双方在合同中约定的内容作废，需依据法律规定来处理。根据《招标投标法》第三十二条、第五十三条规定，串标行为属于法律禁止的行为，串标将导致中标无效。《民法典》第一百五十三条、《最高人民法院关于审理建设工程施工合同纠纷案件适用法律问题的解释（一）》第一条规定，中标无效的应认定建设施工合同无效，建设单位、总包单位、实际施工人签订的相关建设合同、协议亦均为无效合同。

根据《民法典》第一百五十五条、第一百五十七条的规定，合同无效是自始无效，并且按各自的过错承担相应的责任。总而言之，建筑工程领域内，因违法行为签订的合同或实施的工程，所产生的法律后果，首先是民事合同为无效合同，而法律责任为：实施违法行为责任方必须受到法律处罚，串通投资的建设方所获得的非法所得应予以没收，其非法行为应受到行政机关的处罚，构成犯罪的，应予以追究刑事责任；而实际施工人亦应受相应的责任处罚，其实际施工的工程亦不能获得约定或评估的全价，而应"折价"，如工程质量不合格的，修复费用由其承担，经修复仍不合格的工程，其无权获得施工款项，如果工程质量产生安全事故，那么实际施工人需要与其他责任方一并承担相关法律责任。因此，在实务中要防止串通投标、挂靠施工行为、职务犯罪等违法行为，司法机关审理上述违法关系要体现持否定的态度，国家立法机关和行政机关应制定更完善的法律制度来规范上述违法行为，以杜绝此类违法行为。

三、规范指引

■《民法典》

第一百五十三条　违反法律、行政法规的强制性规定的民事法律行为无效。但是，该强制性规定不导致该民事法律行为无效的除外。

违背公序良俗的民事法律行为无效。

第一百五十七条　民事法律行为无效、被撤销或者确定不发生效力后，行为人因该行为取得的财产，应当予以返还；不能返还或者没有必要返还的，应当折价补偿。有过错的一方应当赔偿对方由此所受到的损失；各方都有过错的，应当各自承担相应的责任。法律另有规定的，依照其规定。

第七百九十一条　发包人可以与总承包人订立建设工程合同，也可以分别与勘察人、设计人、施工人订立勘察、设计、施工承包合同。发包人不得将应当由一个承包人完成的建设工程支解成若干部分发包给数个承包人。

总承包人或者勘察、设计、施工承包人经发包人同意，可以将自己承包的部分工作交由第三人完成。第三人就其完成的工作成果与总承包人或者勘察、设计、施工承包人向发包人承担连带责任。承包人不得将其承包的全部建设工程转包给第三人或者将其承包的全部建设工程支解以后以分包的名义分别转包给第三人。

禁止承包人将工程分包给不具备相应资质条件的单位。禁止分包单位将

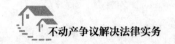

其承包的工程再分包。建设工程主体结构的施工必须由承包人自行完成。

第七百九十三条 建设工程施工合同无效，但是建设工程经验收合格的，可以参照合同关于工程价款的约定折价补偿承包人。

建设工程施工合同无效，且建设工程经验收不合格的，按照以下情形处理：

（一）修复后的建设工程经验收合格的，发包人可以请求承包人承担修复费用；

（二）修复后的建设工程经验收不合格的，承包人无权请求参照合同关于工程价款的约定折价补偿。

发包人对因建设工程不合格造成的损失有过错的，应当承担相应的责任。

■《中华人民共和国刑法》（2023年12月29日修正）

第二百二十三条 【串通投标罪】投标人相互串通投标报价，损害招标人或者其他投标人利益，情节严重的，处三年以下有期徒刑或者拘役，并处或者单处罚金。

投标人与招标人串通投标，损害国家、集体、公民的合法利益的，依照前款的规定处罚。

■《建筑法》（2019年修正）

第二十六条 承包建筑工程的单位应当持有依法取得的资质证书，并在其资质等级许可的业务范围内承揽工程。

禁止建筑施工企业超越本企业资质等级许可的业务范围或者以任何形式用其他建筑施工企业的名义承揽工程。禁止建筑施工企业以任何形式允许其他单位或者个人使用本企业的资质证书、营业执照，以本企业的名义承揽工程。

第二十八条 禁止承包单位将其承包的全部建筑工程转包给他人，禁止承包单位将其承包的全部建筑工程肢解以后以分包的名义分别转包给他人。

第二十九条 建筑工程总承包单位可以将承包工程中的部分工程发包给具有相应资质条件的分包单位；但是，除总承包合同中约定的分包外，必须经建设单位认可。施工总承包的，建筑工程主体结构的施工必须由总承包单位自行完成。

建筑工程总承包单位按照总承包合同的约定对建设单位负责；分包单位按照分包合同的约定对总承包单位负责。总承包单位和分包单位就分包工程对建设单位承担连带责任。

禁止总承包单位将工程分包给不具备相应资质条件的单位。禁止分包单位将其承包的工程再分包。

第六十六条　建筑施工企业转让、出借资质证书或者以其他方式允许他人以本企业的名义承揽工程的，责令改正，没收违法所得，并处罚款，可以责令停业整顿，降低资质等级；情节严重的，吊销资质证书。对因该项承揽工程不符合规定的质量标准造成的损失，建筑施工企业与使用本企业名义的单位或者个人承担连带赔偿责任。

■《招标投标法》（2017年修正）

第三十二条　投标人不得相互串通投标报价，不得排挤其他投标人的公平竞争，损害招标人或者其他投标人的合法权益。

投标人不得与招标人串通投标，损害国家利益、社会公共利益或者他人的合法权益。

禁止投标人以向招标人或者评标委员会成员行贿的手段谋取中标。

第五十三条　投标人相互串通投标或者与招标人串通投标的，投标人以向招标人或者评标委员会成员行贿的手段谋取中标的，中标无效，处中标项目金额千分之五以上千分之十以下的罚款，对单位直接负责的主管人员和其他直接责任人员处单位罚款数额百分之五以上百分之十以下的罚款；有违法所得的，并处没收违法所得；情节严重的，取消其一年至二年内参加依法必须进行招标的项目的投标资格并予以公告，直至由工商行政管理机关吊销营业执照；构成犯罪的，依法追究刑事责任。给他人造成损失的，依法承担赔偿责任。

第五十四条　投标人以他人名义投标或者以其他方式弄虚作假，骗取中标的，中标无效，给招标人造成损失的，依法承担赔偿责任；构成犯罪的，依法追究刑事责任。

依法必须进行招标的项目的投标人有前款所列行为尚未构成犯罪的，处中标项目金额千分之五以上千分之十以下的罚款，对单位直接负责的主管人员和其他直接责任人员处单位罚款数额百分之五以上百分之十以下的罚款；有违法所得的，并处没收违法所得；情节严重的，取消其一年至三年内参加依法必须进行招标的项目的投标资格并予以公告，直至由工商行政管理机关吊销营业执照。

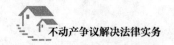

第五十五条 依法必须进行招标的项目，招标人违反本法规定，与投标人就投标价格、投标方案等实质性内容进行谈判的，给予警告，对单位直接负责的主管人员和其他直接责任人员依法给予处分。

前款所列行为影响中标结果的，中标无效。

■《中华人民共和国招标投标法实施条例》（2019年修正）

第四十条 有下列情形之一的，视为投标人相互串通投标：

（一）不同投标人的投标文件由同一单位或者个人编制；

（二）不同投标人委托同一单位或者个人办理投标事宜；

（三）不同投标人的投标文件载明的项目管理成员为同一人；

（四）不同投标人的投标文件异常一致或者投标报价呈规律性差异；

（五）不同投标人的投标文件相互混装；

（六）不同投标人的投标保证金从同一单位或者个人的账户转出。

第四十一条 禁止招标人与投标人串通投标。

有下列情形之一的，属于招标人与投标人串通投标：

（一）招标人在开标前开启投标文件并将有关信息泄露给其他投标人；

（二）招标人直接或者间接向投标人泄露标底、评标委员会成员等信息；

（三）招标人明示或者暗示投标人压低或者抬高投标报价；

（四）招标人授意投标人撤换、修改投标文件；

（五）招标人明示或者暗示投标人为特定投标人中标提供方便；

（六）招标人与投标人为谋求特定投标人中标而采取的其他串通行为。

第六十七条 投标人相互串通投标或者与招标人串通投标的，投标人向招标人或者评标委员会成员行贿谋取中标的，中标无效；构成犯罪的，依法追究刑事责任；尚不构成犯罪的，依照招标投标法第五十三条的规定处罚。投标人未中标的，对单位的罚款金额按照招标项目合同金额依照招标投标法规定的比例计算。

投标人有下列行为之一的，属于招标投标法第五十三条规定的情节严重行为，由有关行政监督部门取消其1年至2年内参加依法必须进行招标的项目的投标资格：

（一）以行贿谋取中标；

（二）3年内2次以上串通投标；

（三）串通投标行为损害招标人、其他投标人或者国家、集体、公民的合法利益，造成直接经济损失30万元以上；

（四）其他串通投标情节严重的行为。

投标人自本条第二款规定的处罚执行期限届满之日起3年内又有该款所列违法行为之一的，或者串通投标、以行贿谋取中标情节特别严重的，由工商行政管理机关吊销营业执照。

法律、行政法规对串通投标报价行为的处罚另有规定的，从其规定。

■《最高人民法院关于审理建设工程施工合同纠纷案件适用法律问题的解释（一）》（法释〔2020〕25号）

第一条　建设工程施工合同具有下列情形之一的，应当依据民法典第一百五十三条第一款的规定，认定无效：

（一）承包人未取得建筑业企业资质或者超越资质等级的；

（二）没有资质的实际施工人借用有资质的建筑施工企业名义的；

（三）建设工程必须进行招标而未招标或者中标无效的。

承包人因转包、违法分包建设工程与他人签订的建设工程施工合同，应当依据民法典第一百五十三条第一款及第七百九十一条第二款、第三款的规定，认定无效。

第二条　招标人和中标人另行签订的建设工程施工合同约定的工程范围、建设工期、工程质量、工程价款等实质性内容，与中标合同不一致，一方当事人请求按照中标合同确定权利义务的，人民法院应予支持。

招标人和中标人在中标合同之外就明显高于市场价格购买承建房产、无偿建设住房配套设施、让利、向建设单位捐赠财物等另行签订合同，变相降低工程价款，一方当事人以该合同背离中标合同实质性内容为由请求确认无效的，人民法院应予支持。

第六条　建设工程施工合同无效，一方当事人请求对方赔偿损失的，应当就对方过错、损失大小、过错与损失之间的因果关系承担举证责任。

损失大小无法确定，一方当事人请求参照合同约定的质量标准、建设工期、工程价款支付时间等内容确定损失大小的，人民法院可以结合双方过错程度、过错与损失之间的因果关系等因素作出裁判。

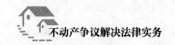

第二十二条 当事人签订的建设工程施工合同与招标文件、投标文件、中标通知书载明的工程范围、建设工期、工程质量、工程价款不一致，一方当事人请求将招标文件、投标文件、中标通知书作为结算工程价款的依据的，人民法院应予支持。

第二十四条 当事人就同一建设工程订立的数份建设工程施工合同均无效，但建设工程质量合格，一方当事人请求参照实际履行的合同关于工程价款的约定折价补偿承包人的，人民法院应予支持。

实际履行的合同难以确定，当事人请求参照最后签订的合同关于工程价款的约定折价补偿承包人的，人民法院应予支持。

第三十一条 当事人对部分案件事实有争议的，仅对有争议的事实进行鉴定，但争议事实范围不能确定，或者双方当事人请求对全部事实鉴定的除外。

第三十二条 当事人对工程造价、质量、修复费用等专门性问题有争议，人民法院认为需要鉴定的，应当向负有举证责任的当事人释明。当事人经释明未申请鉴定，虽申请鉴定但未支付鉴定费用或者拒不提供相关材料的，应当承担举证不能的法律后果。

一审诉讼中负有举证责任的当事人未申请鉴定，虽申请鉴定但未支付鉴定费用或者拒不提供相关材料，二审诉讼中申请鉴定，人民法院认为确有必要的，应当依照民事诉讼法第一百七十条第一款第三项的规定处理。

第三十五条 与发包人订立建设工程施工合同的承包人，依据民法典第八百零七条的规定请求其承建工程的价款就工程折价或者拍卖的价款优先受偿的，人民法院应予支持。

第三十六条 承包人根据民法典第八百零七条规定享有的建设工程价款优先受偿权优于抵押权和其他债权。

第四十一条 承包人应当在合理期限内行使建设工程价款优先受偿权，但最长不得超过十八个月，自发包人应当给付建设工程价款之日起算。

■《建筑工程施工发包与承包违法行为认定查处管理办法》

第十条 存在下列情形之一的，属于挂靠：

（一）没有资质的单位或个人借用其他施工单位的资质承揽工程的；

……

第二章　房地产合作开发纠纷

03　在合作开发房地产合同中，约定一方以国有土地使用权形式出资（以下简称"出地"）、一方出资，出地一方固定收取一定比例价款或物业面积的，合同性质如何认定？

案例导读

　　在房地产合作开发领域，存在一种普遍的合作开发模式，即一方出地，另一方出资。出地的一方，固定收取一定资金回报或者分配一定面积的物业，不承担出资和亏损；出资的一方，全盘负责策划、投资和建设、销售，以及承担项目的全部开发责任和风险。在城市更新和"三旧"改造领域，这种合作情况也非常普遍，一些工业用地的业主方，为了推动将原工厂的土地用途调整规划，将原来的工业用地变更为住宅用地或者商业用地，以便获得更高的土地交易对价，在与房地产公司的合作中，也经常采取一方出地，另外一方负责协调政府将规划变更为商住用途、参与土地竞拍，取得土地之后，策划和开发销售等工作，出地一方收取土地固定的对价或分配一定面积的可售物业。那么这种合作开发模式，在法律上如何认定合同的性质，是合作开发合同，还是国有土地使用权转让合同？在此类合作过程中需要注意哪些法律风险？

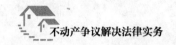

典型案例1：A公司与B公司、C公司国有土地使用权转让合同纠纷案

原告：A公司
被告：B公司、C公司

原告A公司诉称，A公司与B公司于1996年7月签署《合作开发房地产合同书》，于1998年9月与B公司签订《补充合同》，双方确认合作开发的案涉科研办公楼，B公司承诺应于2000年12月前交付给A公司使用，否则每迟延一个月（三十天）须向A公司支付经济损失费30万元，直到交楼之日止。1998年4月，A公司将涉案项目开发建设用地移交B公司。1998年6月，C公司由B公司与两位案外第三人公司共同出资成立。经各方协商，A公司与C公司于2002年10月签订《补充协议》，约定依据1996年签订的《合作开发房地产合同书》，A公司分成为二期科研办公楼G幢，C公司分成为一期A—F幢（确权至C公司名下），因此C公司应与B公司共同承担合同义务。而上述合同签订之后，原告按约履行合同各项义务，合作项目中分配给B公司的商住楼部分全部建成并已验收，且全部由C公司售出并获得全部房屋的销售款项，而应交付给A公司的科研办公楼却一直拖延至今未完工，经A公司多次催告和要求，C公司、B公司至今仍未交付，且C公司被工商吊销、下落不明，造成原告巨大的经济损失。为此，2009年4月原告A公司提起诉讼，请求判令：①C公司、B公司继续履行《合作开发房地产合同书》和《补充合同》，完成科研办公楼的建设、验收及交楼义务；②B公司向原告支付因迟延交楼而应给付的经济损失费（自2000年12月起计至实际交楼之日止，按每月30万元的标准计付）；③本案诉讼费由C公司、B公司负担。

被告B公司辩称：原被告双方于1996年7月签订了《合作开发房地产合同书》，约定由A公司提供建设用地，B公司提供资金及开发资质，双方合作开发案涉地块的房地产。签约后，双方协议变更1996年的《合作开发房地产合同书》的合作乙方为C公司，其后B公司转让了C公司的全部股权，退出了上述项目的合作开发。B公司退出合作开发后，在2002年10月A公司与C公司又签订了《补充协议》，在协议中确认《合作开发房地产合同书》的乙方为C公司。至此，A公司把《合作开发房地产合同书》及相关合同的合作开发乙方变更为被告C公司。其后的房地产开发活动全部由A公司与C公司合作完成，与B公司无涉。B公司认为《合作开发房地产合同书》及相关《补充合同》的合作乙方主体已经变更，本案纠纷不是A公司与B公司的合作纠纷，而是A公司与C公司的合作纠纷，于事实无据，于法律无凭，请求法院驳回A公司的诉讼请求。

被告C公司辩称，①关于合同主体。原告与B公司签订的《补充合同》或双方多份往来函件均可证明或相互印证B公司与原告签订的《合作开发房地产合同书》及《补充合同》的权利义务已概括转让给C公司，C公司早已完全代替原合同当事人一方即B公司的地位并承担了B公司在合同中的全部权利义务，B公司与项目公司即C公司结清债权债务后早已退出了早前与原告的合同关系。②关于诉讼时效。1998年9月A公司与B公司签订了《补充合同》，约定B公司于1998年12月底前开工建设属A公司的科研办公楼，2000年12月前交付其使用。C公司认为，合同约定B公司在1998年12月底前开工建设属于原告的科研办公楼，如果未按约于2000年12月前交付A公司使用，那么就应从该时起计算诉讼时效期间，故自2003年1月1日后，原告已丧失了胜诉权。请求驳回原告的诉讼请求。

一审法院经审理，查明如下事实。

1996年7月A公司（甲方）与B公司（乙方）签订《合作开发房地产合同书》（以下简称"主合同"），约定对原告所有的案涉地块，以甲方提供建设用地，乙方提供建设资金及开发资质的方式合作，建成后按总建筑面积甲乙双方4∶6分成，双方同意在上述规划面积上，单独划出约4000平方米土地建设一栋18层以上科研综合楼，作为甲方合作分配应得的建筑面积，其他面积区域，划出约9000平方米土地建设多栋9层商住综合楼，并由乙方全权销售和管理，相关收益权归乙方所有；双方对应交付给甲方的18层的办公楼装修标准进行约定，按一级一类装修，具体标准详见附件；本项目由甲方提供合作土地有效的报告、土地使用证等资料，乙方负责以甲乙双方的名义，办理立项、征地、变更用地性质及报建等工作；该项目公司的运作由乙方负责，工程完工双方共同验收交付使用，整个项目争取在签订合同之日起6~8个月办

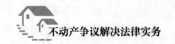

妥报建手续，然后在楼房报建批准之日起三十个月内完成整个项目的建设。

2002年10月A公司（甲方）与C公司（乙方）签订《补充合同》，约定：甲乙双方根据1996年签订的《合作开发房地产合同书》，甲方的合作分成为二期科研办公楼G幢，乙方的合作分成为一期A—E幢和F幢，同意将项目地块确权到乙方名下。同年11月某市国土资源和房屋管理局核发《某市房地产权属证明书》给C公司，载明，该项目建设用地的房地产权属人为C公司。

2007年5月C公司向A公司发出《关于合作项目的发函》，记载：关于我们共同开发的科研办公楼项目，按合同要求无法进展下去，按双方协议内容，外电由A公司负责，内部按毛坯房建设交付，不具备验收条件，A公司未能明确办公楼的具体功能划分，无法进行消防工程建设等。后双方多次协商未果，C公司亦未按约向原告交楼，该楼也未按照合同完成全部施工，仅完成主体结构和外墙、内部水电管道施工，电梯及装修均未完成，外墙玻璃幕墙未安装，消防未验收，项目工程未竣工验收，无法使用，一直空闲至今。

一审在查明上述事实的基础上，认为：

1.涉讼地块原是A公司的建设用地，《合作开发房地产合同书》（以下简称《合同》）虽名为"合作开发房地产合同"，但合同中约定了作为提供土地使用权一方的A公司分得面积为16500平方米的科研办公楼，且不承担经营风险，符合《最高人民法院关于审理涉及国有土地使用权合同纠纷案件适用法律问题的解释》（2020年修正）第二十一条"合作开发房地产合同约定提供土地使用权的当事人不承担经营风险，只收取固定利益的，应当认定为土地使用权转让合同"规定的情形，《合同》应当认定为国有土地使用权转让合同，案涉《合同》及《补充合同》应认定为有效合同。

2.关于《合同》及《补充合同》中乙方的权利义务应由谁承受的争议焦点问题。原告与被告C公司共同与房管部门签订《国有土地使用权转让合同》，最终获得政府认可并共同与原告取得涉讼地块使用权的是被告C公司而非被告B公司。原告于2002年10月与被告C公司订立《补充合同》，同意将依照《合同》约定开发后本应归被告B公司所有的房屋确权到被告C公司名下。以上事实足以认定在《合同》及《补充合同》签订后，被告B公司已退出了涉讼项目的开发，合同权利义务由被告C公司予以承受。

3.关于诉讼时效。本案原告诉称要求被告继续履行合同，完成科研办公楼的建设、验收并交付使用，系涉及不动产物权的请求完成权，并非债权，而且按合同约定被告应承担完成交楼的合同义务，因此两被告提出原告起诉超过诉讼时效的主张，法院不予支持。

4.关于违约责任的问题，按照《合同》及《补充合同》的约定，被告C公司须于2000年12月30日前将科研办公楼交付使用。被告C公司至今仍未完成科研办公楼的建设、验收，未将该楼交付使用，已构成违约。

该院依照《合同法》第六十条、第一百零七条，《最高人民法院关于审理涉及国有土地使用权合同纠纷案件适用法律问题的解释》第十一条、第二十四条，《民事诉讼法》第六十四条第一款的规定，判决如下：被告C公司继续履行1996年7月《合作开发房地产合同书》、1998年9月签订的《补充合同》，在本判决发生法律效力之日起90天内完成科研办公楼的建设、验收工作，并将该办公楼交付给A公司使用。

该案经过二审维持原判，并已经生效。

一、律师评析

本案存在以下两个焦点问题：

其一，原告提供建设用地，被告提供建设资金及开发资质的方式合作，原告固定获取一定建筑面积，合作合同的性质如何认定？

其二，本案原告起诉超过诉讼时效了吗？

（一）关于合同关系性质和效力的问题

《合同》虽名为合作开发合同，但合同中约定了作为提供土地使用权一方的原告A公司分得面积为16500平方米的科研办公楼，且不承担经营风险，符合《最高人民法院关于审理涉及国有土地使用权合同纠纷案件适用法律问题的解释》（法释〔2005〕5号）（以下简称《解释》）第二十四条"合作开发房地产合同约定提供土地使用权的当事人不承担经营风险，只收取固定利益的，应当认定为土地使用权转让合同。"规定的情形，《合同》应当认定为国有土地使用权转让合同。原告A公司认为《合同》性质为合作开发房产合同，不符合《解释》的规定。因此，在合作开发房地产过程中，如果约定一方固定

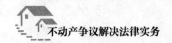

的分配建筑面积或者价款的，而不承担经营风险的，就有可能被法院认为转让土地使用权，并且合同关系一旦认定转让土地使用权，那么关于提供土地一方的合作收入的经营税费性质也将发生变化，税种、税率也会存在差异。当然，如果合同内容不违反法律强制性规定及不存在其他非法无效的情况，该合同关系还是应认定为有效合同，因此，法院认定本案《合同》及《补充合同》是双方当事人真实意思表示，故《合同》及《补充合同》均应认定为有效合同。那么可能就会有读者问，既然认定合同有效，至于合同关系是定性为"合作开发"还是"转让土地使用权"并没有什么关系。笔者认为，合同性质的定性一旦改变，合同中双方权利义务将产生重大变化，并且会产生诸多未约定的内容，在履行中将可能产生重大的争议。合作开发房地产，一旦定性为建设用地使用权的转让，即会产生土地转让税费承担的问题，而上述合同并未约定土地转让税费的承担，势必对A公司的权益产生重大影响。因此，我们在遇到此类合作开发房地产或合作进行城市更新项目之时，就要慎重考察合同的法律关系和效力，对于可能造成合同性质变更后的内容应事先进行约定，并且有必要在合同中增加关于合同性质和效力的独立条款或补充协议。

（二）关于诉讼时效的问题

本案原告诉请被告交付房屋，属于要求其按合同履行不动产物权交付义务的请求权，不属于债权，因此不适用诉讼时效。民事诉讼时效适用范围适用于债权请求权，包括合同之债，侵权之债，不当得利与无因管理之债，缔约过失之债等，法律根据是：《民法典》第一百九十六条："下列请求权不适用诉讼时效的规定：（一）请求停止侵害、排除妨碍、消除危险；（二）不动产物权和登记的动产物权的权利人请求返还财产；（三）请求支付抚养费、赡养费或者扶养费；（四）依法不适用诉讼时效的其他请求权。"根据《最高人民法院关于审理民事案件适用诉讼时效制度若干问题的规定》（法释〔2020〕17号）第一条："当事人可以对债权请求权提出诉讼时效抗辩，但对下列债权请求权提出诉讼时效抗辩的，人民法院不予支持：（一）支付存款本金及利息请求权；（二）兑付国债、金融债券以及向不特定对象发行的企业债券本息请求权；（三）基于投资关系产生的缴付出资请求权；（四）其他依法不适用诉讼时效规定的债权请求权。"因此，法院裁决本案作为物权交付请求权，不适于债权的诉讼时效，适用法律是准确的。

另外，本案关于合作主体变更的问题值得探讨。《民法典》第五百五十五条（《合同法》第八十八条）规定："当事人一方经对方同意，可以将自己在合同中的权利和义务一并转让给第三人。"一般而言，债权债务概括转让需要合同当事人与第三人一致同意，同意的形式既可以是三方一致签署债权债务转让文件，也可以由转让人与第三人签署债权债务转让文件，转让人以外的原合同其他当事人对此同意。第五百五十六条规定："合同的权利和义务一并转让的，适用债权转让、债务转移的有关规定。"本案法院认为，在实际履行中，虽然未签订三方转让合同，但是原告与B公司，以实际行为表明已经将项目乙方权利义务转让给了C公司，而按照上述法律规定，乙方B公司要整体转让合同的权利义务，必须经过原告书面同意，虽然本案中原告要求C公司承担相应的权利义务，但笔者认为此应属于债务加入的性质，根据《民法典》第五百五十二条规定，"第三人与债务人约定加入债务并通知债权人，或者第三人向债权人表示愿意加入债务，债权人未在合理期限内明确拒绝的，债权人可以请求第三人在其愿意承担的债务范围内和债务人承担连带债务"。本案中C公司自愿加入该合同的履行，也经过了A公司的同意，且原告没有书面明确放弃对乙方B公司权利，更未免除B公司的合同义务，该合同也不具有解除的约定或者法律规定的条件，而该法院以原告与C公司在事实上进行深度合作为由，认定为乙方权利义务被一并取代，笔者认为，这种主观认定法律依据并不充分，是非常值得商榷的。

二、相关问题与分析

（一）在一方出地，一方出资的合作开发房地产中，首先要对土地用途的合规性进行考察，是否具备进行房地产开发的土地性质、规划要件、使用年限等情况，并且对于国有企业的国有土地使用权，出让合作进行开发必须经过上级部门或有审批权限的人民政府批复是否同意，而且如果是作为经营性用地，还要审视是否要经过政府征收程序，之后再依规进行公开的挂牌出让。其次，要审核房地产开发的资质，出资一方必须具备房地产开发的资质，根

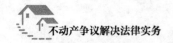

据《解释》（2021年1月1日施行）第十三条规定，合作开发房地产合同的当事人一方具备房地产开发经营资质的，应当认定合同有效。当事人双方均不具备房地产开发经营资质的，应当认定合同无效。但起诉前当事人一方已经取得房地产开发经营资质或者已依法合作成立具有房地产开发经营资质的房地产开发企业的，应当认定合同有效。最后，对于合作开发双方的利润或收益分成，如果约定方只收取固定收益的，则合同性质可能发生变化，法律根据是：《解释》（2021年1月1日施行）第二十一条："合作开发房地产合同约定提供土地使用权的当事人不承担经营风险，只收取固定利益的，应当认定为土地使用权转让合同。"第二十二条："合作开发房地产合同约定提供资金的当事人不承担经营风险，只分配固定数量房屋的，应当认定为房屋买卖合同。"第二十三条："合作开发房地产合同约定提供资金的当事人不承担经营风险，只收取固定数额货币的，应当认定为借款合同。"第二十四条："合作开发房地产合同约定提供资金的当事人不承担经营风险，只以租赁或者其他形式使用房屋的，应当认定为房屋租赁合同。"合作双方一旦发生纠纷，合作开发建设用地合同，有可能被法院认定为其他性质的合同，而不同的合同性质，关系和规则、权利和义务是不同的，比如合作开发合同被认定为借款合同，则约定的高额利息或回报将不受法律保护。

（二）在房地产合作开发和城市更新的项目中，经常会出现一些国有企业拟将工厂、土地拟用于房地产开发、城市更新，将原土地的工业用地或者其他用地性质变更为更具商业价值的商住用地性质，将该土地价值升高。对此，笔者认为，工业用地如果变更为商住用地，在城市更新中，政府一般是要求进行收储，然后在进行土地整理之后，在符合法定条件的背景下，进行挂牌竞拍处理，另外政府变更该土地性质必须符合法律规定的程序，必须符合城市总体规划和该片区的控制性规划，而在采取上述方式进行合作之时，就会存在合作合同的法律效力问题。由于该土地还未变更为商住用地，那么在合同中约定委托方推进政府将工业用地变更为商住用地，并且负责相关费用等之类约定，是否存在违反法律强制性规定的行为，该委托行为是否具有法律效力，这些问题在实务中存在不同的观点。另外，国有企业在与第三方公司合作推动名下的工厂、土地变更用地性质，合作进行房地产开发、城市更新的行为，按照国有资产管理的相关规定，应该依据法律规定的程序进行报批，以及合作合同应在依法设立的交易平台进行公开招投标，方为合法有效。因此，在上述合作关系中，要非常慎重地考量合同的法律效力、关系和相关法律程序。

（三）笔者曾接到过关于国有划拨用地用于合作开发建设的咨询，对此也在本节中分享一些观点。划拨用地一般是依法无偿取得土地使用权，我国《土地管理法》第五十四条、第五十五条规定，建设单位使用国有土地，应当以出让等有偿使用方式取得，法律明确规定的才可以划拨方式取得，如果改变划拨土地建设用途的，应经土地主管部门同意，并报原批准用地的人民政府批准。《中华人民共和国城市房地产管理法》第二十二条、《《中华人民共和国城镇国有土地使用权出让和转让暂行条例》第四十三条等对此有明确的规定。当然，划拨用地也得缴纳土地使用税，并且如果该土地系通过征收农村或其他国有用地所获取的时候，往往还需要土地使用者支付土地前期相应征地平整等补偿费用。

关于划拨用地进行商业开发的问题，根据《中华人民共和国城市房地产管理法》（以下简称《城市房地产管理法》）第三十九条的规定，以出让方式取得土地使用权的，转让房地产时，应当按照国务院规定，报有批准权的人民政府审批。如果同意的，还应当依法办理土地出让手续，比如，按照该法第十三条规定，商业、旅游、娱乐和豪华住宅用地，有条件的，必须采取拍卖、招标方式；没有条件的，不能采取拍卖、招标方式的可以采取双方协议的方式。《招标拍卖挂牌出让国有建设用地使用权规定》（国土资源部令第39号）第四条规定，工业、商业、旅游、娱乐和商品住宅等经营性用地，应当以招标、拍卖或者挂牌方式出让。因此，划拨用地不得进行商业房地产开发，也不得进行变相商业利用，例如，某国有公司有一块荒芜多年的划拨空地，公司领导同意根据规划来建设该用地，但是苦于无建设资金，现某房地产公司拟出资与该公司合作建设以"大众科普游乐"为主题的园区和配套设施，由房地产公司全部出资建设，共同分配物业面积或者对分配面积享有长期使用权。笔者认为，以划拨用地变相进行房地产开发和利用，违反了相应规定，变相转让国有土地使用权，不仅可能涉及合同无效的问题，并且根据《中华人民共和国城镇国有土地使用权出让和转让暂行条例》第四十六条的规定，有可能受到行政处罚。例如，某事业单位在某市的黄金商业地段有一宗划拨综合用地，该单位拟对该宗

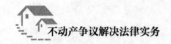

土地进行开发，为此对外招选房地产开发公司进行合作，由于该用地系划拨的综合用地，不能进行房地产开发，建成的物业不能销售转让，该单位计划以自己的名义报建写字楼、公寓及配套设施，由第三方房地产公司投资进行开发，亦即该单位出地、房地产公司出资，建成物业之后，双方按比例分配该物业的使用权。笔者认为，首先对于涉及划拨用地进行房地产开发的行为，不论是约定双方共同分配物业面积的使用权，还是以土地换现金的方案，都是"以合法形式掩盖非法目的"，非法利用不合格的标的物，存在合同无效的情形；其次对于划拨用地，在未由政府依法进行收储并且调整规划用途之后，再依法公开挂牌出让，是不能直接用于房地产开发用途的；最后该事业单位将自己的资产与外部合作开发，必须经上级主管部门和国有资产管理部门的审批同意，且须经公平招标程序。因此，该单位擅自与房地产公司洽谈划拨用地进行商业开发的行为，存在巨大法律风险。

三、规范指引

■《民法典》

第一百九十六条 下列请求权不适用诉讼时效的规定：

（一）请求停止侵害、排除妨碍、消除危险；

（二）不动产物权和登记的动产物权的权利人请求返还财产；

（三）请求支付抚养费、赡养费或者扶养费；

（四）依法不适用诉讼时效的其他请求权。

第五百五十五条 当事人一方经对方同意，可以将自己在合同中的权利和义务一并转让给第三人。

■《最高人民法院关于审理民事案件适用诉讼时效制度若干问题的规定》

第一条 当事人可以对债权请求权提出诉讼时效抗辩，但对下列债权请求权提出诉讼时效抗辩的，人民法院不予支持：

（一）支付存款本金及利息请求权；

（二）兑付国债、金融债券以及向不特定对象发行的企业债券本息请求权；

（三）基于投资关系产生的缴付出资请求权；

（四）其他依法不适用诉讼时效规定的债权请求权。

■《土地管理法》（2019年修正）

第五十四条　建设单位使用国有土地，应当以出让等有偿使用方式取得；但是，下列建设用地，经县级以上人民政府依法批准，可以以划拨方式取得：

（一）国家机关用地和军事用地；

（二）城市基础设施用地和公益事业用地；

（三）国家重点扶持的能源、交通、水利等基础设施用地；

（四）法律、行政法规规定的其他用地。

第五十五条　以出让等有偿使用方式取得国有土地使用权的建设单位，按照国务院规定的标准和办法，缴纳土地使用权出让金等土地有偿使用费和其他费用后，方可使用土地。

自本法施行之日起，新增建设用地的土地有偿使用费，百分之三十上缴中央财政，百分之七十留给有关地方人民政府。具体使用管理办法由国务院财政部门会同有关部门制定，并报国务院批准。

■《城市房地产管理法》（2019年修正）

第二十二条　土地使用权出让合同约定的使用年限届满，土地使用者需要继续使用土地的，应当至迟于届满前一年申请续期，除根据社会公共利益需要收回该幅土地的，应当予以批准。经批准准予续期的，应当重新签订土地使用权出让合同，依照规定支付土地使用权出让金。

土地使用权出让合同约定的使用年限届满，土地使用者未申请续期或者虽申请续期但依照前款规定未获批准的，土地使用权由国家无偿收回。

■《中华人民共和国城镇国有土地使用权出让和转让暂行条例》（国务院令第55号）

第四十三条　划拨土地使用权是指土地使用者通过各种方式依法无偿取

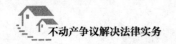

得的土地使用权。前款土地使用者应当依照《中华人民共和国城镇土地使用税暂行条例》的规定缴纳土地使用税。

第四十六条　对未经批准擅自转让、出租、抵押划拨土地使用权的单位和个人，市、县人民政府土地管理部门应当没收其非法收入，并根据情节处以罚款。

■《划拨用地目录》(国土资源部令第9号)

■《最高人民法院关于审理涉及国有土地使用权合同纠纷案件适用法律问题的解释》(2020年修正)

04　合作开发房地产项目面临破产清算，作为项目公司的大股东、债权人，如何保护该项目的债权和物权不列入破产分配？

案例导读

在合作开发商业房地产中，各投资人成立项目公司，按比例出资，由项目公司进行投资和建设、销售等工作，投资大股东为支持项目公司的资金运作，不仅签约购买了大批项目房产并实际付清了全部的购房款，而且委托银行向项目公司发放贷款，倘若项目公司资金链断裂，拖欠大量的建设工程施工款，公司资不抵债、面临破产的风险，而整栋大楼未办理大确权，导致大股东虽已签署房屋买卖合同并支付全部购房款，但未办理不动产权证，已购房屋时刻面临被施工方、供应商或者被其他债权人等起诉查封，被其他债权人取得首封的位置或者被列为破产财产，已购房屋权益由于尚未办理不动产权证而得不到保护等风险。以下案件，探讨如何掌握诉讼时机，通过诉讼手段达到减少损失的目标。

典型案例2：A公司诉B公司、质押人C公司、刘某合作开发房地产借款案

　　原告:A公司

　　被告1:B公司

　　被告2:C公司（质押人）

　　被告3:刘某

　　第三人:某银行

　　某国企A公司长期与某市某民营企业合作销售建筑钢铁器材，双方合作关系一直较好，在钢材市场环境较好的前提下，双方合作利润可观，因此拟合作开发一宗地块，建立一座销售项目的总部大楼，这样不仅可扩大双方规模、占据该市主要市场地位、提升企业品牌效应等，也可以配套开发公寓、写字楼等房地产产品，可谓一举多得。为此，经过多次沟通和多方的筹备，合作各方同意达成合作开发房地产协议，成立了项目公司，各方发起人按项目公司的股权比例投资，并根据股权比例进行分红和分配投资回报等，项目公司B公司于2012年6月成立，股东包括A公司（占股48%）、C公司（占股42%）和刘某（占股10%）。项目公司成立之后，通过公开竞拍的程序，获得了该地块的国有土地使用权，按照规定签订了土地出让合同、交清土地出让金，按规定办理了规划、建设等相关手续。

　　2017年11月项目公司通过招标与施工方（乙方）某公司签订了《建设工程施工合同》《补充协议》，施工款总额约为1亿元人民币，本工程采用固定单价合同（除约定外），《补充协议》约定，基于建设方（甲方）于2017年3月中标的承诺、付款方式，由施工方垫付工程款，甲方按施工进度支付工程款和利息。甲方按以下工程节点支付工程进度款给乙方：项目已完成合格工程量达到工程总量的30%后，支付合同价款的25%；已完成合格工程量达到工程总量的60%后，支付至合同价款的50%；已完成合格工程量达到工程总量的90%后，支付至合同价款的85%；工程竣工验收合格后一个月内支付至工

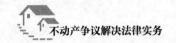

程总价款的95%；尾款在竣工验收合格一年后一个月内一次性付清。其中还有一则重要的约定，当工程竣工验收合格满一年后，销售回笼资金不足以支付项目工程款时，甲方同意以乙方建成的"总部大楼"中未售出的物业抵偿乙方未收回的工程款。上述合同签订之后，施工方亦依约进行施工，后在施工过程中，案涉项目建设资金严重不足，为此经股东会沟通和协商，于2019年12月由A公司、某银行与B公司签署《委托贷款合同》，约定A公司委托某银行向B公司发放流动资金贷款金额1.2亿元，贷款期限至2020年12月。B公司的其他两位股东C公司和刘某分别将其名下的B公司的股权质押给A公司，为项目公司1.2亿元贷款提供担保，后该银行按约向B公司发放1.2亿元贷款，但是贷款到期后，B公司仅清偿少部分的本金和利息。

至2021年4月，该项目工程，包括一栋主体的总部大楼，以及两栋写字楼和公寓，均已经完成施工，准备向相关部门申请规划验收、办理大确权手续，两栋写字楼及公寓此前已经取得预售许可证，并向社会销售完毕。为了缓解B公司的资金压力，A公司又向B公司购买一百多套公寓，总部大楼即A栋已于2021年6月取得竣工验收备案，但仍未办理项目大确权手续，也无法办理已售房产证。

B公司主要资产为总部大楼剩余未售物业，初步评估价值7000余万元，而B公司尚拖欠施工方的工程款700096万元及其他供应商债务1000余万元，B公司时刻面临被其他债权人起诉、申请破产的风险，那么A公司签订了购买大批房屋的合同，以及近1亿元的委托放贷的债权，面临巨大的风险。为尽量保护已购财产，对其他剩余财产需要立即采取查封措施，取得首封的位置十分重要。但此时如果立即采取起诉和保全措施，A公司自己购买的一百多套公寓，也将因该项目用地被查封，而无法办理房屋产权证，从而导致A公司已购公寓也可能被列入破产财产之列。为此，承办律师建议，尽快推进已购房屋产权证的办理，办完产权证之后，迅速起诉并查封该项目的剩余财产，取得首封的位置，通过承办律师和各方努力地沟通协调，最后在2021年10月办理总部大楼的大确权，以及A公司已购公寓的房屋产权证，A公司取得了已购一百多套公寓的房屋产权证，排除已购公寓列入B公司破产财产的风险，随后A公司向某市中级人民法院提出诉前财产保全和诉讼，迅速查封了B公司剩余的项目物业，取得首次查封的顺序位置，该案也进行了诉讼程序。

诉讼过程和裁判结果：2021年11月原告A公司就B公司、质押人C公司、刘某拖欠其委托银行贷款一案起诉，某市中级人民法院根据原告申请，查封、冻结了被申请人B公司名下价值1.2亿元的资产，并且经过审理，法院依法作出判决。

（一）B公司应于本判决生效之日起十日内向A公司偿还尚欠的借款本金1.1亿元及支付罚息。

（二）B公司应于本判决生效之日起十日内向A公司支付律师费75000元。

（三）如B公司不履行上述给付义务的，A公司有权以C公司持有并办理出质设立登记的B公司42%股权、刘某持有并办理出质设立登记的B公司10%股权的折价或者拍卖、变卖的所得价款优先受偿。

后各方当事人均未提出上诉，该案判决已经生效。

一、律师评析

本案的关键在于，项目公司的大股东既购买大批房屋，又委托贷款给项目公司，但面临项目公司被起诉查封、被申请破产的风险，该大股东如何尽最大力量减少投资的损失，保护已经出资购买的一百多套公寓的房地产权属，同时要尽快采取措施应对B公司拖欠其委托贷款1亿余元，对B公司的剩余财产采取财产保全措施，取得首封位置，这样可以以第一位债权人的顺序优先受偿。公司在不进行破产清算的情况下，执行程序一般是按照查封顺序分配财产，但如果先起诉查封该项目剩余的未出售物业，会导致该项目的房屋和土地一并被查封，就无法办理已购物业的确权和房地产权证，如果不尽快查封则有可能被其他债权人查封，其他方取得首封位置，因此，只能尽快推进办妥已购公寓的房地产权证，再提出诉讼和财产保全措施。上述案件中承办律师建议先迅速办理已购公寓的产权证，再采取查封措施的策略，达到了既定目标，又帮助A公司减少和挽回了部分经济损失。

（一）关于项目公司投资运作房地产项目，投资风险防范问题

房地产开发和城市更新项目一般投资金额较大，投资风险也较大，而且

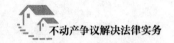

项目开发建设的过程较长、手续也比较烦琐，不仅涉及土地使用权或城市更新项目的取得、建设工程的招标、施工建设、商品房的销售、城市更新项目招商运营等过程，而且与国家的房地产金融调控政策、城市更新政策、房地产的供地政策、房地产销售等相关法规政策紧密相关。20世纪90年代以来，我国房地产行业一直蓬勃发展，同时带动了各行各业的发展，有些专家称之为房地产红利时代，但同样也带来了诸多负面的影响，为此，国家近年来提出"房住不炒"的国家政策，加强房地产市场的金融调控，收紧房地产行业无序扩张，防止地产业泡沫经济。例如，近年来大多数一线和二线城市规定房地产的"限购限贷"政策，2020年8月，国家住建部出台了房地产"三道红线""四档管理"的金融贷款调控政策，此后又发布了严禁经营用途贷款流入房地产市场的政策，因各种原因，从2020年开始，国内房地产业开始陷入低迷局面，甚至频频出现某些房地产企业产生信用危机的事件，房地产和城市更新领域整体处于下滑低迷的阶段。

在市场行情低迷的情况下，合作开发房地产和城市更新项目就存在更大的投资风险，因此投资者需要特别慎重，注意风险防范。本项目是一宗投资失败的房地产合作项目，至于失败的原因，可能不仅是资金链的问题，还存在企业运作管理、市场分析判断、贷款风险的管控等多方面的因素，本案各投资方均不是专业的房地产开发公司，不具有房地产开发的技能、合作资源、开发经验和成熟的团队，因此，该项目的投资和运作主体本就存在问题。我们也可以得出经验，房地产行业是极具投资风险的产业，投资经营房地产需要极其专业的团队、丰富的资源和宽松的市场环境，入市需特别谨慎。虽然本项目最终成为一项失败项目，但是本项目合作开发模式仍是一种比较典型的合作模式，各方投资者均以股东的身份发起成立项目公司，公司形式为有限责任公司，公司股东在出资范围内承担有限责任，这就避免了股东和发起人因项目失败而破产，股东和发起人仅需在投资范围内承担有限责任，该有限责任公司实际上成为一道避免债务牵连的"防火墙"。项目公司建立之后，必须取得房地产开发相应资质，并由项目公司推动依法获得用于开发的土地，或者由拥有土地使用权一方，将土地作价入股项目公司，项目公司在取得土地使用权之后，应进行用地规划、建设规划、工程招标和预售及竣工验收等各项工作，各投资人可从项目公司获得收益和分红。因此，本项目中采取建立项目公司，由项目公司投资管理和运作项目的方式，成功地避免了债务牵连，即使本项目进入破产清算，投资人亦仅在出资范围内承担有限责任。

（二）股东以何种方式对项目投资，有利债权保护的问题

房地产和城市更新的投资项目一般都需要庞大的投资资金，单靠某个股东的自有出资或投资，难以运作房地产、城市更新项目，大部分项目都需要金融贷款，或者通过房地产投资基金、抵押贷款、企业拆借等融资渠道进行，目前对于房地产行业，国家制定了金融严控政策，对房地产企业发放贷款资金的条件和标准越来越严格，一般中小型房地产企业，尤其是民营房企，比较难获得银行低息的开发贷款，而其他融资途径贷款、抵押条件都比较高，利息也普遍比银行融资方式要高。而在实践中，判断一个房地产或者城市更新项目是否具备成功开发、建设和运营的重要条件之一，就是该项目的融资能力，这也是衡量一个房地产和城市更新项目是否具备抵御风险能力的重要标志。

本项目无法获得银行的开发贷款、经营性贷款，各股东又无能力增加投资，或者是因为各股东达不成增加投资协议，在此情况下，为了避免项目资金链断裂，采取了大股东贷款的方式，股东借资方式可以有多种，比如直接由股东与项目公司签订借款协议或者股东投资协议，这种借款系企业之间的周转资金拆借。还可以采取股东向项目公司投资的方式，即股东可以直接将资金投入项目公司，可与项目公司和其他股东约定，项目在获得回款之后，需优先偿还该股东的投资。本项目采取的是一种相对比较保险的方式，就是股东向项目公司贷款，项目公司其他股东提供股权作为质押担保，并且为了加强贷款的公开力度，还采取了委托由第三人银行进行放贷的方式，实则有了银行作为放贷行为的背书和印证，即借款手续、合同的合法性、发放贷款的程序均具有规范和无争议的印证。因此，本案原告就委托贷款一案向人民法院起诉，在委托贷款及债务人无法偿还款项等事实上，并不存在争议，本案大股东委托银行向公司发放贷款、其他股东提供股权质押方式，值得参考借鉴。

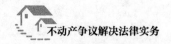

二、相关问题与分析

当前房地产市场低迷，房地产企业信用危机四伏，回顾我国房地产行业二十多年的高速发展，我国人均拥有住宅的面积已经接近发达经济体水平，实际的需求市场几乎处于饱和状态。商业房地产市场由于近年网络平台购物的迅速发展，也处于十分尴尬的境地，大量的商业物业空置，商业地产开发也成了"鸡肋"。在市场处于下行周期之时，从事房地产合作开发，投资风险进一步增加，投资者需要极其谨慎。除了市场风险之外，要特别注意防范拟投资项目的资金风险和法律风险、政策风险。除商住房地产开发之外，如今市场上比较火热的项目领域，还有工业园区用地开发，集体建设用地流转开发，城市更新项目中包含的房地产开发，这是房地产和城市更新领域的新兴方向。在这些领域内，仍然要注意投资合作开发的模式，防范不同的法律风险，笔者就此专门撰写过《房地产收并购模式与风险》《诉讼律师看房地产法律风险》两篇文章，读者朋友可以阅读参考。不论何种合作开发的模式，笔者认为都有以下法律风险，值得投资者注意。

（一）获得项目开发权的合法性

其一，要注意项目土地出让的主体。例如，采取产业"勾地"方式，通过产业导入和开发产业园区，以此作为对价来获得配套商业地产项目，很多这种项目是园区管委会作为土地出让方直接与投资公司签订合作开发协议，而且并没有县级以上人民政府的授权，为此我们要注意园区管委会是不是具有土地出让的权利。根据《城市房地产管理法》第十五条规定，"土地使用权出让合同由市、县人民政府土地管理部门与土地使用者签订"。园区管委会可以与投资方签订投资合作合同，但是涉及土地出让合同必须由市、县级以上人民政府签订，园区管委会是无权出让土地使用权的。其二，应具有项目和土地开发权程序的合法性。在集体建设用地的开发项目中，除了需要经过村集体公开表决程序和结果公示程序之外，凡是涉及重要的农村集体资产，还需要依法经过公开的竞争性交易程序，否则就会因为程序不合法而可能导致合同无效。根据《中华人民共和国村民委员会组织法》（以下简称《村民委员会组织法》)第二十四条的规定，涉及村民利益的重要事项，须经村民会议讨论决定，这就是说，村集体重要资产处置并不是由村长、村支书或村委员作出决策，而是由村民会议讨论决定。根据《广东省实施〈中华人民共和国村民委员会组织法〉办法》第三十一条第二款的规定，涉及村和村民切身利益的重大事项，村民委员会应当提交村民会议或者村民代表会议讨论作出决定。根据《广东省农村集体资产管理条例》第十三条、第十四条的规定，涉及村重要事务需经农村集体经济组织成员大会或成员代表会议决定。其三，关于合作内容的合法性问题。在项目合作协议中，合作内容不得违反强制性的法律规定，否则会导致合同无效，比如在城市更新领域，某些平台公司为了"套住"村集体的旧改项目，往往在合作协议中设置违反公平、公开和平等原则的排他性的约束条款，约定"非他不可"，不公平、不合理的排除第三方参与项目，目的是将该旧改项目"锁定"，根据《民法典》第一百五十三条的规定，违反法律、行政法规的强制性规定的民事法律行为无效。

(二)根据项目实际情况，设计好与投资股东之间的合作模式

本案在合作模式的设计上，具有一定抗风险性，也确实起到一定的防风险效果，房地产和城市更新的投资合作模式，其一，要体现项目的来源价值、保护获得项目来源方的合理权益，当然还要保护主要出资股东的投资权益，以及尊重大股东对项目的实际控制权，各方权利义务要合理、平衡，避免各股东之间权益失衡，造成股东之间的矛盾纠纷。其二，在管理权限的设计上，要由具有相关经营和资质的团队负责。决定由哪一方来直接管理项目，要根据以下标准来检验：①是否具有丰富的开发建设运营的项目管理经验；②是否具有项目开发和管理的实力和技能，③是否具有对项目的产品设计、销售和商业运作的经验和能力。房地产和城市更新项目的运作极其需要有相关经验、能力及责任的团队来承担管理工作，而且项目本身极具商业和法律风险，只有充分具备上述条件的团队，才能作为具体的管理经营方，各股东不应以争权夺利为目标，不恰当地分配项目管理权限。在实务中，存在一种现象，获取土地或项目的资源方没有开发经验，但基于土地或项目资源方的关系和沟通能力，交由资源方承担项目负责公司的建设和运营，但由于资源方没有房地产和城市更新项目的运作经验和能力，往往导致项目的失败。还有一些

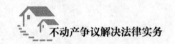

特殊的合作开发方式，比如代建包销，项目资源方能取得土地使用权，与专业的代建包销的房地产公司合作，相对而言，这种模式风险较低。

（三）注意"戴帽挂名"合作开发房地产项目的风险

某些地方政府在招商引资中，要求开发商具有央企、大国企、上市公司的身份或以其信誉担保。为此，项目的运作策划者常常与某些央企、大国企或上市公司协商，采用以其"名号"与当地政府签约合作的方式，只要其出身份，但并不实际出资和参与项目，项目资源的导入者往往具有土地和项目的资源关系，可以推动项目进展和合作，但缺乏巨额的投资资金，又需要有资金和一定开发经验的中小开发商合作。这种合作的模式，实际就形成多方参与、虚实结合的商业模式，以挂名大型企业名义与政府签订框架合作协议，此为"虚"，再由投资方实际成立项目公司来运作，此为"实"，挂名企业往往是"虚"持项目公司的股份，实际股权由运作者与实际投资方持有，资金往往通过挂名企业或其旗下的基金公司投入，挂名企业收取一定的管理费用。但这种合作模式也存在一定的法律风险，因"挂名"合作的行为具有"虚构事实、隐瞒真相"的情形，如果发生纠纷诉诸法院，则双方的合作协议可能被认定为无效，因挂名而签订项目用地的合同和相关批文手续，均可能被撤销或作无效处理。

综上所述，房地产开发和城市更新项目，在当前市场和政策环境之下，具有较高的市场和政策风险。笔者认为，在项目合作模式的选择上，应根据项目实际情况，组建具有丰富经验的团队，或者与具有房地产开发运营经验的公司合作，保障充足的开发资金或寻找到合理利率的融资渠道，避免民间借贷或高杠杆融资贷款。股东在向项目公司融资借款的时候，尽量避免以承担连带责任方式提供担保。本项目虽然是一宗开发失败的案例，但在避免项目债务牵连股东的方面做了风险规避，承办律师在本项目中也十分专业、客观地提供了法律意见。

三、规范指引

■《城市房地产管理法》（2019 年修正）

第十五条　土地使用权出让，应当签订书面出让合同。

土地使用权出让合同由市、县人民政府土地管理部门与土地使用者签订。

■《村民委员会组织法》（2018年修正）

第二十四条　涉及村民利益的下列事项，经村民会议讨论决定方可办理：

（一）本村享受误工补贴的人员及补贴标准；

（二）从村集体经济所得利益的使用；

（三）本村公益事业的兴办和筹资筹劳方案及建设承包方案；

（四）土地承包经营方案；

（五）村集体经济项目的立项、承包方案；

（六）宅基地的使用方案；

（七）征地补偿费的使用、分配方案；

（八）以借贷、租赁或者其他方式处分村集体财产；

（九）村民会议认为应当由村民会议讨论决定的涉及村民利益的其他事项。

村民会议可以授权村民代表会议讨论决定前款规定的事项。

法律对讨论决定村集体经济组织财产和成员权益的事项另有规定的，依照其规定。

■《广东省实施〈中华人民共和国村民委员会组织法〉办法》（2012年修正）

第三十一条　涉及村和村民切身利益的重大事项，村民委员会应当提交村民会议或者村民代表会议讨论作出决定。

■《广东省农村集体资产管理条例》（2016年修正）

第十三条　下列事项，由农村集体经济组织成员大会决定：

（一）制定、修改农村集体经济组织章程；

（二）土地承包方案、集体资产产权量化折股及股权配置方案；

（三）集体土地征收征用补偿费等费用的分配方案；

（四）农村集体经济组织的合并、分立、解散；

（五）重大的集体资产产权变更；

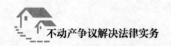

（六）较大数额的举债或者担保；

（七）其他应当由成员大会决定的事项。

成员大会可以直接决定由成员代表会议决定的事项，也可以授权成员代表会议决定前款第一项、第四项以外的其他事项。

第十四条 下列事项，由农村集体经济组织成员代表会议决定：

（一）年度财务收支预决算方案以及计划外较大的财务开支；

（二）集体资产经营目标、经营方式和经营方案；

（三）建设用地使用权的流转；

（四）经济项目投资、公益项目投资；

（五）年度集体资产收益分配方案以及预留公益金、公积金；

（六）其他重要经营管理事项。

■《民法典》

第一百五十三条 违反法律、行政法规的强制性规定的民事法律行为无效。

附：案件法律分析意见

关于本案的法律分析和律师意见（节选）

一、关于A公司购买的一百多套公寓的法律分析及建议

1.法律分析

A公司与B公司签约"购买"一百多套公寓，由于现"总部大楼"已经通过竣工验收备案，但尚未办理大确权（亦称产权初始登记），预计办妥需1个月左右，在办理大确权之后，方可为上述一百多套公寓办理房屋产权证。倘若在此空档期间，B公司遭遇施工方起诉或其他债权人起诉，则存在A公司"购买"的上述公寓被作为B公司资产被查封的风险，导致无法办理产权证，无法确定为A公司产权。

A公司与B公司签署公寓买卖合同，并依约支付了全部购房款，如果A

公司已经实际合法占有所购房屋，并且不存在因A公司过错导致不能办理产权证的情况，则A公司基于合同享有的一般债权就转化为其对该房屋享有的"物权期待权"。A公司也因实际占有公寓而获得一定的对外公示效力，尽管该效力尚不能与不动产物权登记的法定效力相同，尚不属于《民法典》物权编意义上的物权（所有权），但已具备了物权的实质性要素，A公司可合理预期通过办理不动产登记将该物权期待权转化为《民法典》物权编意义上的物权（所有权）。

法律依据是：《最高人民法院关于建设工程价款优先受偿权问题的批复》第二条，以及《最高人民法院关于人民法院民事执行中查封、扣押、冻结财产的规定》第十五条。《最高人民法院关于人民法院办理执行异议和复议案件若干问题的规定》第二十八条规定："金钱债权执行中，买受人对登记在被执行人名下的不动产提出异议，符合下列情形且其权利能够排除执行的，人民法院应予支持：（一）在人民法院查封之前已签订合法有效的书面买卖合同；（二）在人民法院查封之前已合法占有该不动产；（三）已支付全部价款，或者已按照合同约定支付部分价款且将剩余价款按照人民法院的要求交付执行；（四）非因买受人自身原因未办理过户登记。"第三十条规定："金钱债权执行中，对被查封的办理了受让物权预告登记的不动产，受让人提出停止处分异议的，人民法院应予支持；符合物权登记条件，受让人提出排除执行异议的，应予支持。"

如A公司签署公寓买卖合同，支付全部价款并实际占有，非因A公司过错导致无法办理产权手续的，执行法院亦不得查封A公司公寓，且A公司依法可申请执行异议、排除执行，以对抗施工方对工程价款的优先受偿权，但这样做仍然具有较大风险。

2.律师建议

（1）根据A公司后续提供的一百多套公寓买卖合同等相关材料，该项目已取得"商品房预售证书"，该一百多套公寓均已办理"网签"，但需注意，网签后还需办理"合同备案"以及"权利预登记"等程序。依据《某市商品房买卖合同》第十九条、第二十条显示，应当自合同签订之日起30日内办理合同登记备案手续，并在合同登记备案后120天内申请办理预告登记手续。请A公司详细核实该一百多套公寓的商品房买卖合同是否均已

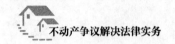

办妥合同登记备案手续及预告登记手续，若尚未办妥，建议立即补办，以免影响买卖合同手续的完整性，也为后续办理不动产产权证书扫除程序障碍。

（2）鉴于A公司与B公司已签署一百多套公寓的商品房买卖合同并付清全部价款，且总部项目A栋已办妥竣工验收，应尽快要求B公司出具《收楼通知书》，并办理上述公寓书面和实际交付手续，取得上述公寓钥匙，完成交付工作，完成实际占有、装修。

（3）在完成上述工作之后，A公司应向B公司发送书面要求尽快办理一百多套公寓产权证书的通知，履行催告办证义务，以取得关于上述公寓未办理不动产产权证并非A公司过错的证据。

（4）目前总部项目已办妥竣工验收，建议A公司把握B公司办妥大确权（初始登记）的时间，在办妥之日立即申请并完成上述公寓的不动产产权证书办理，最终取得上述公寓的不动产产权证书。

二、关于A公司1.2亿元贷款追偿的法律分析及建议

1.法律分析

鉴于B公司已资不抵债，施工方也了解B公司及总部项目债务状况，预计施工方将起诉B公司，主张未售出物业以"成本价"用以抵偿拖欠工程款，主张工程款优先权，且该项目还存在拖欠的其他债务，因此，A公司上述债权存在难以完全追回的风险，为尽量挽回损失，A公司应取得首封，并可以对"成本价"抵偿提出异议。

其一，A公司起诉B公司1.2亿元委托贷款合同纠纷管辖法院约定在某市，而施工方起诉B公司建设工程施工合同纠纷，依据《民事诉讼法》关于不动产纠纷专属管辖的规定，管辖法院在某市经济技术开发区，B公司总部大楼亦在该区，因A公司需在另省的某市起诉并申请财产保全措施，根据《最高人民法院关于严格规范执行事项委托工作的管理办法（试行）》的相关规定，某市法院查封B公司的项目总部大楼，需委托不动产所在地法院执行，委托交付和实际执行的时间难以把控，取得首封存在较大风险。

其二，B公司除拖欠施工方的工程款之外，还拖欠总部项目其他债务。而B公司上述债权与其他债权（非建设工程价款）均为普通债权，依据《最高人民法院关于适用〈中华人民共和国民事诉讼法〉的解释》（2020年修正）第五百一十六条的相关规定，因B公司为企业法人，如后续当事人不同意移送破产或者被执行人住所地人民法院不受理破产案件的，执行法院就执行变价所得财产，在扣除执行费用及清偿优先受偿的债权后，对于普通债权则按照财产保全和执行中的查、冻、扣的先后顺序清偿。

2.律师建议

（1）倘若B公司可沟通，A公司可优先考虑与B公司签署商品房买卖合同，由B公司将总部项目剩余未售物业，全部出售给A公司，以相应购房款抵销贷款债权，并由B公司立即将剩余未售物业交付A公司。对于剩余贷款债权，再起诉B公司追讨。

（2）鉴于"总部大楼"已完成竣工验收备案，而且据B公司陈述，1个月左右可办妥大确权，因此，A公司目前即应提前收集、整理、查阅本案相关证据材料，全面审查、研究和梳理本项目的资料证据，以确定诉讼、财产保全之策略、方案。

（3）A公司应紧盯总部大楼的项目办理大确权日期，提前10~15日通知承办律师向法院提交诉讼和财产保全材料，并利用7日内缴纳诉讼、财产保全费用时间（该时间可自主把握），从立案之日至派案至执行庭一般需3~7日，从执行庭至委托某市人民法院执行，一般亦需3~7日或更长，同时与执行法官、某市人民法院的执行法官取得联系，并沟通本案特殊的案件情况，以掌握时机，在办妥总部大楼的大确权、一百多套公寓的产权证之日或次日立即采取财产保全措施，争取达到首封目标。

（4）在采取财产保全措施之后，本案进入一审诉讼程序，按照法律程序和法庭的要求，依法维护A公司合法权益。

第三章　房地产"烂尾项目"争议处理

05　在房地产"烂尾楼"盘活项目中，如何巧用民事诉讼的措施，先恢复项目的继续建设问题，让楼不再"烂"下去？

📑 案例导读

　　在20世纪90年代房地产开发大潮中，遗留下大量的"烂尾项目"，甚至今日在一些城市中也随处可见，而当前国家开始对房地产行业的过度和无序开发从严整治，从2020年8月19日住建部和人民银行出台了房地产金融贷款"三道红线""四档管理"的政策，到严查经营贷流入房地产行业等号称史上最严的金融调控政策，用以防范和化解房地产金融风险。与此同时，房地产市场也处于不断下行的趋势，到2021年房地产企业"爆雷"新闻频出，关于"烂尾楼"的新闻也频频在网络上出现，比如2022年登上热搜的新闻——"购房者掏空六个钱包，买了个'烂尾楼'""房地产烂尾，小业主搬砖自救""房地产烂尾，购房者集体强制停贷"等。而"烂尾项目"是房地产领域内一项极其复杂的难症，也是政府亟待解决的城市治理难题。"烂尾项目"因资不抵债、债务关系纠结、司法执行叠加、建设手续失效、行政处罚等千丝万缕的关系形成难以解决的症结，有些项目即便进行破产清算，也难以实施项目拍卖，无法将复杂关系切割实现推倒从来。笔者根据经办的一宗典型房地产"烂尾项目"，探索如何巧用民事诉讼的措施，以化解项目复杂困境，达到尽快盘活项目的目标。

典型案例：某"烂尾楼"先行裁决收楼、代建一案

原告：A公司

被告：B公司

A公司（甲方）与B公司（乙方）于2000年10月份签署《合作开发房地产项目合同》，约定合作开发位于湖南省某市的房地产项目，A公司出地，B公司出资，双方约定B公司应于2003年12月份前建设竣工并交付给A公司一栋高38层的商务办公写字楼，如逾期，则应承担延迟交楼的损失赔偿，该项目规划的住宅商业用途的建设面积，则由B公司享有所有权，由乙方自主建设并对外销售，所获得该项目的销售收入与A公司无关，A公司不参与该项目的建设工作，但对项目和财务有进行监督的权利。签订合同之后，A公司依约将案涉项目开发建设用地移交给B公司进行开发建设，该项目分为两期建设，由B公司先建设住宅商业楼，后建设完成并对外销售完毕，第二期由B公司负责建设应交付给A公司的一整栋的商务办公写字楼。由于B公司的实际控制人梁某与A公司就该楼的交付标准产生重大分歧，经多次协商未果，双方矛盾激烈，从2003年10月之后，B公司未再对商务办公写字楼进行建设，该项目工程仅完成地下车库、主体工程，但外墙装饰、内部装修、水电系统、电梯、消防等项目均未完成，虽A公司一再催促B公司按约交付楼宇并承担延迟交楼的违约责任，但B公司以各种理由拒绝完工，拖延2年之后，A公司发现B公司竟然已经擅自撤离项目，B公司原办公场所也已经搬离，早已人去楼空，该项目也一直"烂尾"荒芜至今，B公司于2015年12月因未办年审被工商行政管理机关吊销营业执照。

由于B公司已经完全失去履约能力，A公司决定尽快启动该楼的"盘活"工作，以完成该楼的后续建设及竣工验收工作，并交付使用，以减少该楼的长期"烂尾"空置的持续经济损失。于是在2018年9月，A公司以B公司未依约履行合同义务为由，向人民法院请求B公司承担违约赔偿责任，以及请求

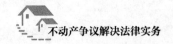

人民法院"先行裁决"由A公司代为建设并收楼，由B公司承担代为续建费用和相关损失，请求判令B公司支付逾期交楼违约金、代为建设期间无法正常使用的损失赔偿金，先行判决由A公司按现状收楼，以其名义代为履行案涉项目的建设、验收、交付使用等工作。

某市中级人民法院受理该案之后，法院经审理认为：

基于物尽其用、及时减损原则，为全力保护当事人权益，根据《最高人民法院关于贯彻执行〈中华人民共和国民法通则〉若干问题的意见（试行）》第162条"在诉讼中遇有需要停止侵害、排除妨碍、消除危险的情况时，人民法院可以根据当事人的申请或者依职权先行作出裁定"的规定，并参照《最高人民法院关于适用〈中华人民共和国民事诉讼法〉的解释》（2020年修正）第五百零三条"被执行人不履行生效法律文书确定的行为义务，该义务可由他人完成的，人民法院可以选定代履行人；法律、行政法规对履行该行为义务有资格限制的，应当从有资格的人中选定。必要时，可以通过招标的方式确定代履行人。申请执行人可以在符合条件的人中推荐代履行人，也可以申请自己代为履行，是否准许，由人民法院决定"的规定，以"先行裁定"的方式确定了A公司按现状收楼的权利，同时准许A公司以自己名义依法依规完成该楼宇后续的建设、验收工作。A公司因此而产生的后续建设等费用，属于代履行费用。根据《最高人民法院关于适用〈中华人民共和国民事诉讼法〉的解释》（2020年修正）第五百零四条的规定，代履行费用的数额由人民法院根据案件具体情况确定，并由被执行人在指定期限内预先支付，原告A公司基于上述代履行行为所产生的依约完成后续建设、验收工作的合理费用，依法应由被告即B公司负担，一审法院认为可以根据现有证据及事实、评估结果，来确定并支持A公司主张的合理续建费用。

该法院于2019年8月作出《民事裁定书》，裁决A公司按现状接收商务办公写字楼，裁定该楼的后续建设、验收工作由A公司依法进行，该裁定一经作出，立即执行。对于A公司提出的其他诉讼请求，2020年6月10日，法院又在查明相关事实的基础之上，作出一审判决，判令B公司向A公司支付逾期交楼违约金、合理代建期内无法正常使用房屋的损失赔偿金及代建费用等。被告上诉后二审维持原判，现该判决已生效。

一、律师评析

本案的主要焦点问题，是关于"先行裁决"的民事诉讼措施问题。本案B公司已被吊销，亦无其他可供履行的资产，不具有继续履行合同的能力，因此，如何尽快收楼、完成建设并交付使用，是委托人的当务之急，也是本案急需解决的问题，而在一般的"烂尾楼"处理中，正是由于无法继续建设，导致项目长期烂尾，无法进行资产流转并产生收益，导致越来越"烂"，为此本案的重点是，A公司是否可以申请按现状收楼，以自己的名义代为履行完成建设和交付工作，适用民事诉讼中的"先行判决"或"先行裁决"的措施能否得到法院支持？未来产生的代建费用和相关经济损失，能否由B公司承担？

（一）巧用民事诉讼的"先行裁定"措施，化解项目继续建设的难题，先解决局部的问题，再逐步解决全局的问题

由于本项目长期"烂尾"无法交付，造成A公司重大的经济损失，而且损失在持续扩大，长期"烂尾"还造成了城市景观、功能等破坏。从策略上讲，应先尽快恢复项目的建设、尽快启动项目的"亮灯"工程，在完成建设并交付使用之后，可以再依法确立权属关系，追究违约方造成的其他经济损失。《民事诉讼法》第一百五十六条规定："人民法院审理案件，其中一部分事实已经清楚，可以就该部分先行判决。"因此，请求法院先行判决由A公司自行收楼、代建并验收该楼，是具有法律依据的，本案法院适用了《最高人民法院关于贯彻执行〈中华人民共和国民法通则〉若干问题的意见（试行）》第162条规定，以先行裁定的方式，支持了A公司代为建设、自行收楼的诉讼请求，并且笔者认为，亦可援引《民法典》第五百八十一条规定："当事人一方不履行债务或者履行债务不符合约定，根据债务的性质不得强制履行的，对方可以请求其负担由第三人替代履行的费用"，以及《民法典》第五百九十一条关于防止损失扩大的规定、《民事诉讼法》第一百五十七条第十一项的规定，裁定"立即执行"。

本案提供了一个解决"烂尾项目"无法继续建设的新路径，主要是给读

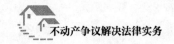

者一个启发和思考：如果无法一次性全面解决项目难题，是否可以先解决主要问题，即先解决建设问题，完成该楼的建设竣工和交付工作，打开一个突破口，再行解决其他问题，比如债务和产权等问题。本案也给读者提供了一个思路和解决问题的工具，即当事人可以通过人民法院"先行判决""先行裁定"的方式，先行排除其他法律关系的纠结和阻碍，取得人民法院具有法律效力的裁决，尽快恢复建设、完成交楼验收工作，先解决了"烂尾楼"的建设问题，建设完成之后项目具备使用功用，则可先投入使用、经营，取得一定收入来源，这也是解决债务和资金问题的一个重要方式。对于代为建设所产生的资金和费用，当然由违约方最终承担，对于代建费用的金额问题，在诉讼过程中可以聘请公证机关固定该楼的现状，聘请房地产质量和工程鉴定、评估机构对该工程的质量安全修复、建设费用、建设期限进行鉴定和评估，确定代建费用总额和代建期间等事务再由人民法院根据实际案情进行判决；并且对违约方的违约责任，应根据合同约定和法律规定进行判决。本案中，法官秉承"司法为民"精神，勇于采取"先行裁定"新措施，支持"烂尾项目"的继续建设，解决了代为建设和收楼的难题，也减少当事人诉累，尽快解决纠纷，并且支持A公司主张的合理续建费用，十分值得学习和赞许。

（二）有关解决房地产"烂尾项目"值得注意的共性问题

1.首先要充分认识"烂尾项目"的复杂性、高难度性

"烂尾项目"一般有一定的"历史问题"，即由于历史的原因而导致工程项目长期停工，并且无法通过正常的程序将该项目盘活。而导致工程项目停止的原因很多。通常，建设方资金断链是主要的原因，由于建设方无力再继续建设，也无力支付工程施工方的工程款，或者无法向业主交付房屋，而导致各种诉讼、查封、拍卖。在这个过程之中，由于建设工程长期拖延，而导致规划建设手续过期失效，项目公司破产或被吊销营业执照，"烂尾项目"大部分存在诉讼纠纷、多轮司法查封，附多宗执行案件，或者存在国土、税务、工商、环保等行政处罚等问题。还可能存在用地、规划、建设等手续缺陷，以及股东之间的重大纠纷。总之，"烂尾项目"由于历史的原因，不断形成法律关系和利益的复杂勾连，"剪不断，理还乱"，同时也逐渐形成了无法解开的死结。因此，要充分认识此类项目的复杂性、高难度性，保持必要的警觉。

2.在收购和解决"烂尾项目"的过程中，如何防控法律风险

"烂尾项目"一般体量庞大，涉及利益方众多，经济利益也较大。在处理"烂尾项目"时，会不断地遇到各种困境和难题。不论是通过直接收购，还是通过第三方平台拍卖、资产包获得土地，或是通过项目股权收购、合作共建、垫资建设等模式收购"烂尾项目"，笔者根据多年从业经验，建议采取如下法律风险防控对策。

（1）进行必要的法律和财务尽职调查。必须了解项目真实情况，核查项目用地、规划、建设、权属等全部证照审批文件，并且需要对项目公司、股东、实际控制人进行必要深度的法律和财务尽职调查，但决策者须注意的是，即使通过专业机构尽职调查，也并不能穷尽全部法律风险。

（2）直接与实际控制人谈判。中介机构的作用不可或缺，有些项目如果没有中介机构就不能获得项目信息，但应尽量避免与中介机构谈判，中介机构传达的信息可能不全面、不准确，应避免被误导、走弯路；要掌握协议把控的重点，比如涉诉案件妥善处理、执行查封解封的问题，未诉债务情况、债务处理期限等。

（3）收购资金的支付要能控制收购进程、节奏。以资金支付方式，控制收购的流程，平衡各方的利益诉求，防止项目风险。例如，定金的支付、分期付款、款项银行共管、留一部分尾款作为债务结清承诺保证金等。另外，还要保证收购资金安全，避免被骗或被其他债权人强制执行，因此某些收购方会要求被收购方股东先将部分股权转移至收购方名下，再支付收购款项。

（4）居间费用的支付。不得碰触的法律红线，如行贿受贿等。同时要守信保障中间人的居间费用，如违约可能会导致新的诉讼查封或者内部交易信息秘密泄露等情况。另外，不得向收购方、业主方的职员行贿或分利，尤其是涉及国有资产的处置，要避免职务犯罪，国有企业工作人员不得利用职务之便牟取私利，掌握国有企业信息资源的居间方也不得违法进行利益输送，或者在与收购方洽谈居间费之时，谎称需要支付给业主方部分利益，以牟取更多的居间利益。总之，要合法、合规提供居间服务。

（5）掌握项目的实际控制权。在收购并购中，要变更企业的法定代表人、股东名册，掌握营业执照、印章、财务用章，掌握项目的审批文件，有力地实际控制公司或项目，要注意的细节是交接手续和清单要用书面形式确定。

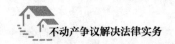

（6）要求提供可靠担保。要求被收购方提供项目的实际控制人，或有实力的关联企业，对收购过程中可能导致的债务风险和责任，进行连带责任担保，以免收购前期资金投入，反而被套进新诉讼案件中。

3."烂尾项目"法律关系复杂——涉及诉讼、行政（主要涉及国土、规划、建设、权属登记部门）、执行等法律程序问题，对于无法续建、修复或重新建设的项目，可由政府从公共利益出发，依法收回土地，重新规划利用

经过政府对房地产业泡沫经济的从严控制，以及对"烂尾项目"的治理，城市出现的"烂尾项目"越来越少，但仍有不少的"烂尾项目"在城市中耸立，烂尾项目不同于单一的民事诉讼案件，它是一个需要综合解决的系统工程，不仅需要解决包括建设用地规划、工程验收、工程交付、建设主体（项目公司）吊销、各项建设批文证书过期失效、烂尾楼安全质量鉴定等问题，还需要解决工程损坏，继续建设工程的造价鉴定和评估，建设完成之后重新办理竣工验收及确权等相关问题，而且可能遇到政府区域规划的调整，建设用地性质变更等问题。另外，还可能产生新的环保、地铁规划、文物保护、军事基地等特殊问题，如果是已经对外销售的商住项目，可能还涉及债权人和小业主群体的维权索赔、司法查封等问题。拍卖执行。在拍卖执行程序中，又会产生执行异议程序，而且会涉及项目公司土地出让金是否缴足，应负税赋缴纳等行政处罚问题。一些项目可能还会产生特殊问题，比如在收购过程中，新增实际控制人或股东对外借款，产生诉讼导致项目重复被查封问题，以及新法律和政策不再适用原来的项目问题，比如原来的建设工程项目，适用当前的法律法规就是违法建设，这种建设工程无疑不能再以修复、续建或重整方式进行盘活，而是应由政府从公共利益的角度推动该项目进行破产清算，清理附着在地上的建筑和整理土地、债权债务等关系，由政府国土部门收回该土地使用权，并按新的城市规划，依法依规进行利用。

二、相关问题与分析

历史"遗留"问题形成项目"烂尾"的解决对策。某些房地产、土地征用、工业园区开发等项目，由于各种原因造成长期"烂尾"，数年甚至数十年未能解决，造成立项、批复、征地、拆迁、建设等多项审批手续失效。法律

政策环境也在不断变化,根据"法不溯及既往"的法律原则,当前适用法律并不能适用此前的法律关系。各方当事人之间的合同关系、债权债务关系,也因为年代久远,早已超过诉讼时效,甚至超过最长的二十年诉讼时效期间。笔者将代理一宗涉及土地征用的"烂尾项目"案例分享如下。

20世纪90年代初某区政府因建设某环城公路缺乏资金,倡议某公司筹借资金,并提议将本区的一宗农用地征用给某公司使用,由该公司支付征地补偿款和国有土地使用权出让金,该区政府可获得土地出让的资金,该公司亦可获得开办工业园区的土地。于是1992年12月某公司以建设工业园区为由申请当地政府进行立项、规划、批复等手续,之后与该区政府正式签订了征购土地的《招商引资协议》,为此该公司支付当地政府共计600多万元人民币的购地款,按合同约定,实际购得上述土地共计100余亩。由于各种原因,至2017年该公司征用上述土地的手续仍未完成,审视该项目的手续,该项目仅办理了工业园区的立项审批,未办理国有土地出让手续,未办理国有土地使用权证,当然也未实际利用,该土地一直仍为农业用地,仍由该村的农民种植农作物。该公司认为区政府违反约定,未完成征用手续并向该公司交付合格的土地使用权,导致该公司未能实际取得该宗建设土地的使用权,而区政府认为其系该公司违约造成,因此既不能退还征地款,更不能交付土地,双方僵持不下,但该公司一直没有进行诉讼,从签订合同至今已经超过30年,形成一宗涉及土地权益的"烂尾项目"。

上述案例,双方当事人均有异议,均认为是对方违约造成的,但不管何方违约,由于超过法定最长诉讼时效期间,即使投资方起诉也有可能因超过诉讼时效期间而丧失胜诉权,在此情况下,投资方如要维权就非常艰难,而时过境迁,当年处理该宗土地事务的相关政府工作人员已经离职或退休,法律政策也早已经修订改变,如今相关政府仅以目前的法律政策处理该事务,建议该公司通过法律途径解决,因此,投资方就陷入了维权的困境。笔者认为,投资方如果不能采取诉讼的途径,可以定期将项目情况和问题、责任、权益诉求等以书面形式向当地政府、国土资源、住建规划部门汇报、留存,保持权益主张的证据,等待适当的时机,如恰逢上述项目土地招商、整储或开发之时,作为历史的遗留问题,申请相关政府部门合情合理予以处理,当然政府为保护营商投资环境、基于公平合理原则,还可以与投资方协商,将收取的土地款项及占用费用,合理予以退回,还可以将该宗用地视为历史遗留问题,在该宗土地进行其

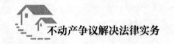

他项目招商和开发之机给予适当经济补偿，妥善处理。

三、规范指引

■《民法典》

第五百八十一条　当事人一方不履行债务或者履行债务不符合约定，根据债务的性质不得强制履行的，对方可以请求其负担由第三人替代履行的费用。

■《民事诉讼法》

第一百五十六条　人民法院审理案件，其中一部分事实已经清楚，可以就该部分先行判决。

■《最高人民法院关于适用〈中华人民共和国民事诉讼法〉的解释》（2022年修正）

第五百零一条　被执行人不履行生效法律文书确定的行为义务，该义务可由他人完成的，人民法院可以选定代履行人；法律、行政法规对履行该行为义务有资格限制的，应当从有资格的人中选定。必要时，可以通过招标的方式确定代履行人。

申请执行人可以在符合条件的人中推荐代履行人，也可以申请自己代为履行，是否准许，由人民法院决定。

第五百零二条　代履行费用的数额由人民法院根据案件具体情况确定，并由被执行人在指定期限内预先支付。被执行人未预付的，人民法院可以对该费用强制执行。

代履行结束后，被执行人可以查阅、复制费用清单以及主要凭证。

■《最高人民法院关于贯彻执行〈中华人民共和国民法通则〉若干问题的意见（试行）》【现已失效】

162.在诉讼中遇有需要停止侵害、排除妨碍、消除危险的情况时，人民法院可以根据当事人的申请或者依职权先行作出裁定。

当事人在诉讼中用赔礼道歉方式承担了民事责任的，应当在判决中叙明。

第四章　商品房屋买卖合同纠纷

06　商品房局部结构与销售沙盘模型、销售人员描述不一致，购买方是否有权拒绝收楼及要求开发商承担违约责任？

📑 案例导读

　　在商品房销售环节，销售方一般会设立沙盘模型，将房屋的位置、周边环境、交通网络、楼层、朝向、结构、外形质量、装修标准等内容向客户进行展示和描述，有些销售人员对销售房屋的情况不甚熟悉或者是为了尽快促成交易，往往会向客户口头保证房屋的楼层、朝向、结构、质量、装修标准等内容。那么，假如购买方在收楼查看房屋之时，发现房屋的朝向、结构或楼层等情况，与模型、销售人员描述不一致，是否有权拒绝收楼，是否有权要求开发商承担违约责任？假如房屋存在质量问题，何种情况下购买方有权以房屋质量问题为由，拒绝收楼或要求解除合同？

典型案例1：邓某与A公司商品房买卖合同纠纷案

　　申请人：邓某
　　被申请人：A公司

　　2019年4月申请人邓某与被申请人A公司签署《商品房买卖合同》，合同约定，申请人向被申请人购买涉案房屋，总价款为530万元，被申请人应当在

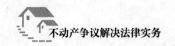

2019年6月前交楼，合同签署之后，申请人依约通过首付加按揭的方式付清了全部价款。2019年7月申请人向被申请人发出《拒绝收楼通知书》，称双方预约交房时间为2019年6月，但申请人办理交付时发现涉案房屋主卧南侧面积约12平方米的上方修建为顶楼露台，涉案房屋存在"被顶层"的情况。而2019年9月被申请人向申请人发出《催收楼通知函》称，该房屋已具备收楼条件，但申请人一直未能办理收楼手续。为此，双方产生纠纷，根据合同仲裁条款约定，申请人向某仲裁委申请仲裁，某仲裁委于2019年12月受理了申请人关于商品房买卖合同纠纷的仲裁申请，并于2020年8月依法不公开开庭审理了本案。

1.申请人提请仲裁的事实和依据

2019年7月申请人前往收楼时发现涉案房屋与顶层50楼房屋结构不一致，主卧、次卧、客厅南侧及阳台的部分位置上均是楼宇第50层的露台，导致涉案房屋部分位置由非顶层直接"被顶层"，且是无隔热、防水的结构，甚至还不如顶层（顶层依规定有标准的隔热材料和防水工程）。该结构与销售中心沙盘显示结构、销售人员描述的内容不一致，如果申请人收楼，将在使用中产生隔热、防水方面的持续影响及隐患，对涉案房屋的日常生活、房屋价值均产生重大影响。这一影响交易的重大因素，被申请人的销售人员、合同等交易文件从未向申请人披露。

收楼当日，申请人向被申请人提交了《拒绝收楼通知书》，指出涉案房屋"被顶层"的事实，以及被申请人故意隐瞒事实，因此拒绝收楼。申请人认为，被申请人应就此对申请人进行赔偿。同时，由于"被顶层"的事实而导致涉案房屋未按时交付，被申请人应承担相应逾期交楼的违约责任。

申请人的仲裁请求为：①裁决被申请人向申请人支付因上层房屋结构不一致而产生的涉案房屋价值损失（以实际评估确定的损失为准）；②裁决被申请人向申请人支付逾期交房违约金；③裁决被申请人向申请人支付本案律师基础代理费；④裁决被申请人承担本案全部仲裁费用。

2.被申请人答辩称，申请人主张涉案房屋因存在"被顶层"问题而导致价值贬损并无事实和法律依据

理由如下：根据被申请人提交的证据可知，涉案房屋已经通过竣工验收备案，且经检验，房屋压缩强度、导热系数、表观密度符合设计要求，检测

合格。因此，涉案房屋现状不会对房屋使用产生隔热、防水方面的持续影响及隐患。申请人据此认为对涉案房屋的日常生活、房屋价值会产生重大影响没有事实依据，即便涉案房屋在使用过程中出现隔热、防水等问题，申请人亦可以依据双方购房合同要求被申请人承担质量维修责任，被申请人亦当然会承担由此产生的相关维护义务。

申请人选择涉案房屋系申请人的真实意思表示。《商品房买卖合同》补充协议第十九条约定："对所认购的物业状况交易条件、周边环境、市政及道路规划、未来按规划要求建成的状况以及可能对乙方（申请人）不利或造成负面影响的各类型情况已有充分的了解。"涉案房屋Z2幢为地上50层，涉案房屋系Z2幢最好楼层，申请人选择涉案房屋系申请人真实意思表示，且根据补充协议约定，申请人已对涉案房屋具体情况有清晰认知。部分面积"被顶层"不属于被申请人应当告知申请人的强制性义务，被申请人亦未刻意隐瞒相关事实。

涉案房屋不存在房屋价值损失：其一，涉案房屋符合双方签订的《商品房买卖合同》补充协议第五条约定的交付标准，并经过验收备案，具备收楼条件，不存在价值贬损的问题；其二，被申请人提交的证据亦证明涉案房屋与同一栋楼其他楼层房屋价值相比，属于公允价格，并不存在价值贬损问题。

3.仲裁庭经审理认定以下事实

（1）关于申请人要求被申请人向其支付逾期交房违约金的仲裁请求

涉案房屋部分面积"被顶层"不属于合同约定的可以拒绝收楼的正当理由。合同附件八《补充协议》将交房条件和房屋交付修改为"该商品房项目工程竣工验收合格并满足供水、供气（含提供燃气瓶）、供电和通邮等必要居住条件"，即只要满足上述条件即可交房，涉案房屋部分面积"被顶层"属于主体结构以外的问题，申请人因此拒绝收楼于法无据。实际中，涉案房屋早已满足收楼条件，被申请人也已向申请人发出收楼通知，申请人以部分面积"被顶层"而拒绝收楼于法无据，因此，仲裁庭不支持申请人关于逾期交楼违约金的仲裁请求。

（2）关于申请人要求被申请人向其支付房屋价值损失的仲裁请求

申请人已经明确表示不愿意购买顶楼，但被申请人及其销售人员未向申请人展示涉案房屋所在楼盘的完整沙盘或者提供证据证明沙盘与实际情况一

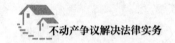

致，也未在合同签订时或交易过程中向申请人披露涉案房屋部分面积"被顶楼"的事实，涉案房屋部分面积"被顶楼"严重影响申请人的生活，被申请人应予赔偿。根据本案的庭审情况及申请人提交的微信聊天等证据可知，涉案房屋部分面积客观上存在裸露的情况。根据日常生活经验可知，顶楼和非顶楼在施工上对于防水、隔热的要求不同，不同楼层的居住体验、房屋单价和房屋价值也不同。涉案房屋被裸露部分在室温、隔音等方面对申请人的正常生活会有影响。申请人提供的证据显示，申请人在购房中已明确向被申请人的销售人员表示过不愿意购买顶楼，作为预售房的购房者，申请人能了解到的涉案房屋的信息主要来源还是被申请人；被申请人作为专业的开发商，仲裁庭有理由相信其对于涉案房屋所在楼层及涉案房屋内部毛坯结构有清晰认知，《商品房买卖合同》、沙盘模型等对于涉案房屋的特殊结构没有提示，被申请人亦未尽提示、告知义务。

虽然涉案房屋已满足收楼条件，但是，结合涉案房屋对申请人的不利影响，根据公平合理原则，仲裁庭认定被申请人应向申请人做出合理补偿。

根据以上认定内容，仲裁庭裁决，被申请人向申请人支付经济补偿款项5万元，被申请人补偿申请人律师代理费2万元。

一、律师评析

本案存在两个焦点问题，一是开发商交付的商品房与销售中心沙盘模型显现的房屋结构严重不一致，损害购买方权益，开发商是否构成违约？二是申请人是否有权拒收房屋？被申请人是否构成逾期交房，需要承担违约责任吗？申请人因被申请人违约行为受到的损失和补偿数额如何确定？

（一）关于房屋的部分构造结构的变更是否属于房屋主体结构方面的问题

《最高人民法院关于审理商品房买卖合同纠纷案件适用法律若干问题的解释》第九条规定："因房屋主体结构质量不合格不能交付使用，或者房屋交付使用后，房屋主体结构质量经核验确属不合格，买受人请求解除合同和赔偿损失的，应予支持。"这一规定主要是指如果房屋主体结构质量不合格，购房者有解除合同的权利，本案房屋经验收合格，并不存在主体结构质量问题，只是销售方隐瞒了房屋结构与实际情况不一致的问题，但是在商品房屋买卖纠纷中，我们经常遇到房屋的部分构造质量不合格或者改变设计，是否构成主体结构不合格的问题，对此我们一起来分析探讨一下，房屋的部分构造是否属于主体结构的问题。笔者认为，首先要分析何为房屋结构。房屋结构，可分为房屋主体结构和房屋户型结构，房屋主体结构是指在房屋建筑中，由若干构件连接而成的能承受作用的平面或空间体系，主体结构要具备足够的强度、刚度、稳定性，用以承受建筑物上的各种负载，如地基、承重墙等，建筑物主体结构可以由一种或者多种材料构成，可分为混合结构、框架结构、剪力墙结构、框架—剪力墙结构、框架—筒体结构、筒中筒结构、巨型框架结构以及其他类型结构。而户型结构，主要指房屋内的房间分隔、空间隔断结构，比如复式结构，平层结构，一室二居，一室三居等，最高人民法院民事审判第一庭编写的《〈最高人民法院关于审理商品房买卖合同纠纷案件适用法律若干问题的解释〉的理解与适用》（以下简称"该司法解释"）做了更具体的解释："第九条中所称的'房屋主体结构'问题，我们认为应作广义理解，作为一个完整的房屋建筑工程，它既应包括房屋地下隐蔽工程的地基部分，也应包括房屋地上工程所涉及的部分。"就是说地下与地上部分是不可分割的一个整体，根据《建筑法》的规定，房屋建筑工程应当包括以下内容：房屋的地基基础工程、主体结构工程、屋面防水工程和其他土建工程，以及电气管线、上下水管线的安装工程，供热、供冷系统工程等部分。结合本案来分析，案涉房屋有 12 平方米的楼顶"被顶层"，且处于主卧室的位置，位于主卧室的楼顶，属于房屋的规划构造设计、顶层结构的框架设计，而且这种设计结构的变化，毋庸置疑将严重影响该房屋的居住使用，笔者认为应属于房屋主体结构的范畴，该仲裁认定主卧室部分面积"被顶层"为"主体结构"以外的问题，是将房屋的主体结构作了狭义的理解，是认为主体结构仅指建筑主体构造的承重结构，这种理解不利于保护购买方的权益，值得商榷。如认定为主体结构，与沙盘模型、销售人员描述不一致的，应属于隐瞒了重要情况或构成重要违约的情形，根据该司法解释第九条、第十条的相关规定，因房屋质量问题严重影响正常居住使用，买受人请求解除合同和赔偿损失的，应予以支持。参照上述法律规定，如果作广义的理解，购买方不仅有权拒绝

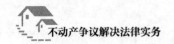

收楼，要求被申请人承担违约责任，甚至还有权要求解除合同。

（二）商品房存在质量问题，在什么情况下购买方可以拒绝收楼，并有权要求开发商承担延迟交楼的违约责任

根据该司法解释第九条、第十条规定，房屋只有在存在主体结构的质量问题，以及存在其他严重质量问题，影响正常居住使用的情况下，方可要求解除合同，虽然没有明确说明购买者是否可以拒绝收楼，但从这一条的理解来看，由于上述质量问题已经构成根本性的违约，以至于购买方享有依法解除买卖合同的权利，那么购买方亦有权拒绝收楼，由此造成开发商延迟交楼的责任，理应由开发商来承担。但是，对于一般的质量问题，并不严重影响正常居住使用的，则不能以此为由拒绝收楼或要求退房，关于何为"严重影响正常居住使用"程度，这个可以结合具体的案情，按照一般标准，由裁决者按普遍、合理的标准进行衡量。房屋如存在以下三种情况，可视为不符合交付条件或交付房屋质量不符合法律要求：①房屋交付前未经依法、依规验收。②虽然在交付前经过验收，但验收不合格。房屋建成后交付使用前，建设单位应组织勘察、设计、施工、监理等部门对工程质量进行验收，由相关审批部门出具认可文件或者准许使用文件，再由建设单位向工程所在地的建设行政主管部门备案，取得房屋建设工程竣工验收备案表。在办理商品房交接入住手续时，销售方应出具《工程竣工验收报告》和消防验收合格证明，如果不能出示上述文件，说明该工程未经验收或者验收不合格，购房人有权拒绝收楼。③房屋交付使用后，房屋主体结构的质量经核验确属不合格的，如果争议已经由法院或仲裁机关受理，不论该房屋是否已经取得相关质量鉴定文件，申请人如对质量存在疑义，亦可在司法程序中提请要求进行质量评估鉴定。当然如果房屋确属一般的质量问题，根据该司法解释第十条规定："交付使用的房屋存在质量问题，在保修期内，出卖人应当承担修复责任；出卖人拒绝修复或者在合理期限内拖延修复的，买受人可以自行或者委托他人修复。修复费用及修复期间造成的其他损失由出卖人承担。"购买者不能以存在一般的质量问题为由拒绝收楼，对于存在的一般的质量问题，有权要求开发商履行维修责任，造成损失的，亦有权要求赔偿损失。

二、相关问题与分析

在商品房屋买卖合同争议之中，对于房屋的质量争议是一个比较突出的问题，房屋质量问题，不单是房屋的建筑构造和构造材料的质量问题，还存在其他多种常见的质量问题，比如管线暴露、泥粉脱落、门窗不严、玻璃墙面破损、墙体装修开裂缝、水电不通、渗漏水、装修装饰未达标、设施设备粗制滥造等。还有一些比较特殊的情况，亦可构成房屋的质量问题，比如地板、墙体、门窗倾斜，窗户应开设而未开设，层高不足，未设置空调外挂，与规划设计不符等。除上述情况之外，还存在房屋专有部分之外的共有区域部分的质量问题，共有区域质量问题是否属于房屋的专有部分质量问题。对此笔者认为，不能一概否定共有部分质量与专有部分质量的关联性，如果合同有约定，则按照合同约定履行，合同有显失公平的约定，比如，存在违反强制性法律规定或者显失公平、损害购买方利益的条款，裁决机构也可以依法进行否定和调整，如果合同没有约定，则要审视共有区域或公有设施设备对该房屋居住使用不利影响的程度，如果确实造成严重影响的，比如对商品房屋没有设置进屋的上下楼梯，楼梯属于共有区域，但是没有上下楼梯显然不符合消防规定，也使房屋无法正常居住使用，显然构成对该房屋专有部分的质量问题，另外，进出单元的大堂过于狭窄，无法搬运家具和正常通行，也可能构成房屋专有部分的质量问题。总之，对于房屋质量问题，如不能根据合同约定进行认定，亦可申请房屋质量鉴定机构进行鉴定，以鉴定结论来认定是否构成一般或者严重的程度，并由裁判机关依法裁定相关法律责任的分担。笔者认为，房屋是重大的不动产资产，孙中山先生的民生思想就主张"耕者有其田，居者有其屋"，房屋也是中国人情怀所系，因此，我们的规划者、建设者、销售者都应该慎重对待，既要在规划建设时特别保证房屋的优质品质，又要在销售时详细向购买者说明，以免引起误解和理解的偏差。举例来说，开发商和销售者在销售房屋时，需要在书面广告、视频演示、沙盘模型、样板房等显著位置做出提醒，提醒购买者注意广告和展示品可能与具体交付的房屋不一致，具体房屋的情况必须以书面合同的约定为准，同时在购房合同中要明确注明，在销售、推广和展示过程中所呈现的内容，最终需以书面合同约定的内容为准。

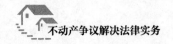

三、规范指引

■《合同法》（已失效）

第六十条 当事人应当按照约定全面履行自己的义务。

当事人应当遵循诚实信用原则，根据合同的性质、目的和交易习惯履行通知、协助、保密等义务。

■《最高人民法院关于适用〈中华人民共和国民法典〉时间效力的若干规定》

第一条 民法典施行后的法律事实引起的民事纠纷案件，适用民法典的规定。

民法典施行前的法律事实引起的民事纠纷案件，适用当时的法律、司法解释的规定，但是法律、司法解释另有规定的除外。

民法典施行前的法律事实持续至民法典施行后，该法律事实引起的民事纠纷案件，适用民法典的规定，但是法律、司法解释另有规定的除外。

■《民法典》

第五百零九条第一款 当事人应当按照约定全面履行自己的义务。

第六百一十条 因标的物不符合质量要求，致使不能实现合同目的的，买受人可以拒绝接受标的物或者解除合同。买受人拒绝接受标的物或者解除合同的，标的物毁损、灭失的风险由出卖人承担。

■《最高人民法院关于审理商品房买卖合同纠纷案件适用法律若干问题的解释》

第九条 因房屋主体结构质量不合格不能交付使用，或者房屋交付使用后，房屋主体结构质量经核验确属不合格，买受人请求解除合同和赔偿损失的，应予支持。

第十条第一款 因房屋质量问题严重影响正常居住使用，买受人请求解除合同和赔偿损失的，应予支持。

■《建筑法》

第六十条　建筑物在合理使用寿命内，必须确保地基基础工程和主体结构的质量。

建筑工程竣工时，屋顶、墙面不得留有渗漏、开裂等质量缺陷；对已发现的质量缺陷，建筑施工企业应当修复。

07　何种情况下预约合同可认定为合同成立？如何认定商品房买卖协议中存在的"格式条款"的效力？

 案例导读

在商品房屋销售过程中，意向购买方，一般先与开发商签订认购书、意向书、订购书等预约合同，合同版本一般也是由开发商提供的格式版本，开发商一般把认购书的主要条款都约定得比较具体，如果双方签了具有比较详细条款的认购协议，后期因故没有成功签订正式的购房合同，那么双方签订认购书之后，是否可以认定购房合同已经成立？根据相关法律法规和司法解释规定，只有具备合同主要条款的合同，并符合合同成立的要件，方可视为合同成立，如果认购书内容过于意向或框架，无合同主要约束性条款，则视为预约合同，不是正式合同。另外，如果双方签订正式合同之时，开发商同时要求购买者签订《补充协议》，且内容与合同主要内容相冲突或者存在不公平的条款，那么购买者是否有权主张该补充协议为格式条款无效或者不成为合同内容？

典型案例2：吴某与A公司商品房买卖合同纠纷案

申请人：吴某

被申请人：A公司

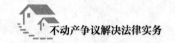

申请人的仲裁申请。2019年3月申请人与被申请人签订《认购书》，申请人向被申请人认购案涉房屋，认购价为34万元，申请人依约已向被申请人支付了定金及第一、第二期房款共17万元。另外，在《认购书》签订之前，被申请人通过某市某网络科技有限公司（以下简称"网络公司"）收取了申请人6万元款项，该款依法应为购房款，因此，申请人已支付的购房款共计23万元。2019年5月申请人与被申请人签订《商品房买卖合同》一份，被申请人以某律师事务所（以下简称"某律所"）的名义收取代缴物业维修基金、代办合同备案、代办房产证等业务的服务费、物业维修基金。上述合同签订后，被申请人又要求申请人签署一份合同《补充协议》，但该协议内容显失公平，比如，延长了交房和办证的时间，免除被申请人的违约责任，增加了申请人的义务。为此，申请人明确表示不同意签署该《补充协议》，但被申请人发函通知申请人解除合同，明确拒绝协助申请人办理《商品房买卖合同》的备案、拒绝办理缴交物业维修基金等购房手续，拒绝将购房合同、购房发票、物业维修基金的缴交资料原件等交付给申请人，导致《商品房买卖合同》至今仍未备案，物业维修基金仍未缴交，以致申请人至今也仍未能办理按揭贷款。现向贵委提出仲裁申请，要求：①裁决被申请人继续履行与申请人于2019年3月签订的《认购书》以及《商品房买卖合同》；②裁决被申请人向申请人交付《认购书》《商品房买卖合同》、购房款缴款发票、物业维修基金的缴交资料等原件；③裁决被申请人协助申请人办理《商品房买卖合同》的备案等。

被申请人答辩。针对申请人第一个请求，因为申请人不按约定签订《商品房买卖合同》及《补充协议》，导致被申请人不得不解除《认购书》，申请人无权要求继续履行《认购书》，无权要求签订《认购书》约定的《商品房买卖合同》及合同《补充协议》。根据《认购书》第四条第2款、第3款可知，申请人已确认其仔细阅读并充分理解《商品房买卖合同》及《补充协议》，且申请人也知悉其在付清第二期房款后需要到指定地点签订《商品房买卖合同》及其《补充协议》等。现申请人以其不知悉《商品房买卖合同》及其《补充协议》为借口，进而不签订《商品房买卖合同》及《补充协议》，违背了诚实信用原则，也没有任何合同依据。申请人无权要求被申请人继续履行《认购书》项下的签约义务，根据《广东省高级人民法院关于审理房屋买卖合同纠纷案件的指引》第五条："当事人一方无正当理由不履行预约合同约定的签约义务，守约方请求人民法院判决强制签订房屋买卖合同的，不予支持"，我方是守约方，我方尚且不能通过司法判决强制签订合同，申请人作为违约方，更不能通过双方判决要求我方继续签订合同。针对申请人第二个至第四个请求，申请人早就取得《认购书》原件；其他的请求（如合同原件交付、发票给付、合同备案、缴纳维修基金）均是在《商品房买卖合同》及《补充协议》签订后才会涉及的交易流程，现因申请人不按约定签订《商品房买卖合同》及《补充协议》，导致被申请人不得不解除《认购书》，因此申请人无权要求被申请人履行《商品房买卖合同》及合同《补充协议》签订后的交易流程。

仲裁庭经审理作出以下认定。

1.关于双方商品房买卖合同关系是否成立的问题

申请人主张本案商品房买卖合同已经依法成立，双方已于2019年5月签订了正式的商品房买卖合同，并为此提供了涉案房屋的网上公示情况等证据。被申请人抗辩，双方并未成立正式的商品房买卖合同，称网上提交打印商品房买卖合同，房管系统通过"提交"打印合同这个指令后即默认"已签约"，但双方并未在正式的商品房买卖合同上签字盖章。

仲裁庭认为，双方于2019年3月签订了《认购书》，该认购书约定了：①乙方认购的单位；②双方约定的楼价；③付款的方式；④双方共同遵守的条款，该条款对定金的支付、乙方的声明、税费的支付、违约支付房价的责任、签署《商品房买卖合同》的时间等、签署认购书之后的更名、委托签署事项、联络方式、不可抗力、未获银行贷款房款的缴纳、争议解决、合同文本等进行了约定。根据该《认购书》的约定，申请人支付了2万元定金，根据被申请人的要求支付了第一期房款，之后又支付了第二期房款，被申请人开具收款专用收据，对此被申请人予以确认。被申请人又登录某市房地产市场信息系统，经申请人确认之后填写了合同内容，并于2019年5月下载《商品房买卖合同》，根据某市住房和城乡建设局对本会协助调查函的回复，案涉房产已显示"已签约"，即该房产已经完成了网签，未完成商品房买卖合同的备案。被申请人提交的《证据材料清单（补充）》："被申请人A公司将《商品房买卖合同》、合同《补充协议》打印出来，因吴某拒绝签署合同《补充协议》，导致

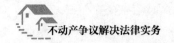

双方未签署《商品房买卖合同》、合同《补充协议》"明确说明双方未签署合同和备案的原因，系申请人拒绝签署合同补充协议，导致被申请人拒绝签署《商品房买卖合同》以及进行备案。根据以上述事实，仲裁庭认为，依据《合同法》第十二条、第十三条、第十四条的规定，双方签署的《认购书》的内容条款完整，符合要约与承诺的要件，应当认定双方就买卖房屋的合意，已经达成了一致意思表示，且申请人已经根据《认购书》的约定支付了定金、一期、二期的房款，根据《最高人民法院关于适用〈中华人民共和国合同法〉若干问题的解释（二）》第一条"当事人对合同是否成立存在争议，人民法院能够确定当事人名称或者姓名、标的和数量的，一般应当认定合同成立"的规定，本案的《认购书》的内容符合该司法解释的规定，关于合同成立的基本要件，参考《广东省高级人民法院关于审理房屋买卖合同纠纷案件的指引》："一、当事人通过缴纳诚意金、签订意向书等方式，仅表达房屋买卖意向，未约定在将来一定期限内签订买卖合同，一方以对方不签订买卖合同为由主张对方承担违约责任的，不予支持。二、认购书、订购书、意向书等合同虽然约定在将来一定期限内签订房屋买卖合同，但合同已经具备房屋买卖合同主要条款，且当事人依据合同负有支付房屋价款或者交付房屋义务的，该合同应当认定为房屋买卖合同"，本案的认购书已经具备合同的主要要件，且双方约定在一定期限内签订合同，而且申请人已经按约支付了定金，第一、第二期房款，且申请人始终愿意按网签的正式合同版本签订合同，因此依据上述规定，本案双方买卖合同应视为已经成立并生效，而被申请人一方以申请人拒不签订《补充协议》为由，拒不签署某市住建局网签生成的正式合同版本，无法律和事实依据。双方对合同内容确认之后，填写并打印出网签合同，虽然对被申请人是否在纸质的《商品房买卖合同》签署各执一词，但这并不影响双方就案涉房产买卖合同达成合意的事实，因此，仲裁庭认定本案商品房买卖合同已经成立，内容未存在违反法律强制性规定的内容，认定为有效。

2.关于申请人要求被申请人交付《认购书》《商品房买卖合同》原件并协助申请人办理《商品房买卖合同》备案的仲裁请求

在庭审调查中，申请人提出被申请人要求其签署合同《补充协议》，因该《补充协议》减少了被申请人的责任义务，其未签，才导致被申请人拒不进行合同备案。被申请人提交的《证据材料清单（补充）》亦承认，因申请人拒绝签署合同《补充协议》，导致双方没有签署《商品房买卖合同》、合同《补充协议》。被申请人根据仲裁庭要求提交了合同《补充协议》的文本，仲裁庭审查认为，该《补充协议》共计二十四条，内容对《商品房买卖合同》的重要条款进行了详细、明显的修改或补充，相比《商品房买卖合同》对申请人的合同权利进行了明显的限制。对此，仲裁庭认为，被申请人对网签合同进行明显的修改或补充，不仅有规避行政监管之嫌，也有限制购房者权利之实，况且被申请人并无证据证明，在销售该房产过程中，就案涉合同《补充协议》曾清晰地向被申请人全面展示并释明，且曾征得购房者申请人同意。因此，仲裁庭认为，被申请人以申请人拒不签署《补充协议》为由，拒不签署《商品房买卖合同》和进行合同备案，没有法律和事实依据，本案合同未完成签约的责任，在于被申请人。现《商品房买卖合同》已经成立，因申请人要求继续履行合同，且同意按网签的《商品房买卖合同》文本进行签署，故仲裁庭对申请人要求被申请人向其交付《认购书》《商品房买卖合同》等所有购房材料原件的仲裁请求，予以支持。

仲裁庭根据以上认定，支持了申请人主要的仲裁请求事项。

一、律师评析

本案的焦点问题是双方签订了《认购书》，但双方未共同签署正式买卖合同文本，并未完成正式合同文本签订手续，案涉合同是否成立并生效以及申请人是否有权拒绝签订有"格式条款"的《补充协议》？

本案申请人通过中介方网络公司知悉了被申请人的销售信息，通过网络公司的介绍，与被申请人签订了《认购书》并根据《认购书》的约定，交付了购房定金，根据《民法典》关于预约合同的规定，认购书是一种预约合同，约定双方当事人在将来一定期限内订立正式的合同，根据《最高人民法院关于审理商品房买卖合同纠纷案件适用法律若干问题的解释》第五条的规定，如果订购书或意向书主要条款齐备，符合合同的构成要件的，并且开发商已经收受了购房款的，应认为房屋买卖合同成立并生效。本案被申请人的订购合同的主要条款十分齐全，已经符合了合同基本要件，对合同主要权利

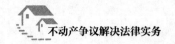

义务有比较齐全的约定，并且根据申请人已经按约交付定金，第一、第二期房款的事实，认定合同已经成立并生效，是符合法律规定的。从签约情况看，被申请人又登录某市房地产市场信息系统，经申请人确认之后填写了合同内容，下载了《商品房买卖合同》，根据某市住房和城乡建设局对仲裁委的协助调查函的回复，涉案房产显示"已签约"，即该房产已经完成了网签，双方下载《商品房买卖合同》之后，申请人声称已经在《商品房买卖合同》上签字，但被申请人并未当面在申请人面前盖章，且未返还合同原件的正本给申请人，虽然对此双方各执一词，但基于申请人从未否定签约的事实并要求继续履行合同的事实来看，申请人并不存在不签订正式合同的主观意图，而且根据被申请人提交的证据，是因为申请人拒绝签署合同《补充协议》，才导致双方未签署《商品房买卖合同》、合同《补充协议》以及进行备案。因此，未完成签约手续的责任，并非在申请人一方。从《补充协议》内容上看，引起本案争议的核心原因，就是被申请人要求申请人签订《补充协议》，而申请人因为不认可《补充协议》的内容，拒绝签订《补充协议》，导致被申请人不在正式合同上盖章。那么被申请人提供的《补充协议》内容又如何呢？仲裁庭审查认为，该《补充协议》共计二十四条，内容对《商品房买卖合同》的重要条款进行了详细、明显的修改或补充，对申请人的合同权利进行了明显的限制。被申请人对网签合同进行明显的修改或补充，不仅有规避行政监管之嫌，也有行限制购房者权利之实，况且被申请人并无证据证明，在销售该房产过程中，就案涉合同《补充协议》曾清晰地向被申请人全面展示及释明，且征得购房者申请人同意。根据《民法典》第四百九十六条、第四百九十七条的规定，被申请人单方面提供的统一印制的制式合同，假如存在提供格式条款一方不合理地免除或者减轻其责任、加重对方责任、限制对方主要权利的"霸王"条款，那么该合同是违法无效的，申请人有权拒绝签署。再者，按照房地产交易监管规定要求，合同附件必须依法公示，而被申请人并无证据证明其存在公示行为并充分向申请人释明，申请人事先不知，事后被强行违反自身意愿，显然不符合相关法律规定，违反合同签订平等自愿、协商一致的原则。

笔者认为，对于签订正式合同之前的订购书、认购书、预购书、认购指标书等意向性合同，如果比较详细具体，符合《民法典》第四百七十条规定的合同基本条款，则可视为具有合同成立有效的要件和条件，结合案件的实际履行情况，可视为房屋买卖合同已经成立并生效，对于签订正式合同过程中或之后，又需签订补充协议，如果补充协议内容违法或者显失公平等，构成格式条款或存在其他违法无效的情形，则购买方有权拒绝签订，或者签订之后亦有权主张无效。另外，对于合同中存在可撤销事由的情形，根据《民法典》第六章第三节的相关规定，对于民事行为，包括合同在内，如果具有撤销的事由（欺诈、胁迫、显失公平、重大误解），当事人自知道或者应当知道撤销事由之日起一年内、存在重大误解的当事人自知道或者应当知道撤销事由之日起九十日内没有行使撤销权的，撤销权消灭。当事人自民事行为发生之日起五年内没有行使撤销权的，撤销权消灭。对于开发商而言，其在销售过程中，需要遵守《民法典》关于合同条款的规定，同时要遵守当地房地产交易监管部门的规定，不得通过第三方销售或违规通过第三方向购房方收取服务费用，对于购房的正式合同文本和补充协议，须依法在明显处进行公示并进行充分解释，甚至关于合同中争议解决方式的选择，无论选择仲裁还是诉讼方式都要充分提示和说明。总之，房地产开发商和销售者在进行房地产销售之时，必须保持公平、公正和合理的原则，制定预售合同之时，不要将预售合同制定成正式合同的文本，必须符合预售协议的特征，即主要是对未来签约的一种约束，而非对交易双方具体权利义务的约定。笔者认为，市场经济体制的商业行为需要保持公平、公正和合理的精神，维护双赢的局面和保持双方权益平等，方能持续健康发展。不当限制对方权益、无限扩大己方利益的行为，不仅有损自己长期的商业信誉，也得不到法律的支持。

二、相关问题与分析

在房地产签约销售过程中，还存在一些特殊的情况，比如"借名"销售、贷款的问题。某些房地产商为了尽快完成销售任务或者进行银行贷款，将实际上未销售的房屋，与公司员工签订所谓买卖合同，甚至将房产证登记在该员工的名下，以此来表面上完成销售任务，或者以员工向公司购房的名义进行按揭贷款，公司作为卖方获得员工购房的全部款项，可以将该房款用于公司经营，再以员工名义偿还按揭贷款，以达到低利率获得银行贷款的目。后期，如果该房屋需要再次销售，再以该员工名义与第三人购买方签订购买协议，并要求员工配合变更登记，这样做不仅明显违反金融贷款政策和房地产销售相关规定和政策，而且也将为开发商自身带来销售环节中的法律风险，如某些员工不配合房地产交易过程中的变更登记，将导致购房者虽然支付了房款，甚至收取了房屋并实际使用，但由于该员工不配合变更登记，从而不能及时完成房屋产权登记。例如，在毛某与某市某房地产发展有限公司、杜某的商品房预售合同纠纷案中，该房地产公司将房产名字登记在员工名下，该员工杜某不配合办理过户手续，并主张自己才是该房屋的真正产权人，导致真正买方毛某虽实际收楼并长期使用房屋，但一直无法办理房屋产权登记。该案的争议焦点：房地产公司、员工杜某之间签订的《房地产预售契约》是否是真实的房屋买卖行为，员工杜某是不是实际的购买者，登记在其名下的房屋其是否享有所有权，真实购买者毛某如何解决这种纠纷而保护自己的权益，对于造成的损失是否有权要求开发商赔偿等问题。笔者认为，开发商与员工为避免法律监管或为违规获得金融贷款，采取名为销售、实为规避法律规定的虚假民事行为，根据《民法典》第一百四十六条"行为人与相对人以虚假的意思表示实施的民事法律行为无效。以虚假的意思表示隐藏的民事法律行为的效力，依照有关法律规定处理"的规定，《房地产预售契约》属于无效合同，该员工亦无权取得该房屋所有权，即使权属证书登记在其名下，也应无效或被撤销。而真实购买者与开发商签订了合同，如果无其他违法的情形，则合同成立有效，真实购买者有权获得房屋，并要求开发商交付房屋并办理产权登记。在诉讼请求中，可以将开发商列为被告，员工列为第三人，员工应履行配合变更登记的义务。开发商和销售者在房地产销售过程中，只有避免违法贷款和非法的销售行为，才能杜绝上述法律风险。

关于"借名"买房的问题。在一些对房地产销售进行限购限贷的地区，存在大量"借名"买房规避政策的行为，这存在两个方面的法律问题，其一是"借名"买房的法律效力问题，"借名"买房是为了规避房地产宏观调控政策规定，或者为了低价购买到经济适用房、某些企业的集资建房，或者是为了转移财产逃避债务等。其性质是虚假的民事行为，应认定为无效，对此有些不同观点认为，如果"借名"买房，确属于买房自用，只是为了规避政策，并非虚假的民事行为，则不能一概认定为无效民事行为。那么，对于规避国家和地方政府的限购限贷政策，构不构成违法而导致合同无效呢？对此，有观点认为，国家和地方政府的宏观经济调控政策，不属于法律法规强制性规定，因为《民法典》第一百四十三条规定："不违反法律、行政法规的强制性规定，不违背公序良俗。"因此，不能认定为非法无效。但是，对于违反宏观调控政策的行为，有可能会被认定为违反"公序良俗"，主流观点认为对于"借名"买房的行为，如果双方签订了"借名"合同，则该合同实际违反了《民法典》的规定，存在虚假的民事行为，也是以合法形式掩盖非法目的的行为，实际出资人与借名人签订的合同是非法无效的，按无效法律关系处理，"借名"买房的行为不应受法律保护。

另外，在上述案件中，网络公司作为中介方向申请人收取的第三方中介服务费用是否合法，是否应作为购房款的一部分的问题，根据房地产销售监督管理相关规定，第三人为房地产销售推销的，不得直接或间接向消费者收取服务费用，如果需要收费，也只能向销售方收取费用。因上述案件中，第三人网络公司向申请人收取中介服务费用是违反规定的，其所收取的中介费应予以退还，申请人可另循法律途径主张。在房地产销售业务领域中普遍存在"包销"方式，对于采取"包销"方式的房地产销售行为，包销的销售公司，可向房地产公司收取服务费用或者按销售收入分成，不能向购买者直接收取服务费用。另外，"包销"中有一种变相的操作手法是包销公司先以员工个人名义从开发商手上把项目房屋订购下来，也不变更房地产登记，再以该个人名义与购买者签订转名协议，将订购房屋转让给购买方，从中间收取一定转名费或服务费用、差价，这种转名销售方式是存在比较大的法律风险的，转名实际上是合同主体的合同权利义务整体转让，需要合同相对方即开发商同意及签订三方转让协议，而大多数包销转名协议未经开发商书面同意，合同转让手续上存在瑕疵，而且这种先总包下来，再分散式更名销售，从中收取差价或转名费的方式，亦可能被认定为向购买者收取服务费用。因此，向房地产开发商提供销售服务和推广服务的公司，应注意避免向消费者收取中介费用，需要收取费用也应向开发商收取，否则如果面临购买者诉讼，收取的费用将很难得到法院支持。

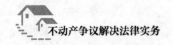

三、规范指引

■《民法典》

第一百四十三条　具备下列条件的民事法律行为有效：

（一）行为人具有相应的民事行为能力；

（二）意思表示真实；

（三）不违反法律、行政法规的强制性规定，不违背公序良俗。

第一百四十六条　行为人与相对人以虚假的意思表示实施的民事法律行为无效。

以虚假的意思表示隐藏的民事法律行为的效力，依照有关法律规定处理。

第四百九十五条　当事人约定在将来一定期限内订立合同的认购书、订购书、预订书等，构成预约合同。

当事人一方不履行预约合同约定的订立合同义务的，对方可以请求其承担预约合同的违约责任。

第四百九十六条　格式条款是当事人为了重复使用而预先拟定，并在订立合同时未与对方协商的条款。

采用格式条款订立合同的，提供格式条款的一方应当遵循公平原则确定当事人之间的权利和义务，并采取合理的方式提示对方注意免除或者减轻其责任等与对方有重大利害关系的条款，按照对方的要求，对该条款予以说明。提供格式条款的一方未履行提示或者说明义务，致使对方没有注意或者理解与其有重大利害关系的条款的，对方可以主张该条款不成为合同的内容。

第四百九十七条　有下列情形之一的，该格式条款无效：

（一）具有本法第一编第六章第三节和本法第五百零六条规定的无效情形；

（二）提供格式条款一方不合理地免除或者减轻其责任、加重对方责任、限制对方主要权利；

（三）提供格式条款一方排除对方主要权利。

第四百九十八条　对格式条款的理解发生争议的，应当按照通常理解予以解释。对格式条款有两种以上解释的，应当作出不利于提供格式条款一方的解释。格式条款和非格式条款不一致的，应当采用非格式条款。

■《最高人民法院关于审理商品房买卖合同纠纷案件适用法律若干问题的解释》

第四条　出卖人通过认购、订购、预订等方式向买受人收受定金作为订立商品房买卖合同担保的，如果因当事人一方原因未能订立商品房买卖合同，应当按照法律关于定金的规定处理；因不可归责于当事人双方的事由，导致商品房买卖合同未能订立的，出卖人应当将定金返还买受人。

第五条　商品房的认购、订购、预订等协议具备《商品房销售管理办法》第十六条规定的商品房买卖合同的主要内容，并且出卖人已经按照约定收受购房款的，该协议应当认定为商品房买卖合同。

■《广州市房屋交易监督管理办法》（2021年12月20日施行）

第十三条　未取得商品房预售许可证的商品房项目，房地产开发企业不得进行预售，不得向买受人收取或者变相收取诚意金、订金、定金等费用。

房地产开发企业及其委托的代理销售企业销售商品房，销售价格不得超过销售价目表价格，不得以装修款等其他名义变相涨价。

单位和个人为房地产开发企业提供商品房销售服务的，除收取房地产开发企业支付的费用以外，不得以提供中介服务等名义向买受人变相收取电商费、团购费、服务费、咨询费等费用。

房地产开发企业不得强制买受人购买车位、接受装修或者接受第三方服务机构提供的按揭、法律等有偿服务。

第十五条　房地产开发企业销售商品房时应当以书面方式在销售现场显著位置公示下列事项，公示期限自商品房销售之日起至全部销售完毕：

（一）商品房预售许可证或者商品房完成所有权首次登记的证明；

（二）商品房销售方案及销售进度控制表，建筑区划内车位车库规划配建数量、位置、租售方式、租金标准和售价，楼盘是否开行楼巴服务及其线路、站点、退出时间具体设置方案；

（三）价目表和价格相关信息公示表；

（四）商品房买卖合同及其附件文本；

……

第五章　城镇房屋租赁合同纠纷

08 定建租赁合同关系中，承租方违约中途解除合同，出租方的定制损失如何保护？

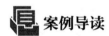 **案例导读**

在一些大型的不动产租赁合同关系中，如大型商场、工业厂房、发电站、码头、矿山等不动产租赁合同关系，有一种比较特殊的租赁情况，承租人因对租赁物的结构、标准及建造等方面有特殊性要求，需要配置特殊设施设备，建设特殊的配套设施。例如，某些大型的超市、卖场，其对商场内部的面积、层高、结构及设施等存在一定的特殊要求，甚至在该商场的规划设计之前，双方就引入租户进行前期进场谈判，商场为了引进大规模、长期的租户，往往同意并根据承租人的要求，对商场进行规划设计及建设，还有一些特殊工业行业对厂房有特定的要求，如仓库的主体承重、厂房的层高、地基的构造、仓库的结构和构造、大门的限高、通道宽度等。基于这些特殊的要求，在租赁物建设之前，就与出租方协商，租赁物的建设、改造须满足承租方使用的要求，即专门为承租人的承租使用而建设，又称"定建租赁"。例如，2019年7月某建筑集团与美国某电气集团就某市海上风电机组总装项目的工房签订租赁合同，采用的即是"定建租赁"的方式，"定建租赁"具有一定的特殊性，具有按要求建设和建成之后按约租赁的复合合同关系，出租方投入建设成本是为了承租合同的履行，假如承租方中途违约终止合同，那与出租方的合同损失该如何核算呢？

典型案例1：A公司与B公司厂房租赁合同纠纷案

本诉原告（反诉被告）：A公司

本诉被告（反诉原告）：B公司

原告（反诉被告）起诉的事实与理由。2018年11月原告与被告签订《厂房租赁合同》，约定由原告承租被告方位于某市工业园工业大道的厂房，总占地面积199.6亩（约1330666.67平方米），每月租金按实际完工交付使用的面积计算，租赁押金为420万元，租赁期限自2018年6月起至2023年5月止。租赁合同签订后，原告已足额支付租赁押金420万元以及足额支付每月租金。根据租赁合同第一条第4款约定："甲方负责完善租赁场地内甲方提供的建筑物、道路的消防验收手续，如因为甲方没办妥手续导致乙方被政府部门要求全面停工，乙方有权拒交租金，超过6个月仍未解决，属于甲方违约，乙方有权解除合同，并要求甲方退还保证金，支付相当于租金标准计算的3个月租金。"但双方签订租赁合同后，被告并未按照合同约定完善租赁场地内需被告提供的建筑物、道路的消防验收手续，经多次沟通仍未完成，至今已超过合同约定的6个月期限。案涉租赁物面积范围广，设备以及人员密集，被告不积极办理和完善消防验收，导致原告随时面临安全生产和安全事故责任风险，被告已构成根本违约，原告有权要求与被告解除合同，并要求被告退还租赁押金420万元，为此提出诉讼请求：①依法判令原、被告于2018年11月签订的《厂房租赁合同》自2019年8月31日起解除（庭审中变更为确认案涉租赁合同无效）。②依法判令被告向原告退还租赁押金人民币420万元、赔偿厂房装修损失等。

被告（反诉原告）答辩并提出反诉。原告属于单方面无理解除合同，构成根本违约。原、被告于2018年11月签订《厂房租赁合同》（以下简称《租赁合同》）后，一直切实履行合同项下义务，不存在任何违约行为，2019年8月原告擅自撤离租赁物，系根本性毁约行为。①自租赁期开始至2019年8月原告撤场，租赁合同一直处于正常履行状态。②租赁物已全面取得消防、规

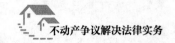
划、工程等验收批文，符合约定。租赁物属于被告在自有的国有用地上新建的厂房，被告对土地和房屋享有完全的不动产产权，在建设之前，双方即商议按照原告的生产要求设计和修建，建成后即交付给原告使用，不存在合同目的无法实现的情形。③原告在涉案合同履行中，存在严重环保违约、违法行为。根据租赁合同第二条"乙方承租的厂房用途为铝模生产经营场所，其生产经营必须符合当地政府产业政策、环保、节能减排的要求，甲方只提供厂房的租赁合同，其他证照等相关手续由乙方自行办理"的约定，原告拒不配合环保整改的情况下，单方面解除合同，属于严重的违法、违约行为。④原告单方面违约解除合同，被告在租赁合同项下的预期可得利益无法实现和造成定制厂房损失。根据当时《合同法》第一百一十三条的规定，该预期可得利益损失，由原告单方面违约造成，原告应当承担赔偿责任即合同到期结束的预期收益。本案租赁物当初系按照原告的生产经营需要而量身定制建设的，毁约后将造成厂房的空置、拆除重建，该等损失应由原告赔偿，因此，向法院提出反诉请求：支付拖欠的房屋租金652058.07元，判令原告向被告支付违约金3912348.39元（按合同约定为3个月租金），判令原告赔偿直接经济损失3129万元（2年空置损失），以及其他的诉讼请求。

一审法院经审理认定，2018年11月A公司与被告B公司签订《厂房租赁合同》，约定：①（第一条租赁物业情况）被告将位于某市工业园工业大道的厂房出租给原告使用，总占地面积暂定199.6亩（约132933.6平方米）；被告负责完善租赁场地内建筑物、道路的消防验收手续，如因被告没有办妥手续导致原告被政府部门要求全面停工，原告有权拒交租金，超过6个月仍未解决，属被告违约，原告有权解除合同，并要求退还保证金，支付相当于租金标准计算的3个月租金。②（第二条租赁物业用途）原告承租的厂房用途为铝模板生产经营，其生产经营必须符合当地政府产业政策、环保、节能减排要求，被告只提供厂房租赁合同，其他证照等相关手续由原告自行办理。③（第三条租赁期限）租赁期限5年，自2018年6月起至2023年5月止。④（第四条租金）原告应确保其使用租赁物业所进行的生产项目符合有关环保要求，并应采取有效措施，减少污染。⑤（第十条违约及赔偿责任）在合同有效期内，任何一方不得无故单方终止合同，否则，守约方有权要求违约方支付违约金（金额为按违约当时月租金标准计算的3个月租金）；发生下列情形，被告有权视为原告根本违约并进行处理——解除本合同、没收押金，有权要求原告支付违约金（金额为按原告违约当时月租金标准计算的3个月租金）等主要内容。

2019年2月B公司向A公司发出《告知函》，大概内容为：环保局现场检查时发现申报审批的设备数量增加很多并要求被告根据现场实际设备数量再重新做环评。环保局于2018年12月19日到现场复核时，发现原告私自增加生产设备，造成严重环保问题等。

2019年3月至2019年11月被告获得案涉厂房下列证照：建设工程施工许可证、项目工程消防设计备案、项目竣工验收消防备案、建设工程规划验收合格证、年产30万吨铝型材项目工程予以竣工验收备案、厂房不动产权证。

2019年9月原告向被告发出《关于2019年9月〈告知函〉的回复函》，大概内容为：被告一直未能按合同约定交付具备生产经营条件的厂房（租赁物一直未通过消防验收，也未通过环评审批，非合法完备的租赁物），导致原告无法实现合同目的，且被告于2019年4月要求终止合同和退场，为此，原告决定终止《厂房租赁合同》，被告应当返还420万元租赁押金。

2019年9月被告B公司发出《关于尽速解决厂房租赁合同违约事项的函》，要求原告承担违约责任并赔偿损失。

一审法院根据查明的事实，认定：①关于《厂房租赁合同》的效力问题。《最高人民法院关于审理城镇房屋租赁合同纠纷案件具体应用法律若干问题的解释》第二条规定："出租人就未取得建设工程规划许可证或者未按照建设工程规划许可证的规定建设的房屋，与承租人订立的租赁合同无效。但在一审法庭辩论终结前取得建设工程规划许可证或者经主管部门批准建设的，人民法院应当认定有效。"本案中，涉案租赁物在租赁合同履行期间已取得建设工程规划许可证、建设工程施工许可证，原、被告签订《厂房租赁合同》是双方真实意思表示，故双方《厂房租赁合同》合法有效。②原告是否享有合同解除权的问题。合同解除权分为约定解除权和法定解除权。《合同法》第九十三条、第九十四条对行使约定解除权和法定解除权的实质要件进行了规定。根据《厂房租赁合同》的约定"被告负责完善租赁场地内建筑物、道路的消防验收手续，如因被告没有办妥手续的原因导致原告被政府部门要求全面停工，原告有权拒交租金，超过6个月仍未解决，属被告违约，

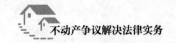

原告有权解除合同，并要求退还保证金，支付相当于租金标准计算的3个月租金"。原告未提供证据证明在签订《厂房租赁合同》后出现合同约定的因消防验收手续问题导致停工超过6个月未解决的情形。2018年11月《厂房租赁合同》约定"（原告）生产经营必须符合当地政府产业政策、环保、节能减排要求，被告只提供厂房租赁合同，其他证照等相关手续由原告自行办理"，原告解除合同缺乏事实和法律依据。③关于《厂房租赁合同》解除后的损失问题。根据《合同法》第九十七条规定，合同解除后，已经履行的，根据履行情况和合同性质，当事人可以要求赔偿损失。在环评还在重新审批阶段就贸然做出终止《厂房租赁合同》的决定并直接退出租赁场所，客观上直接造成《厂房租赁合同》的提前解除，故原告对合同的解除负有直接过错责任。关于原告请求被告退还租赁押金人民币420万元的诉求，《厂房租赁合同》第十条约定，任何一方在合同有效期内无故单方终止合同的，守约方有权要求违约方支付违约金（金额为3个月租金）；发生逾期未付租金、未经被告同意擅自装修、原告因生产经营导致环境污染造成侵害等情形，视为原告根本违约，被告有权没收押金。本案中，并不存在合同约定的上述有权没收押金的情形，故原告请求被告退还租赁押金，符合合同约定，本院予以支持。④关于被告反诉请求原告支付违约金3912348.39元的诉求。被告在庭审中主张涉案厂房为定制物，并就涉案厂房的建造费用进行了鉴定，鉴定造价为36234178.28元，争议造价为4203787.96元。交付租赁物系出租人的义务，《厂房租赁合同》中并未约定被告交付的厂房为定制物，目前所建造的厂房的所有权由被告依法取得，为被告自身资产的增值，并不存在损失，故对被告关于涉案厂房为定制物并作为核定直接经济损失参考的主张，不予采纳。关于空置期的问题，双方在《厂房租赁合同》中明确约定"任何一方在合同有效期内无故单方终止合同的，守约方有权要求违约方支付违约金（金额为3个月租金）"，上述违约责任已考虑空置期因素。

一审法院作出判决认定，A公司解除合同构成违约，按照合同应当向B公司支付违约金，原告（反诉被告）A公司应当在本判决生效之日起十五日内，向被告（反诉原告）B公司支付违约金3129878.71元，以及判决了其他内容，但并未支持B公司关于"定建租赁"空置期损失索赔费用的要求。一审判决之后，双方当事人均不服，并向某市中级人民法院提出了上诉。

　　二审法院经审理认为，本案是租赁合同纠纷。A公司与B公司签订的《厂房租赁合同》是双方的真实意思表示，没有违反法律、行政法规的强制性规定，合法有效，双方均应依约履行。根据诉辩意见及查明的事实，二审争议焦点为：①A公司是否享有合同解除权；②合同解除后的民事责任应如何承担。

　　关于A公司是否享有合同解除权的问题。虽然A公司租用的新建部分建筑物于2019年6月才取得竣工验收消防备案，但结合《厂房租赁合同》第一条第3款A公司对于租赁场地内的情况已了解清楚，以及第四条鉴于厂房及土地不是一次性交付，双方每月按完工移交到实际可使用状态的面积计算租金等约定，双方在建立租赁关系时对部分租赁物尚在规划建设阶段，手续需逐步完善是明确知悉的。而根据案涉《厂房租赁合同》第一条第4款的约定，B公司负责完善租赁场地内建筑物、道路的消防验收手续，如因B公司没有办妥手续的原因导致A公司被政府部门要求全面停工，A公司有权拒交租金，超过6个月仍未解决，属B公司违约，A公司有权解除合同并要求退还保证金，支付相当于租金标准计算的3个月租金。A公司未提供证明在签订案涉《厂房租赁合同》后，出现因B公司没有办妥消防验收手续，A公司被政府要求全面停工超过6个月未解决的情形，因此对于A公司以此主张其享有合同解除权的上诉主张，本院不予采纳。

　　案涉《厂房租赁合同》并未约定B公司负责办理环评及排污许可证，A公司也未能举证证明B公司作为出租人不配合其办理上述手续。A公司称由于B公司对案涉租赁物所在土地以铝型材立项及以自身名义办理环评，其铝模板生产无法通过环评验收以及无法取得排污许可证，但一审中某市环保局答复称"B公司已于2018年7月经我局审批取得环评批复，生产工艺包含铝模板生产线，因此B公司可在符合环评审批的内容范围内进行铝模板的生产"，故B公司以铝型材项目办理准入并不影响A公司进行铝模板生产或办理环评。且A公司自2018年6月起已实际租用B公司的厂房，因A公司生产作业期间的噪声、未取得排污许可证即进行生产的问题，B公司先后于2018年11月收到某市环保局的两次监督检查处理意见书，在此情况下A公司仍于2018年11月与B公司补签《厂房租赁合同》，并在合同中约定A公司生产经营必须符合当地政府产业政策、环保、节能减排要求，B公司只提供厂房租赁合同，其他证照

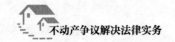

等相关手续由乙方自行办理，可见A公司当时已明确知悉案涉厂房环保手续存在的问题并自愿承担办理该环保手续的义务，A公司对环保手续需要进一步完善亦有心理预期，故A公司主张B公司没有履行合同义务导致其被环保局书面责令停产停工缺乏事实依据。在环评审批期间A公司私增钢支架翻新车间的行为对环评进度具有直接影响，B公司对此不存在过错。且根据二审中环保局的答复，2018年12月下旬该局工作人员再次到现场检查时已告知相关整改工作已完成，可以继续进行建设项目审批的申报流程。因此，至A公司提出退场及终止《厂房租赁合同》时，环评重新审批等问题尚在处理阶段，虽然案涉项目环评手续进展缓慢，但A公司未提供环评确实无法通过验收的证据，暂未能证明环评问题导致合同目无法实现，仍可通过充分协商沟通的方式解决。A公司以B公司未办妥环评、排污许可证导致租赁合同目的无法实现为由主张行使合同解除权，缺乏事实和法律依据，不予采纳。因案涉项目是以B公司名义申请环评，从相关人员的微信聊天记录来看，B公司亦有派人跟进环评进度，配合A公司办理环评手续，B公司已同意就A公司增加设备问题重新申请环评。综上所述，A公司在未与B公司协商一致解除租赁合同的情况下，单方面放弃履行租赁合同，致使损害结果发生，应承担全部民事责任，一审判决认定B公司对案涉租赁合同的解除承担20%民事责任不当，予以纠正。

因A公司不享有合同解除权，A公司于2019年8月20日向B公司发出的《工作联系函》不发生解除合同的效力，案涉租赁合同的解除也不符合约定解除的条件。鉴于A公司发函明确表示将于2019年8月31日前退出案涉物业并自2019年9月1日起终止《厂房租赁合同》，且实际于2019年8月30日向B公司邮寄厂房天然气IC卡、遥控器及钥匙等物品，亦于2019年8月31日前撤场，案涉租赁合同确已无法继续履行。若不解除合同，一方面将导致案涉厂房长期闲置，另一方面将使承租方在不占有使用厂房的情况下承担租金损失。结合B公司在2019年9月1日当天即委托某中介公司出租案涉厂房的事实，足以证明B公司已于2019年9月1日实际收回和控制案涉租赁物，故一审判决认定双方签订的《厂房租赁合同》于2019年8月31日解除、驳回B公司要求A公司支付2019年9月1日后的租金及租金滞纳金的反诉请求并无不当，本院予以维持。

关于合同解除后的民事责任应如何承担的问题。案涉《厂房租赁合同》明确约定任何一方在合同有效期内无故单方终止合同的，守约方有权要求违约方支付违约金（金额为3个月租金），A公司单方解除租赁合同，应依约支付违约金3912348.39元（3个月租金）给B公司。案涉《厂房租赁合同》约定一个月免租期，该免租行为已实际发生，且双方并未约定违约情形下可追索免租期租金，故B公司上诉请求A公司支付免租期租金缺乏合同依据，本院不予采纳。一审中B公司提出反诉要求A公司赔偿其直接经济损失31298787.12元（2年厂房空置期租金），此时距离案涉《厂房租赁合同》解除时间即2019年8月31日仅过去三个月，2年厂房空置期损失尚未实际发生，B公司该上诉请求的事实依据不足，本院不予支持。对于因A公司解除合同造成的前述违约金尚不足以弥补的其他损失，B公司可与A公司另外协商解决。

二审法院认定A公司的上诉请求理据不足，予以驳回；B公司关于案涉合同解除的民事责任应全由A公司承担的上诉请求成立。二审法院部分维持、撤销和变更一审法院判决，各判项金额相抵后，应由A公司支付170万元给B公司。

一、律师评析

本案存在如下焦点问题：其一，原告A公司是否享有合同解除权？其二，如果A公司构成违约解除合同，那么A公司解除合同造成B公司的损失，该损失是否应该包含B公司为A公司专门定制"定建租赁"的经济损失？其三，双方合同约定了违约金为3个月的租金，A公司违约解除合同，B公司厂房由于定制租赁，而且规模较大，短期内无法寻找和匹配对应的承租户，造成一定期限的空置损失，且后期需要进行改建，亦需要投入大量的资金，上述经济损失已经远过3个月租金，根据相关规定，法院是否应根据实际损失调整违约金？

（一）关于违约责任认定的问题

本案原告单方解除合同缺乏事实和法律依据，既不符合双方合同的相关约定，也不符合客观事实。因此，一审法院认定被告负主要违约责任，同时

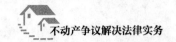

认定"原告的举证无法证明被告对环评手续的办理存在直接过错。但结合原告的股东与被告沟通内容，原告一直催促被告办理环评，被告已同意就原告增加设备问题重新申请环评解决环评问题，但由于被告负责人员带有情绪以及土地以铝材立项等问题，原告在处理环评问题时较为被动和受到限制"，并以此为由认定被告承担20%违约责任，对导致原告解除合同也负一定过错责任。一审法院在主观上是为了平衡利益，但是在适用法律上，笔者认为是欠妥的。本案属于民事合同关系，违约责任主要依据是是否构成法定违约或合同约定，那么显然"被告的情绪问题"是难以构成违约的，再则"被告情绪问题"也是源于原告违约私增设备，导致环保部门处罚，从而要求被告额外重审评审，增加被告的工作和义务，这种认定也是欠妥的。另外，笔者认为一审法院将民事侵权的过错责任与合同违约责任同时适用，按侵权中的过错责任主观进行责任分割，显然是适用法律不当，对此二审法院进行了纠正。

（二）关于原告违约造成被告损失的问题

案涉合同签订了五年期限，为此被告还根据原告工厂的要求，以及原告提交的建设图纸对工厂大部分厂房进行改建和新建，部分改建和新建的内容具有"定建"的合同特征，但是原告才承租一年，即以自身生产环节的环保问题导致被环保机关处罚为由解除合同，没有相应的合同和法律依据，法院判决已经进行详细论述。由于被告有根据原告要求进行定制改建、新建的事实，并且由于原告终止合同之后，造成租赁物长时间的空置，而出租方存在根据合同约定的"5年期的预期收益的损失"，以及实际上原告违约造成了"定建"的投资成本和违约之后空置。5年是双方约定的租赁期限，如果被告既要求5年预期损失，又主张定制建设的成本和空置损失，显然构成了损失的叠加。为此，被告只主张原告承担2年期限的空置损失。笔者认为，假如本案关于双方对租赁物的建设有指定的要求，并实际根据指令进行了建设，那么人民法院在认定出租人损失时，要将出租人发生的定制建造成本、合同约定的期限、违约之后实际空置和改造成本费用等因素，综合纳入出租人损失的范围，否则将难以评价出租人损失。法律根据是：《民法典》第五百八十四条规定，"当事人一方不履行合同义务或者履行合同义务不符合约定，造成对方损失的，损失赔偿额应当相当于因违约所造成的损失，包括合同履行后可以获得的利益；但是，不得超过违约一方订立合同时预见到或者应当预见到的因违约可能造成的损失。"第五百八十五条规定："当事人可以约定一方违约时应当根据违约情况向对方支付一定数额的违约金，也可以约定因违约产生的损失赔偿额的计算方法。约定的违约金低于造成的损失的，人民法院或者仲裁机构可以根据当事人的请求予以增加；约定的违约金过分高于造成的损失的，人民法院或者仲裁机构可以根据当事人的请求予以适当减少"。因此，一审法院未考虑"定建"成本、空置期限等因素，仅依据约定违约标准适用，与事实不符，判决结果不能弥补当事人的实际损失。

（三）关于A公司应否赔偿B公司"定建租赁"空置期损失的问题

如上述第（二）点所述，B公司提供了相关的证据，证明了B公司系根据A公司的要求进行了相关的定制建设，并且就案涉租赁物业的建设成本进行了评估，人民法院也进行了现场的勘察鉴定，认为B公司为履行合同而根据A公司的要求进行了相关的建设活动，虽然一审、二审法院没有在判决中认定本案为定建租赁，但是实际上也肯定了本案存在"定建租赁"的因素和成分，根据《民法典》第五百八十四条的规定，关于当事人一方不履行合同义务或者履行合同义务不符合约定，造成对方损失的，损失赔偿额应当相当于违约所造成的损失，包括合同履行后可以获得的利益，因此即使按照主张可预期利益的合同权利，违约方亦应承担相应的合理损失。为此，二审法院出于谨慎的考量，要求B公司提供自A公司撤场之后2年之内工区内唯一水电费总表的读数清单，以核查该案涉厂区的实际空置期，对此，B公司提供的该厂区总水电表的每月月度清单，亦证明在相当长的时间之内，该总表读数与A公司撤离之初的读数基本一样，就证明该工厂区在A公司撤离之后并没有投入使用，处于空置状态。虽然二审法院以"此时距离案涉《厂房租赁合同》解除时间即2019年8月31日仅过去三个月，2年厂房空置期损失尚未实际发生"为由，不支持B公司关于定建租赁空置期的损失主张，但也认为"A公司解除合同造成的前述违约金尚不足以弥补的其他损失，B公司可与A公司另外协商解决"，间接认定了A公司违约解除合同，仅适用约定的违约金标准，尚不足以弥补B公司的实际损失，将该损失追索以"双方另行协商解决"的方式进

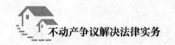

行处理，实则建议B公司另循协商或法律途径来解决。

根据本案的代理经验，在"定建租赁"合同关系中，出租方在提供租赁物之前，就承担比较大的租赁物投资建设责任，如果租赁合同对于定制租赁物建设的成本、违约责任、损失核定等内容，无约定或者约定不明，承租方中途违约解除合同，则出租方很难主张定制租赁物的损失和具体损失金额。笔者在此建议，出租企业在进行"定建租赁"业务之时，务必在合同中明确约定为"定建租赁"合同，并且要约定在"定建"方面的成本投入金额，还要在合同中明确约定如果承租方违反合同要对"定建"的成本投入损失、一定期限的空置损失等进行赔偿。另外，由于定制物不能适用于普遍市场，还需要约定，合同解除之后是拆除还是保留，如果不能留用，拆除的责任及费用承担问题如何解决；如果保留，租赁物价值如何评估等，以免在承租方违约时，守约方对"定建"损失无法主张。对于承租方而言，由于合同约定明确了"定建"违约损失，如果承租方中途违约，将要承担出租方定向投资建设等实际损失以及违约赔偿责任，这能促使承租方审慎对待双方"定建租赁"合作关系，不轻易违约，也有利于构建合同双方比较稳定的合作关系。

二、相关问题与分析

在房屋出租合同类型中，有城镇房屋出租合同，也有集体房屋出租合同，还有政策性房屋租赁合同，根据《最高人民法院关于审理城镇房屋租赁合同纠纷案件具体应用法律若干问题的解释》第一条的规定，"本解释所称城镇房屋，是指城市、镇规划区内的房屋。乡、村庄规划区内的房屋租赁合同纠纷案件，可以参照本解释处理。但法律另有规定的，适用其规定。当事人依照国家福利政策租赁公有住房、廉租住房、经济适用住房产生的纠纷案件，不适用本解释。"以下几宗具有代表性的城镇规划区的租赁案件，突出的争议问题值得注意。

（一）某商业广场租赁合同纠纷

关于承租人主要负责人"表见代理"问题。承租人声称租赁合同上所盖公章系他人伪造，但该公司主要负责人实施的在签订合同之前、签订合同之中及签约之后的一系列行为，足以使合同相对方认定系该公司的行为，是否应该认定租赁合同成立并有效？

在本案中，承租方为两家公司，其中主要由A公司与出租方谈判协商，由于疫情原因，另一个承租方B在外地，在疫情之前是B公司主管领导参与与出租方的谈判、实地调查等工作，但由于疫情管控，在双方签订合同之时，并未出现在现场，而是B公司的副董事长等领导通过视频方式观看了签约过程，并且各方通过邮寄方式将合同文本寄交B公司进行签约，后出租方收到两承租方加盖公章的合同文本，完成签约之后在承租人A公司的主导之下，进行了以B公司名称命名的基地项目的剪彩挂牌仪式，B公司也派工作人员参与该仪式，后A公司实际承租了该物业并将部分承租物业转租给了第三人。在租赁过程中，由于承租方A公司和B公司未能及时交纳租金和物业管理费等，双方产生争议，出租人诉至法院。A公司和B公司均企图推卸承租人的义务，A公司抗辩称只是参与了签订合同，但并没有实际租用该物业，B公司抗辩称租赁合同上的公章是假的，虽然其前期参与谈判，但是没有实际租用该物业，不应承担租赁合同的责任，并申请对该公章进行鉴定。但事实上，A公司不仅主导了作为承租方的前期洽谈，还实际参与签署了合同，并且在承租该物业之后，通过装修将该物业的主要面积转租给了第三人使用，承租事实清楚，证据充分，依合同约定，应承担违约责任；B公司明确承认参与前期的谈判、商洽和实地调查，而且参加了视频签约仪式，并在视频中同意合同版本寄交其签约，又参加了以B公司命名的租赁项目的剪彩和挂牌仪式，并且后期出租人发出催租通知、解约通知等书面文件，B公司亦未提出任何书面异议，应视为构成了表见代理，租赁合同依法成立并有效，被告B应承担承租人相关义务。根据《民法典》第一百七十二条"行为人没有代理权、超越代理权或者代理权终止后，仍然实施代理行为，相对人有理由相信行为人有代理权的，代理行为有效"以及《全国法院民商事审判工作会议纪要》（以下简称《九民纪要》）第41条关于"盖章行为的法律效力"的规定，司法实践中，公司有意刻制两套甚至多套公章，有的法定代表人或者代理人甚至私刻公章，订立合同之时恶意地加盖非备案公章或假公章，发生纠纷后法人以加盖的是假公章为由否定合同效力的情形并不鲜见。人民法院在审理案件时，应当主要审查签约人于盖章之时有无代表权或者代

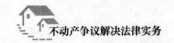

理权，从而根据代表或者代理的相关规则来确定合同的效力。因此，对于在承租合同中，承租人辩称的主体上没有加盖公章，不应成为案件主体，如果其法定代表人、授权代理人或者主要负责人实施了"表见代理"行为，结合其实际使用了该租赁物的情形，应视为合同成立并生效。

（二）卢某与某公司商业市场租赁合同纠纷案

关于租赁物约定面积与规划不一致的问题，以及租赁物业的瑕疵导致消防报验延迟起租的问题。卢某与某公司签订合同租赁某地下一楼的服装批发市场，双方交接了该物业，卢某已经进场进行设计装修，并且装修了部分铺位，但是卢某发现该物业与出租方交付的图纸并不一样。法庭审理中调出的规划设计图显示，其中约10%的部分并不具有商业的功能，仅是消防设备和消防门、公共通道等区域，为此承租人向出租方提出异议，要求减少计租面积，但出租方拒绝，认为承租人已经实地查看了物业现状，合同上也约定了按现状交付，承租人对此没有异议。承租人在完成第二次装修之后，申报二次消防验收，但是出租人不能提供一次消防验收意见书和该楼层建筑整体规划图纸，导致虽承租人申请向相关部门调取亦未取得该图纸，进而造成二次消防报验不能通过，承租人为此拒绝支付租金，双方发生纠纷后出租人申请仲裁，要求解除合同，收回物业并没收租赁保证金。承租人不同意解除合同，并提出反申请要求确认实际承租面积，另外要求起租时间以实际取得二次消防意见书的日期为准，并赔偿相关损失。仲裁庭经审理认为，由于出租人未能提供合法文件，不能协助被申请人通过二次消防报验，存在过错责任，认定解除合同不符合法律和合同约定，裁定合同继续履行，并且出租人要配合提交相关报验手续，起租日期自申请人成功向消防部门递件开始起计。对于租赁物面积的问题，虽然合同约定了面积，但从住建和规划部门调出的档案图纸显示案涉部分区域系消防和公共区域，导致双方原定计租面积减少，而且在合同中出租人没有向承租人明示，仲裁庭认为应按规划的实际面积计租。从本案中得出的经验是，承租人在承租大型的商业物业之时，在合同中要约定按合法的规划面积及实际可使用的面积计租，并且要求出租人必须要有对一次消防负责通过、二次消防所需要的建筑物和一次消防通过的手续，协助承租人通过二次消防报验的工作。

（三）某商业广场租赁合同纠纷案

关于租赁的商业物业被当地政府部门列入了限定经营范围的负面清单，是否认定为隐瞒重要情况，以及没有按照规划建设的房屋租赁合同是否无效的问题。该案中，承租人某公司与出租人某置业公司商谈租赁出租人二楼的整层商场，承租人本意是租用该商场用于美食街的经营，因此在合同书上写明用途为"商业"，该合同签订之后，双方依约履行合同，但是申请人在向消防部门申请二次装修为美食街之后，被消防部门告知该物业的用途中饮食业被列入负面清单，同时向工商部门查询也被告知其已列入非公开的负面清单，为此申请人认为出租方没有向自己披露真实内容，而出租人认为合同约定是商业，在租赁之前承租人也未明确向出租人提出租赁用途必须符合饮食业的内容，因此不同意解除合同、退还租赁押金。承租人向某仲裁委提出仲裁申请，认为出租人隐瞒出租物的重要内容，而且申请人认为，该租赁物建设和规划存在与审批建设和规划部分内容不符的情况，主张合同无效，承租人就该物业消防规划情况申请了政府信息公开，继而对消防部门提出行政诉讼，要求法院认定该消防审批无效等，后经仲裁庭耐心地调解，该案达成了和解协议，承租人也撤回行政诉讼。那么对于案件的焦点问题，该物业列入非公开的负面清单，出租人是否构成隐瞒重要事实的情况？笔者认为，如果有证据证明出租人明知该物业列入了负面清单，而未告知承租人，且另有证据证明承租人向出租人表达了拟经营的业态为负面清单内容之一，那么应认定出租人有隐瞒相关事实的情况，根据《民法典》第七条"民事主体从事民事活动，应当遵循诚信原则，秉持诚实，恪守承诺"以及第五百条关于"故意隐瞒与订立合同有关的重要事实或者提供虚假情况"的规定，造成合同目标无法实现的，承租人有权解除合同。对于案涉物业存在建设规划、消防审批与物业建设情况不一致的问题，假如有证据证明并认定该建筑物中租赁区域与规划、审批内容不一致，则可能会存在合同无效的问题。《最高人民法院关于审理城镇房屋租赁合同纠纷案件具体应用法律若干问题的解释》第二条规定："出租人就未取得建设工程规划许可证或者未按照建设工程规划许可证的规定建设的房屋，与承租人订立的租赁合同无效。但在一审法庭辩论终结前取得建设工程规划许可证或者经主管部门批准建设的，人民法院应当

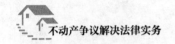

认定有效。"

笔者经验分享：对于房屋租赁合同争议案件，首先要注意合同的合法有效性，因为在实践中租赁物业往往存在诸多非法情况，比如没有规划建设手续的建筑物，未完成竣工验收的物业，未完成消防审批手续，未按照规划报建内容进行建设以及被认定为违章的物业。其次是标的物与合同约定不一致的问题，双方对于承租的面积、区域或设备等往往会产生争议，因此双方在交接之时，一定要对标的物的面积、设施设备等状况详尽列明。再次是履行过程中对违约责任认定的问题，在争议出现之时，往往都指称对方存在违约责任，比如出租方未尽到配合义务，未提供租赁备案手续，未办理工商营业执照所需物业的手续等；承租方未按时交租，未按约使用租赁物业等，对此类问题，要在合同中明确进行约定，按照合同约定的条款适用。如果合同没有约定或约定不明，那么对于违约行为，要看该行为违约是否足以影响合同目标的实现，根据《民法典》第五百六十三条的规定，如果违约行为致使不能实现合同目的的，可以终止合同关系。最后对于特殊的租赁合同，如果标的物为定制，违约责任则必须详细约定假如承租人未履行完租赁期限，造成包括租赁建设投资的损失的赔偿内容。

三、规范指引

■《民法典》

第五百条 当事人在订立合同过程中有下列情形之一，造成对方损失的，应当承担赔偿责任：

（一）假借订立合同，恶意进行磋商；

（二）故意隐瞒与订立合同有关的重要事实或者提供虚假情况；

（三）有其他违背诚信原则的行为。

第五百六十二条 当事人协商一致，可以解除合同。

当事人可以约定一方解除合同的事由。解除合同的事由发生时，解除权人可以解除合同。

第五百六十三条 有下列情形之一的，当事人可以解除合同：

（一）因不可抗力致使不能实现合同目的；

（二）在履行期限届满前，当事人一方明确表示或者以自己的行为表明不履行主要债务；

（三）当事人一方迟延履行主要债务，经催告后在合理期限内仍未履行；

（四）当事人一方迟延履行债务或者有其他违约行为致使不能实现合同目的；

（五）法律规定的其他情形。

以持续履行的债务为内容的不定期合同，当事人可以随时解除合同，但是应当在合理期限之前通知对方。

第五百六十六条　合同解除后，尚未履行的，终止履行；已经履行的，根据履行情况和合同性质，当事人可以请求恢复原状或者采取其他补救措施，并有权请求赔偿损失。

合同因违约解除的，解除权人可以请求违约方承担违约责任，但是当事人另有约定的除外。

主合同解除后，担保人对债务人应当承担的民事责任仍应当承担担保责任，但是担保合同另有约定的除外。

第五百八十条　当事人一方不履行非金钱债务或者履行非金钱债务不符合约定的，对方可以请求履行，但是有下列情形之一的除外：

（一）法律上或者事实上不能履行；

（二）债务的标的不适于强制履行或者履行费用过高；

（三）债权人在合理期限内未请求履行。

有前款规定的除外情形之一，致使不能实现合同目的的，人民法院或者仲裁机构可以根据当事人的请求终止合同权利义务关系，但是不影响违约责任的承担。

■《最高人民法院关于审理城镇房屋租赁合同纠纷案件具体应用法律若干问题的解释》

第二条　出租人就未取得建设工程规划许可证或者未按照建设工程规划许可证的规定建设的房屋，与承租人订立的租赁合同无效。但在一审法庭辩论终结前取得建设工程规划许可证或者经主管部门批准建设的，人民法院应当认定有效。

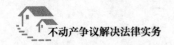

■《合同法》(已失效)

第九十三条 当事人协商一致，可以解除合同。

当事人可以约定一方解除合同的条件。解除合同的条件成就时，解除权人可以解除合同。

第九十四条 有下列情形之一的，当事人可以解除合同：

（一）因不可抗力致使不能实现合同目的；

（二）在履行期限届满之前，当事人一方明确表示或者以自己的行为表明不履行主要债务；

（三）当事人一方迟延履行主要债务，经催告后在合理期限内仍未履行；

（四）当事人一方迟延履行债务或者有其他违约行为致使不能实现合同目的；

（五）法律规定的其他情形。

第九十七条 合同解除后，尚未履行的，终止履行；已经履行的，根据履行情况和合同性质，当事人可以要求恢复原状、采取其他补救措施，并有权要求赔偿损失。

第一百二十条 当事人双方都违反合同的，应当各自承担相应的责任。

附：律师优秀代理文件范本

民事上诉状

上诉人（原审被告、反诉原告）：B公司
被上诉人（原审原告、反诉被告）：A公司

上诉人B公司因与被上诉人A公司租赁合同纠纷一案，不服广东省某市某区人民法院（2019）粤**民初**号民事判决，现提起上诉。

上诉请求：

1. 撤销一审判决第二项，改判驳回被上诉人该项诉讼请求。

2. 撤销一审判决第三项，改判被上诉人向上诉人支付违约金3912348元。

3. 撤销一审判决第四项，改判被上诉人向上诉人赔偿租赁物修复费用7411541元。

4. 撤销一审判决第六项，改判被上诉人向上诉人支付租金652058元（以每月1304116元的租金标准计算，自2019年9月1日起暂计至2019年9月15日，实际计算至法院判决租赁合同解除之日）；迟延支付租金的滞纳金21517元人民币（以每月1304116元的租金标准计算，自2019年9月1日起暂计至2019年9月15日，租金基数为652058元，滞纳金标准为日千分之三，滞纳金计算区间暂计为2019年9月5日至2019年9月15日，实际计算至付清租金之日）；免租期的租金1304116万元人民币，被上诉人赔偿上诉人直接经济损失31298787元人民币。

5. 本案诉讼费用由被上诉人承担。

一、被上诉人单方面撤场，以实际行为表示不继续履行合同，构成根本违约。上诉人属于守约方，不存在违约行为，原判决认定上诉人对合同解除承担20%的责任，存在认定事实和适用法律错误

首先，被上诉人无权解除合同，其单方面撤场并书面通知上诉人解除合同，已经构成根本违约。一审判决对此已有认定，符合案件事实。

其次，上诉人并不存在违约行为，一审判决认定上诉人对被上诉人单方违约行为负有责任，缺乏事实依据。上诉人在本案中一直积极履行合同，并且配合进行了环保申报，被上诉人在租赁合同签订之后的生产经营并没有受到影响。一审判决无任何证据即认定上诉人存在违约行为，系认定事实不清。一审判决第48页末，"但被告负责人员带有情绪等问题以及土地以铝材立项问题，导致原告在处理环评问题时较为被动和限制"，此论述缺乏依据，属于主观臆测，一审判决据此认定"合同的解除，既有原告A公司私自增加钢支架翻新车间直接影响环评进度的原因，也有被告未能及时跟进环评手续办理的原因"，显然不符合事实，在此基础上形成了错误的结论。

被上诉人事后屡次改变其解除合同的原因（因为上诉人通知、消防问题、环保问题、租赁物产权不清合同无效等），可见其实际是在为其不想继续履行合同"生拉硬套"地寻找原因，无非是希望通过向上诉人强加莫须有的"过错"，来逃避其本应承担的违约责任。并且，被上诉人未举证证明其生产经营受到了上诉人行为的影响，而环保局在给一审法院复函中明确表示，"B公司

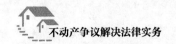

已于2018年7月9日经我局审批取得环评批复，生产工艺包含铝模板生产，因此可在符合环评审批的内容范围内进行铝模板的生产"。

是否违约，应当尊重事实、严格适用法律规定和合同约定。上诉人不存在违反法律规定或者合同约定的任何行为，在法律上就不存在所谓的"违约责任"或"过错"。作为出租方，提供了合法的租赁物，被上诉人作为经营方，其应当履行法律规定的环保义务，上诉人积极配合协助其进行环保申报，不存在违反合同约定之情形。

最后，被上诉人是否有权解除合同是本案的核心争议，也是划分责任的前提，被上诉人无权解除合同，则其单方面撤场导致的违约责任应当由自己承担，即是否有权解除合同与是否承担违约责任，并不存在另外的情况：被上诉人无权解除合同但单方面拒绝履行合同，却由上诉人对其单方面违约行为承担责任。

综上所述，被上诉人是单方面根本违约方，其应当对自己的违约行为承担责任，则：①违约金应当按照三个月租金标准，即1304116元/月×3个月=3912348元全额支付；②装修损失，假如存在，鉴于被上诉人的重大违约行为，按照合同约定，也应当由其单方面承担，如果其认为确实还有装修未拆走的材料，承租人对租赁物负有恢复原状的责任，在上诉人未同意利用的情况下，现上诉人可同意其在双方同时在场的情况下自费拆除运走，但一审直接判决由上诉人承担部分费用，既不合理，也不符合合同约定。

二、被上诉人无权解除合同，其解除合同的通知不能产生解除合同的效力，上诉人有权要求其继续履行合同。在上诉人明确拒绝被上诉人单方面解除合同的情况下，一审判决认定合同根据《合同法》第九十六条的规定已经在2019年8月31日解除，属于适用法律错误

《合同法》第九十六条第一款规定："当事人一方依照本法第九十三条第二款、第九十四条的规定主张解除合同的，应当通知对方。合同自通知到达对方时解除。对方有异议的，可以请求人民法院或者仲裁机构确认解除合同的效力。"《最高人民法院关于适用〈中华人民共和国合同法〉若干问题的解释（二）》第二十四条规定："当事人对合同法第九十六条、第九十九条规定的合同解除或者债务抵销虽有异议，但在约定的异议期限届满后才提出异议并向人民法院起诉的，人民法院不予支持；当事人没有约定异议期间，在解除合同或者债务抵销通知到达之日起三个月以后才向人民法院起诉的，人民法院不予支持。"最高人民法院研究室对《关于适用〈中华人民共和国合同法〉若干问题的解释（二）》第二十四条理解与适用的请示的答复（法研〔2013〕79号）规定："当事人根据合同法第九十六条的规定通知对方要求解除合同的，必须具备合同法第九十三条或者第九十四条规定的条件，才能发生解除合同的法律效力……"因此，当事人一方通知对方解除合同的，如果不具备《合同法》第九十三条或第九十四条规定的解除合同条件的，该通知不发生解除合同的法律效力。

本案中，被上诉人在不具备《合同法》第九十三条、第九十四条规定条件的情况下，单方面通知上诉人其将于2019年9月1日起终止履行合同，属于以实际行为表示拒绝履行合同，构成根本违约，但不能发生法律上的解除合同的效果。此后，上诉人还曾于2019年9月4日书面致函被上诉人，要求其继续履行合同，并不存在上诉人已经实际控制租赁物的情况。一审判决将违约方发出通知之日认定为合同解除之日，属于适用法律错误。在上诉人明确拒绝被上诉人解除合同，并且要求其继续履行合同的情况下，一审判决认定上诉人已经实际控制了租赁物，属于认定事实错误。

三、本案租赁物具有特殊性，属于为被上诉人铝模板生产而定向设计和建造的，被上诉人拒绝继续履行合同构成根本违约，导致上诉人为其建造的租赁物空置至今，是合同约定的违约金难以弥补的，被上诉人应当赔偿空置损失

《合同法》第一百一十四条规定："当事人可以约定一方违约时应当根据违约情况向对方支付一定数额的违约金，也可以约定因违约产生的损失赔偿额的计算方法。约定的违约金低于造成的损失的，当事人可以请求人民法院或者仲裁机构予以增加；约定的违约金过分高于造成的损失的，当事人可以请求人民法院或者仲裁机构予以适当减少……"鉴于本案租赁物的特殊性，在合同被违约解除之后，上诉人需要相当长的时间寻找新的承租人或者改建，由此造成的损失显然不是合同约定的3个月的租金所能完全弥补的。

根据《合同法》第一百一十三条的规定，我国实行的是完全赔偿和可预见性的规则，即违约方支付赔偿金赔偿守约方所遭受的损失，使守约方的利益恢复到合同正常履行状态，同时还应充分考虑违约方在履行合同时相应的预见能力。本案中，被上诉人存在重大违约行为，依据租赁合同第十条的约定，除支付违约金外，还应赔偿由此造成的上诉人的实际经济损失。由于在合同解除之后，寻找新的承租人需要一定的时间，具体的空置期限则考虑到

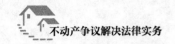
建筑物的体量较大等因素，上诉人请求赔偿2年的空置损失，是合理的，一审判决未予以考虑，是未准确适用《合同法》前述规定，造成了不公平的裁判结果。

同时，上诉人需要提请法庭注意的是，案涉租赁物是一边建设一边交付，完全按照被上诉人的要求进行设计、建造，专门用于铝模板生产的，并非一般租赁物。一共五年租期的租赁合同，还有四年没有履行，被上诉人的根本违约，势必造成这些为被上诉人建设的租赁厂房长时间空置，上诉人投入的巨额建造成本无法收回，信赖利益受损，预期可得利益无法实现。《合同法》和现行的《民法典》均有专门条文保护守约方的预期可得利益。《合同法》第一百一十三条规定："当事人一方不履行合同义务或者履行合同义务不符合约定，给对方造成损失的，损失赔偿额应当相当于因违约所造成的损失，包括合同履行后可以获得的利益，但不得超过违反合同一方订立合同时预见到或者应当预见到的因违反合同可能造成的损失。"《民法典》第五百八十四条也有同样的规定。由于租赁物的特殊性，拒不履行合同可能导致租赁物长期空置，显然并不属于被上诉人不能预见的。而且直到上诉人提交上诉状之日，案涉租赁物还处于空置状态，难以按现在状态对外出租。找到同样规模的铝模板生产厂并不容易。一审判决没有将违约造成的空置损失计算在实际损失之内，显然不符合法律规定，也不符合案件事实。因此，上诉人请求二审法院重视上述事实，准确适用法律，按公平合理的原则，判决被上诉人承担合理的空置期限损失。

四、租赁期间，被上诉人不当使用造成了租赁物损坏，由被上诉人承担赔偿责任符合合同约定。一审判决由上诉人承担20%的过错责任，并认定租赁物修复费用鉴定造价中包含自然损坏部分，均没有依据

案涉租赁物的损坏责任，存在合同责任与侵权责任的竞合。当事人选择使用《合同法》的责任认定规则，要求按照合同约定承担责任，而合同约定的租赁物损坏赔偿责任属于严格责任。《合同法》第一百零七条规定："当事人一方不履行合同义务或者履行合同义务不符合约定的，应当承担继续履行、采取补救措施或者赔偿损失等违约责任。"《合同法》采取的严格责任原则，不论违约方主观上有无过错，只要其不履行合同并给对方当事人造成了损害，就应当承担违约责任。而根据《厂房租赁合同》第八条第二项规定：在租赁物业使用过程中，乙方及其雇员、代理人的职务行为所导致的损坏或引发火灾事故，维修费用和给甲方造成的实际损失均由乙方承担；第九条第一项规定：租赁期间，乙方应当做好租赁物业及附属设施的日常维护工作，因乙方使用不当给甲方租赁物业及附属设施造成不应有的损坏的，乙方应当负责修复或赔偿；第九条第五项规定：在租赁期间，乙方须负责其租用地方内甲方和乙方所有的财产及物品的保管工作，租赁物业及附属设施遭受盗窃、第三方侵害、毁损等责任将全部由乙方承担。前述法律规定和合同约定，已经明确了租赁期间租赁物损坏的责任归属。判由上诉人承担20%责任，属于适用法律错误。

另外，租赁物的损坏是由被上诉人的单方不当使用造成的，上诉人并没有使用过该租赁物，由上诉人承担20%的责任，合理性何在？

关于自然损坏的问题，根据《厂房租赁合同》第八条第一项的约定，"厂房瓦面和墙体属自然损坏的由甲方负责维修（乙方人为因素造成的除外）"，因此只有厂房瓦面和墙体的自然损坏属于上诉人负责维修的范围，并且如果属于乙方造成的，还应由乙方负责。本案所涉租赁物损坏的修复工程，并无厂房瓦面和墙体的自然损坏，从鉴定报告第114—116页载明的项目可看出，相关损坏部分均由被上诉人造成，并无自然损坏内容。一审判决认定修复工程造价中的20%属于自然损坏并扣除，并无依据。

五、被上诉人属于根本违约，拒绝继续履行合同，不应享有免租期优惠，已免除的一个月租金，应当向上诉人偿还

《厂房租赁合同》第四条第一项规定，被上诉人享有免租期1个月。免租期1个月的前提条件是被上诉人按照租赁合同完整履行5年，这是被上诉人享有免租期的对价。被上诉人根本违约，提前撤场，拒付租金，如仍由被上诉人享有免租期待遇，明显违背合同的对价原则，产生对上诉人不公平的结果。在认定被上诉人存在根本违约的情况下，应当判令被上诉人支付免租期的租金。

六、一审判决未对工程造价鉴定费用的分担作出处理

由于被上诉人的违约行为，本案诉讼中，上诉人申请对租赁厂房的建造费用、修复费用进行鉴定，共缴纳鉴定费822323元（详见广东某工程造价咨询有限公司《针对2020年8月10日回复函》）。该笔鉴定费用，应由法院根据当事人违约程度和责任大小作出分担处理意见。本案是租赁合同纠纷，被上诉人属于根本违约方，应由其承担全部鉴定费用。而一审法院明显遗漏了上

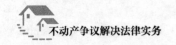

述需判决处理的内容。

综上所述，一审判决在认定事实、适用法律上存在错误，判决结果缺乏合理性、公平性。上诉人在此恳请二审法院查明案件事实，对一审判决依法改判，维护上诉人的合法权益。

代理词

尊敬的审判长、审判员：

依照法律规定，受上诉人B公司的委托和广东某律师事务所的指派，我们担任B公司的代理人，参与B公司与A公司租赁合同纠纷一案（案号：（2022）粤＊民终＊＊＊号）的诉讼活动。现结合案件事实和法律规定，发表如下代理意见。

一、A公司单方解除合同无法律和事实依据，拒绝履行合同是根本违约

（一）B公司不存在消防违约、违规、违法行为

《厂房租赁合同》第一条第四项约定："如因为甲方没有办妥手续导致乙方被政府部门要求全面停工，乙方有权拒交租金，超过6个月仍未解决，属于甲方违约，乙方有权解除合同，并要求甲方退还保证金，支付相当于租金标准计算的3个月的租金。"

第七条第二项约定："装修、安装工程所发生的一切费用由乙方自行承担，装修有关消防验收等手续由乙方自报。"

在本案中，合同对于消防问题在什么情况下属于违约规定明确，本案不存在消防违约情形。案涉租赁物在A公司撤场前，一直处于正常使用状态，未发生任何消防违法或因消防问题被责令停产的情况。

另外，根据B公司提交的2019年3月27日《建设工程消防设计备案受理凭证》、2019年4月25日《建筑消防设施检测报告》、2019年6月4日《建设工程竣工验收消防备案受理凭证》，于2019年7月12日《单位（子单位）工程竣工验收备案表》（见被告证据第五项，25—31页），经某市住房和城乡建设局工程竣工验收备案办公室核查，租赁物建设工程竣工验收备案文件齐备（其中包括消防验收合格意见书或备案文件），予以竣工验收备案（见被告证据第五项，32—36页）。涉案租赁物消防验收文件已经齐备，B公司在申办消防验收事项上不存在任何违约、违规、违法行为，也无怠于申办消防手续的情形。

（二）B公司在履行租赁合同过程中不存在环保违约、违规或违法行为

《厂房租赁合同》第二条约定："乙方承租的厂房用途为铝模板生产经营场所，其生产经营必须符合当地政府产业政策，环保、节能减排要求，甲方只提供厂房租赁合同，其他证照等相关手续由乙方自行办理。未经甲方同意并取得有关政府部门的批准，乙方不得擅自改变厂房的用途。否则，因此造成的责任均由乙方承担。"

第九条第二项约定："乙方应确保其使用租赁物业所进行的生产项目符合有关环保要求，并应采取有效措施，减少和降低其生产过程中产生的水、大气、尘、噪声、腐蚀、辐射等污染。"

因租赁物是A公司实际使用，其又是铝模板生产企业，生产过程会产生废水、废物，而B公司并不使用租赁物，因此合同明确约定了关于环保责任的分配，即A公司属于实际责任人，B公司只是协助办理环评手续。

在A公司证据七（155页）《关于B公司年产6万吨铝型材（一期）建设项目环境影响报告表的审批意见》明确载明，在2018年7月9日，环保局已经给出结论，该项目（包括铝模板生产工艺）从环境保护角度可行。但是在环保局现场检查时，A公司实际使用的设备与报告表不一致（原告证据162页），才导致了需要重新进行环评（B公司证据七《告知函》，63—64页；A公司《回复函》承认其私增设备、需要整改第68页，以及A公司提交的证据第162页可以相互印证）。环保局的现场检查处理意见是在2018年11月9日作出的，而A公司在此之后的2018年11月22日还与B公司签订涉案租赁合同，可见环保事项并不影响本案合同的履行，而对租赁物后续环保审批是其单方义务，是在充分了解相关事实情况下接受的，构成其合同义务，应当严格遵守。

A公司在2019年8月30日撤场，从时间上也可以看出，A公司撤场的原因根本与环评无关，亦与环保局的处罚无关。从环保责任分配上来看，A公司是环保责任的实际主体，如果环评未获批，A公司应当积极整改、申报，以达到环保要求，而不是单方撤场，宣告解除合同。简言之，环保有问题，A公司作为责任主体，依法依规整改即可，或者以A公司名义自行申报也是解决环保问题的方案，为何要解除合同？其并没有诚实信用地履行合同义务，环评问题也并没有导致合同目的无法实现，A公司没有完成证明任务。

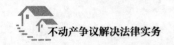

二、A公司单方违约，应当承担全部违约责任

一审法院认定B公司对解除合同负有20%的过错责任，并无依据，本案是合同纠纷，并不是民事侵权纠纷，一审法院以过错责任分担原则，来适用违约责任，明显是适用法律错误。

本案并无证据证明，B公司在环保申报上有任何不作为或不配合，相反，B公司不断发函明确，希望A公司守法经营，配合环评审批（B公司证据160页、161页，A公司证据62页、63页、68页）。双方的往来沟通完整反映了当时环保问题的解决过程，B公司不断劝说A公司，环保要合法合规，否则会影响下一步的验收，A公司2019年3月1日的回复函也承认了其本身存在违规问题，但A公司未积极配合解决，反而在2019年8月20日发函提出退出物业，终止厂房租赁合同。一审法院以双方工作人员在沟通中存在情绪对抗为由，认定B公司对合同解除也负有责任，并无事实依据，导致责任分配不当。

事实上，本案中A公司之所以宁愿冒险违约也要坚持撤场，是因为A公司购置了另外一块土地，不希望继续发生租金成本，才故意以消防、环保、合规报建等问题制造借口，以达到违规、违法解除合同的目的。本案现有证据已经证明，在原合同正常履行期间，A公司突然提出撤场，不再租赁使用涉案厂房和土地。A公司是单方面违约解除合同，应当承担全部违约责任，而B公司并无违约行为和事实，为何要承担过错责任？

三、B公司的损失巨大，一审法院认定的违约责任，未使B公司损失得到合理弥补，有失公平

（一）A公司应当继续支付租金至合同解除之日

因A公司无权解除合同，B公司也从未同意其解除合同，因此，A公司应当依照租赁合同，继续支付租金，直至法院认定合同解除之日。

最高人民法院研究室对《关于适用〈中华人民共和国合同法〉若干问题的解释（二）》第二十四条理解与适用的请示的答复（法研〔2013〕79号）规定："当事人根据合同法第九十六条的规定通知对方要求解除合同的，必须具备合同法第九十三条或者第九十四条规定的条件，才能发生解除合同的法律效力……"因此，当事人一方通知对方解除合同的，如果不具备《合同法》第九十三条或第九十四条规定的解除合同条件，该通知不发生解除合同的法律效力。

本案中，被上诉人在不具备《合同法》第九十三条、第九十四条规定条件的情况下，单方面通知上诉人其将于2019年9月1日起终止履行合同，属于以实际行为表示拒绝履行合同，构成根本违约，但不能发生法律上的解除合同的效果。此后，上诉人还曾于2019年9月4日书面致函被上诉人，要求其继续履行合同，并不存在上诉人已经实际控制租赁物的情况。一审判决将违约方发出通知之日认定为合同解除之日，属于适用法律错误。

B公司后续采取合理措施减少损失，并不能免除A公司的违约责任。事实上，虽然B公司对外放租，但本案租赁物属于定制厂房，长时间无法租出去。合理认定本案租赁合同，应当是至B公司2019年9月15日提起反诉，合同已经实际无法履行，合同自反诉状副本送达A公司之日实际解除。A公司应当支付在反诉状副本送达之日前的租金及迟延支付租金的滞纳金。

（二）案涉租赁物属于定制租赁，用途特殊，规模巨大，A公司违约导致长期空置，三个月租金无法弥补损失，A公司应当继续承担违约赔偿责任

本案中，租赁厂房属于为A公司定制，B公司提供的证据二，第10、第11页，证明B公司是一边建设一边交付，B公司根据A公司要求新建厂房12间、改建厂房7间，并配有专门的电力、燃气、排水设施，设计、建造、设备费用支出共计44922685.95元人民币。为A公司专门设计、建造的厂房、场地占地199.6亩，规模巨大，专门用于A公司铝模板的生产，B公司没有使用过，对B公司而言，其因不符合生产经营需要，没有利用价值。A公司在履行合同不到一年的时候突然单方面全部撤场，而租赁物的特殊性决定了B公司需要相当长的时间寻找新的承租人或者改建，必然导致租赁物长期空置，B公司为A公司定制租赁物投入了巨额的费用，面临严重损失，此等损失显然是前述违约金无法覆盖的。

从二审中B公司提交的证据看，在A公司撤场之后，案涉租赁物水电费从2019年9月开始大幅下跌，仅维持在维修保养水平，并无实际使用和生产。同时，A公司在撤场之后率先提起诉讼，使租赁物进入漫长的评估鉴定程序中，一直到2021年5月最后一份鉴定报告出具，将近两年时间，B公司一直无法实际使用租赁物。另外，B公司并不是生产铝模板的公司，案涉厂房是为了生产铝模板专门建造的，B公司要重新利用厂房，还需要进行大规模改造，继续投入大量资金，改造还需要一个较长周期。

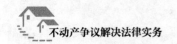

案涉租赁物长期空置，并且是由A公司违约导致的，A公司应当向B公司赔偿至少两年的空置损失。

（三）A公司在使用租赁物期间，造成租赁物损坏，应当承担赔偿责任

A公司租赁的厂房和硬化的地面，是B公司专门为A公司的铝模板生产设计、建造的，交付后一直由A公司单独使用，在其单方面撤场后，由于A公司未按照合同约定和交易习惯对租赁物进行正常交接，而是强行离厂，B公司立即对租赁物的损坏状况进行了公证，见B公司证据第十一条（84—89页），A公司也确认了损坏的事实，见B公司证据清单（二）第三组9《租赁物损坏清单》（465—466页）以及B公司提供的公证书。根据《厂房租赁合同》第九条第一项约定："租赁期间，乙方应当做好租赁物业及附属设施的日常维护工作，因乙方使用不当给甲方租赁物业及附属设施造成不应有的损坏的，乙方应当负责修复或赔偿。"A公司应当负责赔偿B公司租赁物损坏的损失。

本案租赁物的损坏是A公司单方面造成的，不存在还需要分担责任的问题，一审法院认定B公司还需要对损坏承担20%的责任，明显不当。B公司为何要对A公司损害他人财产的行为负责？显然缺乏理据。

（四）A公司违约单方面撤场，其无权享有原合同约定的免租期利益

《厂房租赁合同》第四条第一项规定，承租人享有免租期1个月。免租期1个月的前提条件是承租人按照租赁合同完整5年履行，这是承租人享有免租期的对价。A公司违约提前撤场，根据当时《合同法》第五条、第六条、第八条规定，现行的《民法典》第五百七十八条、第五百八十四条的规定，其无权享有免租期利益，应当向B公司支付租金。

四、A公司单方面违约撤场，其关于装修损失的主张无事实和法律依据

根据《最高人民法院关于审理城镇房屋租赁合同纠纷案件具体应用法律若干问题的解释》第九条第二项的规定，因承租人违约导致合同解除，承租人请求出租人赔偿剩余租赁期内装饰装修残值损失的，不予支持。本案装修工程，大部分都已经由A公司拆走，剩余部分B公司并未同意继续利用。一审法院径行判定由B公司承担20%的赔偿责任，不符合前述法律规定。

综上所述，A公司单方撤场，完全是其自身根本违反租赁合同，构成根本违约，给B公司造成了严重经济损失，案涉厂房至今仍处于空置状态，B公司不得不进行改造再自己利用。在本案的庭审中，A公司更是多次变换其解除合同的理由，甚至主张合同无效，违背基本的诚实信用原则，找不到明确的、合理的依据，恶意浪费司法资源。

另外，一审法院对B公司支付的巨额评估鉴定费，没有依法判决处理，属于漏判。

在此，B公司恳请法庭以事实为基础，以法律为准绳，判令违约者承担责任，弥补其违约导致的损失，彰显社会主义法治和契约精神。

第六章　集体所有土地合作开发纠纷

09　在集体土地合作开发合同中，如何认定是房地产合作开发关系还是土地租赁关系？集体土地租赁的合同期限是否可超过二十年？

 **案例导读**

　　在房地产公司与村集体共同开发房地产的关系中，一般由村集体提供建设用地使用权，再由房地产公司进行投资、建设及经营，村集体不参与项目的具体建设、经营和管理，建设期间和建设完工后由房地产公司负责经营管理，村集体不承担房地产公司经营期间的法律责任，村集体在合作期内收取固定的分成收益或者建筑面积分成，这种合作方式，在性质上属于名为合作开发，实为土地租赁合同关系，而非真正的合作开发，即共同投资、风险共担的合作关系。由于房地产项目投资建设的规模较大，双方往往将租赁合同的期限约定超过二十年，或者通过变相的方式，比如签订黑白合同、签订双合同、签订到二十年后自动续约合同、无偿赠予一定年限合同期限等，来达到实际合同期限超过二十年的目的，但是根据《民法典》第七百零五条的规定，"租赁期限不得超过二十年。超过二十年的，超过部分无效"。为此，就土地租赁合同超过二十年期限，超过部分是否有效，常常出现争议。在司法实践中，对于土地租赁合同超过二十年期限是否可得人民法院支持，笔者通过以下案例进行探讨。

典型案例1：某村经济联合社与A公司集体建设用地租赁合同纠纷一案

原告：某村经济联合社（以下简称"某村社"）

被告：A公司

2012年9月某村社（甲方）与A公司（乙方）签订《土地合作开发合同书》，约定甲方将辖内一块空地与乙方共同进行商业房地产的开发建设及经营。该地块总面积约为18505平方米。合作开发的时间从2006年2月至2026年2月止，共计二十年。同日，双方就涉案地块又签订了一份《补充协议》，约定租赁时间从2026年2月起至2046年2月止。合同签订之后，经过村民会议表决同意并公示，并以村集体的名义对案涉土地进行报规、报建，2015年3月某村社取得了该地块《建设用地批准书》，载明土地所有权性质为国有，土地取得方式为划拨，土地用途为商务金融用地，建设项目名称为商务设施。2015年8月某村社又取得了商务办公楼工程3幢（自编号某商务中心一号楼、二号楼、三号楼）的《建设工程规划许可证》，总建筑面积39484.6平方米。在取得相关建设手续之后，A公司对上述案涉地块投资建设了某商业广场、公寓及附属的设备设施，目前全部建成竣工并已投入使用。

根据某市某区人民政府的要求，2020年5月，某街道办事处向某村社及下属经济合作社发出《某街道关于督促联社及其下辖经济社加快合同整改进度的通知》。该通知称，包括涉案合同在内的9份合同，均属于租赁合同性质，对于约定租赁期限超过20年的租赁类合同，应通过缩短合同年限至法定年限等途径进行整改。为此，某村社与A公司多次协商未果，某村社于2020年8月向某区人民法院提出诉讼，要求确认双方合作合同期限超过20年的部分应为无效。被告A公司答辩称，双方签订的是房地产合作开发合同，约定由原告提供建设用地使用权，由被告投资建设和经营管理，双方明知由于本项目的总投资金额超过数亿元，由村集体名义开发建设的物业不能通过商品房销售获得投资回款，只能是建成之后通过长期的经营获得投资回报，如果是短

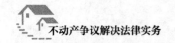

期开发合作，被告将无法收回投资成本，因此双方按照约定期限进行合作开发是双方真实意思表示，不应属于土地租赁合同关系，因此，原告要求确定超过20年合作期限的部分无效的诉求没有事实依据，不应得到支持。并且退一万步说，即使认定为土地租赁关系，按照相关法律规定，由于土地系特殊物，土地租赁关系应由特别法进行调整。根据相关法律法规，建设用地的土地租赁合同，其租赁期限应当按照同类用途的国有土地使用权出让的最高年限来确定，是可以超过20年的，因此该村社的诉讼请求没有法律依据，要求驳回其诉讼请求。

经过审理，某区法院作出以下认定。

1.案涉合同性质问题

合作协议中关于案涉地块的约定，实质是某村社将案涉地块的使用权出租给A公司用于投资建设某商务中心并经营，某村社不参与该项目的具体建设、经营和管理工作，建设期间和建设完工后由A公司负责经营管理，某村社不承担A公司在经营期间的经营风险和法律责任，某村社在合作期内，按照双方的约定收取固定的建筑面积作为合作分成，该面积所有权和经营权益属于某村社，委托给A公司进行经营，某村社收取固定的收益，不承担经营风险。两份协议约定的合作期满之后，A公司将案涉地块及其所建的建筑物交还某村社，由此可见，上述协议不具有合作开发的法律特征，应认定为名为合作、实为租赁关系。

某村社提供建设用地给A公司，并且不转移该土地的使用权，以某村社名义报建开发项目，双方并没有改变土地的性质和权属主体关系，双方约定某村社获取的分成收益，实质上是A公司使用案涉地块的对应租金。A公司主张双方签订《土地合作开发合同书》是合作开发法律关系，对此该院认为，参照《最高人民法院关于审理涉及国有土地使用权合同纠纷案件适用法律问题的解释》中关于合作开发房地产合同的规定，合作开发房地产合同应当具有共同投资、共享利润、共担风险的法律特征，且合作开发房地产合同的当事人一方应当具备房地产开发经营资质。《土地合作开发合同书》中，双方约定A公司独立经营、自负盈亏、独担风险，某村社不参与建设及经营，不承担风险，故双方并不具有"共享利润""共担风险"的法律特征，A公司主张双方存在合作开发合同关系的主张不能成立，双方所签的《土地合作开发合同书》为租赁合同性质。

案涉地块土地所有权性质为国有土地，土地取得方式为划拨，某村社作为案涉地块的土地使用权人，根据国务院发布的《中华人民共和国城镇国有土地使用权出让和转让暂行条例》第二十八条的规定，"土地使用权出租是指土地使用者作为出租人将土地使用权随同地上建筑物、其他附着物租赁给承租人使用，由承租人向出租人支付租金的行为"，案涉合同属于土地使用权出租合同，对此类合同应当适用土地使用权出租的相关法律法规的特别规定，而不应当机械适用《合同法》第二百一十四条"租赁期限不得超过二十年。超过二十年的，超过部分无效"的规定。根据《中华人民共和国城镇国有土地使用权出让和转让暂行条例》第四十五条，某村社以划拨方式取得案涉地块的使用权后，可以将土地使用权随同地上建筑物、其他附着物出租给承租人使用。上述条例第四十五条规定的经市、县人民政府土地管理部门和房产管理部门批准并非土地使用权出租合同的生效条件，第四十五条规定的须满足的条件亦非效力性强制规定，故案涉土地使用权租赁合同属于有效合同。

2.关于租赁期限的问题

原国土资源部印发的《规范国有土地租赁若干意见》第四条规定："国有土地租赁可以根据具体情况实行短期租赁和长期租赁。对短期使用或用于修建临时建筑物的土地，应实行短期租赁，短期租赁年限一般不超过5年；对需要进行地上建筑物、构筑物建设后长期使用的土地，应实行长期租赁，具体租赁期限由租赁合同约定，但最长租赁期限不得超过法律规定的同类用途土地出让最高年期。"上述条文对于国家作为所有权人将土地直接出租给使用者使用的最长期限作出了规定，但对于土地使用权人将土地使用权出租给他人使用的期限未作出规定。考虑到本案承租人需要进行地上建筑物、构筑物的长期建设，建设后需长期使用土地，所以应实行长期租赁。同时《中华人民共和国城镇国有土地使用权出让和转让暂行条例》第二十九条规定："土地使用权出租，出租人与承租人应当签订租赁合同。租赁合同不得违背国家法律、法规和土地使用权出让合同的规定。""土地使用权出让合同的规定"应当包括关于使用权出让期限，即土地使用权出租合同的最长期限应为原土地使用权年限减去使用年限后的剩余年限。案涉地块取得的方式为划拨，划拨土地一般没有使用期限限制，划拨土地使用权出租合同的最长期限，应当参照同

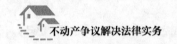

类型国有土地出租的最长期限确定，即租赁期限不超过同类用途土地出让最高年限规定部分均应当有效。

案涉地块规划用途为商务金融用地，属于商业用地，根据《中华人民共和国城镇国有土地使用权出让和转让暂行条例》第十二条的规定，商业用地出让最高年限为40年，故案涉土地使用权出租的最高年限亦应为40年。原、被告所签合同及协议约定的租赁期限为2006年2月至2046年2月，租期未超过40年，故双方关于合同租赁期限的约定合法有效。原告要求确认自2036年2月起至2046年2月止的部分无效的诉请缺乏事实和法律依据。

依照《合同法》第八条、第六十条，《中华人民共和国城镇国有土地使用权出让和转让暂行条例》第十二条、第二十八条、第二十九条、第四十五条，以及《民事诉讼法》第六十四条之规定，判决驳回原告的全部诉讼请求。一审判决之后，双方未再提出上诉，判决生效。

一、律师评析

本案有两个主要的焦点问题，一是关于双方签订土地合作开发合同，是否属于名为合作开发，实为土地租赁合同的问题；二是案涉《土地合作开发合同书》《补充协议》两份协议的履行期限，超过二十年部分的效力如何认定的问题。就上述两个焦点问题，法院已经作了充分的分析说理，在此提示开发商的是，在与村集体进行土地合作开发或者租赁土地进行开发建设经营时，还需要符合村集体处理重要资产的程序性规定，否则有可能导致合同无效。另外，对于土地租赁合同是否可超过20年租赁期限，需要注意的是不同法院有不同判决，还存在不确定性风险。

（一）关于与村集体土地合作开发中程序性合法的问题

房地产公司为获得集体建设用地，一般直接与村集体签订合作开发或者土地租赁合同，有时会忽略一个重要的事项，即村集体处理重要资产，需要经过村集体民主表决通过，土地是村集体最重要的生产经营资产，村集体处理重要集体资产时，必须按照法律法规的规定，通过村集体的公开村民民主表决，对于土地等重要资产处置必须在依法设立的公开交易平台进行竞争性交易并公示，方能签订合同，否则就有可能因签订合同的程序不合法而导致合同无效。农村集体资产交易过程须体现"公开、公平、公正"，凡涉及农村集体资产处置、村集体重要事务的决策，程序上必须依法合规，根据《村民委员会组织法》第二十四条的规定，涉及村民利益的重要事项，须经村民会议讨论决定；《广东省实施〈中华人民共和国村民委员会组织法〉办法》第三十一条第二款规定，涉及村和村民切身利益的重大事项，村民委员会应当提交村民会议或者村民代表会议讨论作出决定；《广东省农村集体资产管理条例》第十三条、第十四条规定，涉及村重要事务需经农村集体经济组织成员大会或成员代表会议决定；《广州市农村集体资产交易管理办法》规定，属于农村集体资产交易的，需经农村集体资产交易平台公开交易，方为程序合法。村集体涉及土地租赁、流转或合作开发等方式，必须经公开程序，需要通过村民会议审核和村集体资产交易程序，须以公开招标的方式选择合作者。房地产公司利用集体建设用地来投资建设商业、公寓等开发项目，不论是采取转让、出租还是合作开发形式，均须通过村集体的民主表决程序，以及通过农村集体"三资"（农村集体资金、农村集体资产和农村集体资源）平台的审核和公开交易、结果公示，否则有可能因程序不合法而导致签订的合同无效。

（二）关于村集体所有土地租赁合同超过二十年的部分是否有效的问题

本案就是由于该租赁合同当时没有经过农村集体"三资"平台的交易程序，系直接由村集体签订合作合同，当地政府为了规范农村集体资产尤其是农村建设用地的程序，而要求对案涉土地租赁关系补办农村集体"三资"平台的交易手续，但此时又陷入了两难的境地，虽然房地产公司也同意配合重新走"三资"平台，但向"三资"平台报审之后却又被驳回，回复称事实上该商业体已经建成并投入使用，那么再补签和重走程序的行为就存在虚构事实，并且"三资平台"也明确要求农村土地的租赁合同不得超过二十年，这与双方当初协商的合作方案完全不符，也无法平衡双方的权益。一方面要按区政府和街道办的要求完善用地手续，另一方面合同和事实上的合作已经形成，无法补办手续。为此，村集体只得将此事提交人民法院进行诉讼，由

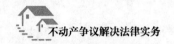

人民法院审判解决合同的合法性，以及合作期限超二十年的问题。本案土地的使用权人为村集体，土地性质为国有建设用地，那么国有建设用地或者集体建设用地，如果租赁合同超过二十年，超过二十年的部分期间是否有效呢？对此，笔者于2019年承办了某集体土地使用权租赁一案，该案法院在终审判决认定中作了更为详细的法理解释。该院认为，对于土地租赁合同是否可以超过二十年的问题，此涉及特别法、一般法适用的问题，当《土地管理法》和《民法典》就集体经营性建设用地的租赁合同有关问题规定不一致时，应当适用作为特别法的《土地管理法》的特殊规定。2019年8月26日修正、2020年1月1日施行的《土地管理法》第六十三条第四款规定："集体经营性建设用地的出租，集体建设用地使用权的出让及其最高年限、转让、互换、出资、赠与、抵押等，参照同类用途的国有建设用地执行。具体办法由国务院制定。"在现行有效的行政法规没有授权性或禁止性规定的情况下，司法实践应注意探寻规范效力层级次之的部门规章和地方政府规章，以确认民事法律行为是否违反公序良俗。农村集体土地属于国家宏观政策调整的范围，因此法律对集体经营性建设用地流转的规定会对合同效力产生影响。国务院1990年5月19日发布的《中华人民共和国城镇国有土地使用权出让和转让暂行条例》规定了有偿使用国有土地的方式包括：土地使用权出让、土地使用权转让、土地使用权出租和土地使用权抵押，以及不同用途土地的使用权出让最高年限。原国土资源部于1999年颁布的《规范国有土地租赁若干意见》第四条规定："国有土地租赁可以根据具体情况实行短期租赁和长期租赁。对短期使用或用于修建临时建筑物的土地，应实行短期租赁，短期租赁年限一般不超过5年；对需要进行地上建筑物、构筑物建设后长期使用的土地，应实行长期租赁，具体租赁期限由租赁合同约定，但最长租赁期限不得超过法律规定的同类用途土地出让最高年期。"该规章系在《中华人民共和国土地管理法实施条例》（以下简称《土地管理法实施条例》）中已将国有土地租赁规定为在国有土地有偿使用的一种方式的前提下制定的，对于国有土地租赁的最高年限有相应的约束力，是现行有效的关于国有建设用地出租期限的规定。广东省人民政府2005年通过的《广东省集体建设用地使用权流转管理办法》第十三条第二款规定："集体建设用地使用权出让、出租的最高年限，不得超过同类用途国有土地使用权出让的最高年限。"因此，集体经营性建设用地的出租最高年限应当以同类用途国有土地使用权出让的最高年限为限并据此作出终审判决。

（三）关于房地产公司与村集体进行土地合作开发的模式问题

农村集体建设用地，分为经营性建设用地、公益性建设用地、宅基地建设用地三种类型。农村经营性建设用地是指除宅基地、集体公益事业建设用地外，符合土地利用总体规划、依法取得并已经确权为经营性的集体建设用地，包括工业（仓储）、商业、旅游、娱乐、办公以及其他非住宅用途的建设用地，其中村集体经济自留地是集体经营性建设用地的重要组成部分，自留地是指国家征收农村集体土地后，按实际征收土地面积的一定比例（一般为10%），作为征地安置另行安排给被征地农村集体经济组织，用于其长期发展生产的建设用地，具有经济保障性的作用。《广东省集体建设用地使用权流转管理办法》第二条规定："集体建设用地使用权出让、出租、转让、转租和抵押，适用本办法。"农村建设用地有多种流转方式，出让、出租、转让、转租及抵押的方式，在流转之后用途的规定方面，须按建设用地的规划，按批准的用途利用土地，但严禁用于商品房地产项目和住宅建设，房地产公司如要利用村集体用地从事商业开发，必须依据《土地管理法》及相关法规、政策，采取合法的合作模式进行，避免法律风险。笔者总结认为，有以下成熟的合作模式可供选择。

其一，"出让""转让"方式。"出让"是指由村集体通过合法的土地使用权流转途径，即通过村集体民主表决、公开竞拍等合规程序，将集体土地使用权出让给开发商使用；"转让"是指土地使用权人再次将土地转让给其他的第三方，将集体土地使用权证办理至受让者名下，按规划用途和合同约定投资建设和经营在集体土地上开发的物业，这种方式取得的用地也不能从事商品房开发和销售，可以自建自营、合营或出租用于商业、工业、旅游及娱乐等。集体建设用地依法通过土地流转的形式，经农村资产公开交易平台竞拍并在公示之后，开发商获得了集体土地使用权，该土地可依法获得使用权证书，并可依法转让或质押，根据相关法规和政策，农村经营性建设用地的土地使用权使用期限可以参照同类国有土地使用权期限。

其二，"出租"方式。如本案所述，农村土地资产处置，如果采用出租的方式，也不能仅与村集体签订合同，合同内容必须经村民代表会议通过，依法经"三资平台"进行兑拍并在中标之后再签订租赁合同。虽然前述判决不否定超过二十年的效力，但是"三资平台"的交易，一般不允许超过二十年的租赁合同，那么，是不是可以签订补充协议约定或者采用双份合同来支持超二十年期限，笔者认为此种做法亦存在不确定的法律风险，不宜采取。对于利用农村集体土地进行的比较大型的建设项目，二十年期限的土地租赁权可能无法满足收回投资的需要，除上述土地"出让"的方式可以达到目标之外，还可以在合同中约定期限届至，承租人有"在同等条件下的优先续租权"，但不得约定"自动约租"之类的内容，否则该约定内容可能因违法而无效，以及约定如果二十年届满，因不可归责于双方的原因不能续约的，则对于开发商投资在该土地上的建设物业，应经公正的评估，给予合理的投资补偿。

其三，利用"集体土地建设租赁住房"的试点政策。2017年，国土资源部和住房城乡建设部印发了《利用集体建设用地建设租赁住房试点方案》，广东省的广州、佛山、肇庆三个城市成为全国首批利用集体建设租赁住房试点城市。按照相关政策要求，政府委托单位、村集体、企业等主体可参与利用集体建设用地建设运营租赁住房，村集体申请试点的土地，须符合土地利用总体规划、城乡规划和村镇规划，须在经依法批准的集体建设用地上建设，以存量建设用地为主，不得占用耕地。程序上和原则上需要经村集体自愿表决通过，再向区政府申请进行利用。试点区域在符合规划、用途管制和依法取得的前提下，允许存量农村集体经营性建设用地使用权出让、租赁、入股，实行与国有建设用地使用权同等入市、同权同价。[①]因此，对于属于试点地区的项目，可以尝试利用集体建设用地建设租赁住房试点。

二、相关问题与分析

在与村集体合作的过程中，除了需要注意上述案例中出现的问题，还需要注意，假如村集体存在其他违章建设，可能导致与村集体合作的合规项目

---

① 唐健、谭荣：《农村集体建设用地入市路径——基于几个试点地区的观察》，《中国人民大学学报》2019年第1期。

也无法正常进行。笔者服务过"某商业综合体项目"，该项目由投资者与村集体签订了土地租赁合同并经过合法的程序，经"三资平台"交易之后，取得该项目土地的使用权，在使用权属、程序上不存在瑕疵，但是投资者以村集体经济公司名义向某市规划和自然资源局申请建设规划许可证的时候，申请许可证却被该规划主管部门复函驳回："经查，你单位尚有违法建设处罚决定未执行完毕，根据《某市城乡规划程序规定》第五十七条第（一）点的要求，请你单位按照违法处理决定执行完毕之后，再向我局办理规划报批业务。"因该村存在另外一宗大型的违章建筑，并被主管机关责令拆除，而该宗违章建筑是短期内无法拆除的大型违章建筑，导致投资者与村集体合作的合规开发项目无法正常进行。虽然从法律层面分析，某市规资局依据《某市城乡规划程序规定》第五十七条第（一）点出具的《关于申领建设工程规划许可证的复函》拒绝核发本工程建设工程规划许可证，但与《中华人民共和国城乡规划法》第四十条第二款、《广东省城乡规划条例》第四十一条的规定并不相符。此外，《某市城乡规划程序规定》第五十七条第（一）点的规定超出上位法《中华人民共和国城乡规划法》《广东省城乡规划条例》中关于核发建设工程规划许可证的审查范围，亦不符合《中华人民共和国行政许可法》第十六条第四款的规定。但是投资者一般不愿意与主管部门对簿公堂，一旦提起行政诉讼，姑且不论是否能打赢这宗行政诉讼案件，仅从实务经验来讲，与有关主管机关的恶化关系可能会影响项目进行，这也是投资者不想看到的局面。因此，在与村集体合作之时，一定要委托专业机构做法律尽职调查，主要调查村集体是否存在其他的行政处罚或违章行为，以免形成"连带"的责任而导致拟合作的开发项目无法正常进行。

笔者认为，房地产公司在获取土地进行开发建设之时，相对而言，通过政府招标拍卖挂牌公开出让程序，竞拍获得建设用地存在法律风险较少，而与村集体合作开发项目，不仅要注意村集体建设用地本身的合法性、合规性，以及是否存在权属瑕疵和经济纠纷、村民权益纷争等，还要注意获得土地程序的合法性，而且村集体用地建设的规划用途也是受法律限制的，比如，村集体建设用地不能用于开发住宅商品房项目的，是不能将房屋分割成小产权进行销售的，实务中出现的"以租代售""销售房屋使用权"等变相销售方式，不仅为政策所明令禁止，销售本身也存在巨大的合同法律风险。又比如，

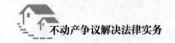

集体物业销售合同的有效性的问题，销售合同的标的物（集体土地上的房屋）不合法，将导致当事人签订的合同非法无效。笔者认为，当前国家所倡导的集体土地与国有土地"平等入市"，在法律规定和实操层面还存在诸多不完善、不成熟之处，目前远没有达到"平等"程度，需要国家进一步深化改革和修订相关法律法规，地方政府需要制定相关配套执行细则和办法，减少对集体建设用地入市不合理的限制，放宽各种严格繁多的审批手续，使集体建设用地"平等入市"具有可操作性。

三、规范指引

■《民法典》

第七百零五条 租赁期限不得超过二十年。超过二十年的，超过部分无效。

租赁期限届满，当事人可以续订租赁合同；但是，约定的租赁期限自续订之日起不得超过二十年。

■《中华人民共和国城镇国有土地使用权出让和转让暂行条例》（2020年修正）

第十二条 土地使用权出让最高年限按下列用途确定：

（一）居住用地七十年；

（二）工业用地五十年；

（三）教育、科技、文化、卫生、体育用地五十年；

（四）商业、旅游、娱乐用地四十年；

（五）综合或者其他用地五十年。

第二十八条 土地使用权出租是指土地使用者作为出租人将土地使用权随同地上建筑物、其他附着物租赁给承租人使用，由承租人向出租人支付租金的行为。

未按土地使用权出让合同规定的期限和条件投资开发、利用土地的，土地使用权不得出租。

第二十九条 土地使用权出租，出租人与承租人应当签订租赁合同。

租赁合同不得违背国家法律、法规和土地使用权出让合同的规定。

第四十五条　符合下列条件的，经市、县人民政府土地管理部门和房产管理部门批准，其划拨土地使用权和地上建筑物、其他附着物所有权可以转让、出租、抵押：

（一）土地使用者为公司、企业、其他经济组织和个人；

（二）领有国有土地使用证；

（三）具有地上建筑物、其他附着物合法的产权证明；

（四）依照本条例第二章的规定签订土地使用权出让合同，向当地市、县人民政府补交土地使用权出让金或者以转让、出租、抵押所获收益抵交土地使用权出让金。

转让、出租、抵押前款划拨土地使用权的，分别依照本条例第三章、第四章和第五章的规定办理。

■《规范国有土地租赁若干意见》

四、国有土地租赁可以根据具体情况实行短期租赁和长期租赁。对短期使用或用于修建临时建筑物的土地，应实行短期租赁，短期租赁年限一般不超过 5 年；对需要进行地上建筑物、构筑物建设后长期使用的土地，应实行长期租赁，具体租赁期限由租赁合同约定，但最长租赁期限不得超过法律规定的同类用途土地出让最高年期。

■《广州市城乡规划程序规定》

第五十七条　对符合下列情形的建设单位或者个人，规划和自然资源主管部门不得办理该建设单位或者个人其他的规划报批业务：

（一）建设单位或个人对已作出的违法建设处罚决定未执行完毕的。

（二）建设单位或者个人的违法建设行为已由规划和自然资源主管部门规划定性或者城市管理综合执法机关立案查处，但未作出违法建设处罚决定的。

■《广东省集体建设用地使用权流转管理办法》（广东省人民政府令第100号）

第二条　集体建设用地使用权出让、出租、转让、转租和抵押，适用本办法。

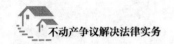

10　房地产项目未取得建设用地规划许可证，政府整改会议纪要可否视为"经政府主管部门批准建设"？

案例导读

　　一线城市中"城市村"的集体建设用地，尤其在商业黄金地段，商业价值是非常高的，也成为房地产公司追逐的目标项目。因此，在北上广深这样的一线大都市，利用农村集体经营性建设用地兴建商业楼宇十分普遍，且开发商和村集体均获利颇丰。由于村集体建设用地审批手续和程序严格且复杂，或存在征地占用、用地历史遗留问题、村民利益纠葛等各种情况，很多农村集体土地上兴建的房地产项目存在用地、规划及建设手续缺陷等问题，有地就建的行为、先建后批的情况在某些地区几乎习以为常，甚至一些大型的集体商业物业，包括商业写字楼、公寓等也存在用地、规划、建设、产权手续等问题，还存在不按照规划建设、加建、扩建等非法行为，这种普遍的非法建设行为，主要会产生两个方面的法律风险问题，一是房地产公司与村集体或者村集体经济公司签订的合作开发建房合同的法律效力问题，这又关系到集体土地是否合法流转问题，即使不通过土地流转程序，仅以村集体名义进行报规建设，双方合作也要依规经过村集体的民主表决程序和公开竞争性交易程序，如果没有经过农村资产交易的公开和公示程序，则可能因违反法定程序而构成法律效力的问题。另外，在获得土地进行开发之后，也要依法对土地和建设工程进行规划、报建、建设施工、竣工验收及办理产权证等。二是房屋建成之后对外经营出租时，承租人与出租方产生的租赁合同的法律效力问题。假如集体土地上兴建的楼宇未取得建设工程规划许可证，依据《最高人民法院关于审理建设工程施工合同纠纷案件适用法律问题的解释（一）》第三条的规定，未取得建设工程规划许可证的租赁合同，为无效合同，但经"主管部门批准建设"的可视为有效合同。以下案例就是在集体土地上新建的房地产工程，没有取得用地规

划许可证、建设工程规划许可证，因此，该项目房屋的出租合同因无建设工程规划许可证而无效，但是出租方提出该建设工程在建成之后，通过了区府综合治理会议纪要，该会议可视为"经主管部门批准建设"这一生效条件吗？

典型案例2：A公司与B公司、张某房屋租赁合同纠纷案

原告：A公司

被告：B公司、张某

2019年2月A公司与B公司、张某（以下简称"两被告"或"被告方"，张某系B公司的实际控制人）签订了《房屋租赁合同书》（以下简称《租赁合同》，乙方系A公司，甲方系B公司），合同约定，由A公司承租被告方位于某市某区某大厦2层至10层约25000平方米的物业，租赁用途是2—6层为经营商业用途，7—10层为办公写字楼，租期为20年，即自2019年6月至2039年6月。如被告方交楼时间及大楼的一次消防验收手续延迟，则起租期相应顺延，免租期为6个月。租金的标准，以承租面积25000平方米乘以65元/平方米计算，每三年递增10%，租金不含水电及物业管理等费用；乙方应于每月25日之前将当月租金付清，如果乙方延迟支付租金，则每延迟一日须支付千分之一的违约金，如果延迟超过90日，甲方有权解除合同，没收保证金及收回物业；乙方应于签订本合同之日起五日内向甲方支付租赁保证金1000万元，并且在该大楼通过一次性消防验收，经乙方确认后，再预支租金1000万元给甲方。在双方的权利义务约定上，承租人有独立或者与他人利用该物业进行合法经营的权利，乙方因经营产生的债权债务关系由乙方承担，与甲方无关，甲方无权干涉乙方的经营活动；甲方须保证该大楼的建设质量和安全，保证具有合法的出租权及政府对该物业合法的审批手续，承诺提供不低于1000千瓦的标准商业用电，保证该物业的使用性质为商业用途，如在使用过程中因甲方问题导致该物业被处罚、查封或拆除的，甲方应及时处理，造成乙方损失的由甲方赔偿。双方又特别约定，起租期限系甲乙双方确认乙方收楼之后，

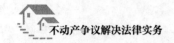

该大楼通过一次性消防验收合格之日起算；租赁期限如甲方的物业权或租赁权不合法而导致《租赁合同》无效的，甲方应补偿乙方和分租户全部的投资及相关损失，并且特别注明该条款为独立生效的条款，不因该合同的无效而无效。合同生效之后，任何一方不履行合同的，须支付违约金500万元给守约方。双方于2019年7月签订《收楼确认书》，确认乙方接收该物业为全毛坯，按乙方承租的区域和计租面积进行计租。甲方保证在2019年10月之前完成该物业的水电安排和标准商业用电、排污管道等设施正常运营，以及保证在此日期之前安装好10台电梯等内容，而2020年12月甲方在该大楼取得的消防部门的消防验收意见书上写明：2—3层为商业用途，4—10层为办公写字楼用途。但乙方租赁该物业主要是用于商业经营（2—3楼），双方又于2020年12月签订了《补充协议》，约定4—6层每平方米的租金降低为60元/平方米，其他楼层的租金标准不变。

上述合同签订之后，A公司按约向B公司支付了保证金1000万元，在B公司取得大楼的一次性消防验收合格备案之后，又向B公司预付租金1000万元，收楼之后，A公司方对租赁物业进行了装修及设施安装等工作并向社会进行公开招租。但是，A公司认为，B公司作为出租方并未按照承诺提供商业标准用电及相关用电设施接驳，地下停车场迟迟不开工建设，一次性消防设施不合格、不完善，导致承租人申报二次消防验收无法正常进行，而且A公司收楼之后，B公司对于相关设施设备也是边维修、边建设的半施工、半使用状态，至今无法达到商业用途、办公楼物业的正常使用标准，物业的外部、内部、地下车库均处于半毛坯、半装修状态，管理也杂乱无序，导致A公司在招商过程中遭遇重大的阻碍，无法达到预期的招商效果，也导致A公司承担重大的经济负担和经营压力。经过多次沟通无果之后，A公司向某区法院提起诉讼，要求两被告依约完善、整改大楼，使其达到满足正常使用标准的要求，并对违约行为给A公司造成的损失进行赔偿，而两被告并不认可原告陈述的事实和诉讼请求。

某区法院受理该案，在审理中认定以下事实。2017年2月案涉房产由被告1提出申请，经某市某区政府某街道办事处在《某国道沿线整饰工程备案审核批准表》及《某国道沿线整饰工程开工建设审批表》上盖章批准，工程内容为拟建地上十层、地下二层综合性商业楼，并且2020年9月某区政府的关于对该大楼进行整改的联席会议纪要和批示指出，该项目没有合法报建手续，要求"进一步完善"手续之后，同意办理产权，但未要求拆除，以罚没部分建筑面积再完善相关建设手续的方式进行处理。该法院认为，该会议纪要并不具备政府批准使用的效力，亦不等同于具有规划报建手续，为此向某市规划和自然资源局查询关于该楼的规划报批手续，均未查询到。法院向A公司释明，案涉房产由于未取得建设工程规划许可证，双方签订的《租赁合同》违反法律规定，应认定为无效合同。至此，A公司才知晓该楼并不存在规划报建手续，而且经查询发现，两被告对于该楼没有规划报建手续，构成无效合同是明知的、蓄意的，因为在此前另外的案件中，涉及该楼的租赁关系，就已经被该法院以无规划报建手续为由判决《租赁合同》无效。鉴于A公司在租赁物业之上已投入巨额装修、装饰及招商运营资金，在法院已经释明的情况下，假定此后法院判决合同无效，对A公司将造成更重大的损失，最终A公司决定主动撤诉，另循其他法律途径解决。

一、律师评析

本案存在两个焦点问题。一是《租赁合同》是否合法有效？假定合同无效，合同中关于"合同效力和赔偿"的声明独立生效的条款是否有效？二是某区政府关于该大楼处罚和完善手续的会议纪要，是否可视为"经主管部门批准建设"的文件？是否可以取代建设工程规划许可证的审批手续？

（一）关于无效合同中，处理"合同无效"后果的独立条款是否有效的问题

本案合同中有一条明确约定"假如合同由于该房屋缺乏合法性审批手续问题，导致合同无效，则合同无效的责任全部由出租方承担。本条款为独立条款，即便本合同无效，亦不影响本条款的效力，本条款对双方当事人仍有法律约束力"。就合同中关于处理合同无效的独立条款，对于此条有效性，仍存在截然不同的两种意见，一种意见认为，根据《民法典》第五百零七条的规定，"合同不生效、无效、被撤销或者终止的，不影响合同中有关解决争议方法的条款的效力"，解决争议方法是指双方当事人就未来可能出现的争议对解决争议方法的约定，主要是指选择协商、仲裁、诉讼等解决争议途径的条

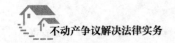

款，选择鉴定机关的条款，选择语言、法律适用的条款，而对于涉及"合同无效之后，赔偿责任的问题"的约定不属于争议解决方法，只是处理争议责任分摊，亦属于合同权利义务的一部分约定，因此应视为无效。另一种意见认为，虽然合同是无效的，但是双方声明为效力独立条款，双方当事人对合同无效的后果有一定程度的预见，为此在合同中独立设置条款，并且不涉及合同的实体权利义务，是双方当事人对争议事项处理后果分担的约定，是当事人双方真实意思表示，不违反法律规定，符合《民法典》第五百零七条规定的，可以视为对争议处理的方法。笔者认为，对于合同无效之后责任承担的内容约定，并且双方在合同中声明是独立生效的条款的，在实务中存在不同的意见和判例，对于此类条款的效力还须保持高度警惕。

（二）关于相关规定是否有效的问题

《最高人民法院关于审理城镇房屋租赁合同纠纷案件具体应用法律若干问题的解释》第二条规定："出租人就未取得建设工程规划许可证或者未按照建设工程规划许可证的规定建设的房屋，与承租人订立的租赁合同无效。但在一审法庭辩论终结前取得建设工程规划许可证或者经主管部门批准建设的，人民法院应当认定有效。"本案中，2020年9月某区政府工作会议纪要载明：二、由……某街道办分别牵头组织参建各方对工程进行消防设计和综合验收工作，区住房建设交通局做好指导……四、由区规划和自然资源分局牵头指导街道开展进一步完善规划、产权办理等工作。五、由……某街道办向区住房建设交通局申请办理消防验收工作。该纪要要求"进一步完善"手续并同意办理产权，未要求拆除，确定以罚没并完善手续的方式进行处理。该会议纪要还载明，包括某区规划分局在内的全部主管部门均有参会。上述会议纪要中，明确该大楼需要在办理完罚没手续之后，由区规划和自然资源局开展进一步规划、验收、产权办理等工作，虽然后期该大楼拆除了部分超建面积，也罚没了部分建筑面积，但是并没有依据上述会议纪要办理规划、验收和产权手续。该院仍然认为该会议纪要并不符合"相关主管部门已经批准建设"的要求，会议纪要不具备相关主管部门批准的条件，并且明确指出"相关主管部门"是指规划主管部门，只有规划主管部门明确以书面文件同意方视为批准。因此，在《租赁合同》中建设工程规划许可证是否得到政府主管部门的批准，一般理解应为需要经规划主管部门的审批，而非其他部门或政府的意见。房地产公司在兴建房屋的时候，具有依法合规进行报规、报建、申请验收等义务，需要预见非法建设带来的后果，然而，某些城中村商业位置十分优越，限于土地规划用途以及投资资金的问题，某些房地产公司或投资方就铤而走险，与村集体合作建设，由村出地、房地产公司投资出资建设，甚至没有任何合法建设手续就进行非法建设，在法制越来越完善的时代，这种非法冒险的建设行为，不仅政府需要进行严格整治，并且承租方也要严格审查租赁房屋的规划、建设和产权、消防等手续，防止租赁不合法的房屋，建设方也需要依法合规地进行合作投资、报规、报建，办理验收和产权等合法手续，只有合规进行商业投资，不抱侥幸心理，方可"行稳致远"、持续健康发展。

二、相关问题与分析

关于集体物业租赁关系，在实务中，出现比较多的是合法性问题，租赁的标的物房屋是否合法合格，大型集体物业出租的程序是否合法，租赁期限是否超过20年等，均是比较突出的问题。比如，大型集体物业的长期出租，属于集体资产处置行为，是否经村集体的集体表决程序和公开的交易程序？在合同关系权利义务的实体上，还存在建设项目是否取得建设工程规划许可证、是否具有其他合法报建审批手续的问题，另外，消防也是一个十分值得注意的问题，包括大楼的一次性消防设计是否合法，消防设施的施工质量是否合格等，如果一次性消防设计和施工不合格，可能导致二次消防的申报和验收存在障碍，影响房屋的装修和使用，同时集体物业的租赁关系中，还有一些比较突出的矛盾值得注意。其一，集体物业的建筑是否为临时建筑的问题，某些集体建筑物虽然看似高大宏伟，实则在审批报建时是临时建筑，如果临时建筑超期或者未依法续期，可能导致该建筑物超期违法，甚至导致《租赁合同》无效，因此在租赁集体物业的时候要查看该物业的建设审批手续是否齐全，是否临建或超期。其二，某些集体物业的建设手续不齐全，可能被当地政府部门列入负面经营清单，限制某种商业经营的范围，比如一些产权手续不完善的建设物，可会被政府限制经营餐饮业、食品加工生产业、药

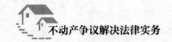

品销售业等。因此，投资者在承租集体物业用于商业分租经营之时，承租人需要对租赁物业的用地手续、规划、建设和产权、消防手续进行审查，如果存在审批手续的瑕疵，还有必要去市场监督部门查询是否存在经营负面清单的问题。其三，集体物业可能存在面临拆迁征用的问题，因此在合同中要明确约定当遇到拆迁征用时承租方可获得的补偿范围，比如装修装饰、停产停业、搬迁补偿等。根据目前的拆迁补偿模式，被拆迁方需负责腾空物业，那么被拆迁方要面对承租户，要合理解决承租户的搬迁问题，亦需要在合同中明确约定假如遇到征地拆迁，承租人需要配合产权人及时腾退房屋，承租人有义务清退分租的商户等内容。另外，对于租赁村集体土地的，需要注意土地的用途是农用地、村集体建设用地还是宅基地，不得违法使用集体土地。

三、规范指引

■《民法典》

第五百零七条 合同不生效、无效、被撤销或者终止的，不影响合同中有关解决争议方法的条款的效力。

■《最高人民法院关于审理城镇房屋租赁合同纠纷案件具体应用法律若干问题的解释》

第二条 出租人就未取得建设工程规划许可证或者未按照建设工程规划许可证的规定建设的房屋，与承租人订立的租赁合同无效。但在一审法庭辩论终结前取得建设工程规划许可证或者经主管部门批准建设的，人民法院应当认定有效。

附：律师优秀诉讼文书范文

关于慎重认定合同效力的代理意见

尊敬的审判长、审判员：

某律师事务所接受A公司（以下简称"原告"）的委托，指派本律师作为代理人，参与原告诉B公司（以下简称"被告1"）、张某《租赁合同》纠纷一案。本律师根据庭审查明的案情及相关证据，特别对《租赁合同》效力，提出代理意见如下。

《最高人民法院关于审理城镇房屋租赁合同纠纷案件具体应用法律若干问题的解释》第二条规定："出租人就未取得建设工程规划许可证或者未按照建设工程规划许可证的规定建设的房屋，与承租人订立的租赁合同无效。但在一审法庭辩论终结前取得建设工程规划许可证或者经主管部门批准建设的，人民法院应当认定有效。"

案涉房产建设前报经某区某街道办事处批准，建成后又经某区政府会议同意不要求拆除，并同意以完善手续（支持办理验收、规划、产权等手续）方式进行处理，目前某区各政府部门已实际依据某区政府决定在推进手续办理工作。因此，案涉房产符合《最高人民法院关于审理城镇房屋租赁合同纠纷案件具体应用法律若干问题的解释》第二条规定的情形，《租赁合同》应当依法认定有效。

一、案涉房产建设事前报经街道办事处批准，事后某区政府及区主管部门也均未要求拆除，并同意完善手续，主管部门已实际推进相关手续，应认定"经主管部门批准建设"

（一）案涉房产建设前，已报经政府部门——街道办批准

2017年2月案涉房产由被告1提出申请，经某区政府某街道办事处在《某国道沿线整饰工程备案审核批准表》及《某国道沿线整饰工程开工建设审批表》上盖章批准。证实案涉房产开工前经政府部门批准建设。案涉建设工程耸立在某大街繁华的商业街区、地铁出口，如果未经政府相关部门的同意，未经街道办、城管部门的同意，是不可能开工建设的，也不可能建成并竣工，因此，案涉项目实际上早已取得区政府、街道办等主管部门的明确认可。

（二）案涉房产建成后，某区政府并未要求其作为违章建筑拆除，而是明确同意完善规划等手续，以便该项目办理产权、投入使用

2020年9月某区政府工作会议——区政府工作会议纪要载明：二、由……某街道办分别牵头组织参建各方对工程进行消防设计和综合验收工作，区住房建设交通局做好指导……四、由区规划和自然资源分局牵头指导街道开展进一步完善规划、产权办理等工作。五、由……某街道办向区住

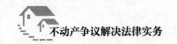

房建设交通局申请办理消防验收工作。证实某区政府作为政府主管部门对于案涉房产报建情况清楚知悉，且并未指出该项目没有任何报建手续，而只是要求"进一步完善"手续，并同意办理产权，并未要求拆除及以罚没并完善手续的方式进行处理。该会议纪要还载明，包括该区规划分局在内的全部主管部门均有参会。

（三）某区政府各部门已经实际在推进包括报建在内的手续完善工作

2020年12月某区住房建设和交通局，也正是依据区政府工作会议纪要的指示，向被告1核发了《特殊建设工程消防验收意见书》，同意案涉房产消防验收合格。

2020年6月被告1及案涉物业所在的某村委，应政府部门要求，共同盖章出具了《承诺书》，载明：因案涉房产实际面积超出最初报建面积，现承诺将超出面积无偿移交给某街道办事处。该《承诺书》进一步证实，案涉房产事前已经向某街道办事处报建，且被告1已在与政府部门协商处理超建部分的罚没处置事宜。符合区府工作会议纪要第三点的要求"由……某街道办针对超建面积与建设单位签订书面协议，明确……负责对超规模建设的部分进行罚没、处置等工作"。

二、案涉项目已实际投入使用，已经招商入驻大量企业和工作人员，不宜认定为合同无效，否则，将引起连锁反应，影响社会和谐安定

原告与被告签订本案《租赁合同》，是要求本项目符合法律规定的使用条件和要求的，被告在租赁协议中也非常明确予以承诺，该项目已经取得一次消防许可，被告也出示了相关政府会议纪要，原告完全有理由相信被告在建设本案项目时已取得相关部门的许可，事实上，未经相关政府部门的许可，也是不可能完成如此大规模的建设工程的。特别要指出的是，案涉房屋已经实际投入使用，原告也对项目投入巨资完成了安装、装修等工程，并且招商了大量的企业入驻该项目，入驻企业已经开展经营工作，取得工商部门颁发的营业执照等办理了各种合法经营手续，如果法院贸然认定合同无效，将导致原告与入驻企业签订的分租《租赁合同》亦为无效合同，负面影响十分广泛，可能会造成社会的不稳定。

综上所述，请贵院谨慎认定《租赁合同》的法律效力，公正审理本案。

第七章　集体物业租赁、买卖合同纠纷

11 非本村集体组织成员之间转让宅基地及房屋的转让合同是否有效？转让合同争议处理原则是什么？

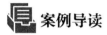 **案例导读**

　　非本村集体组织成员买卖村民宅基地的现象十分普遍，根据《土地管理法》及相关法律规定，农村宅基地不得非法交易和建设，村民宅基地须在本村的集体组织成员之间流转，且符合"一户一宅"等规定，法律规定有特殊原因的除外。那么城镇居民到农村通过买地建房、租地建房、合作建房、直接买卖农村房屋等方式获得农村宅基地和房屋的行为，一般都是违反上述法律规定的，涉及的交易合同存在非法无效的问题，如争议诉至人民法院，人民法院一般也判决此类交易合同无效，那么合同无效之后，根据《民法典》第一百五十七条规定，双方应互相返还所取得的房屋和价款、建房的投资，对于投资建房的升值价值，由人民法院进行评估作价，根据双方的过错责任，酌情对返还房屋的一方当事人进行价值补偿。根据最高人民法院印发的《全国法院民商事审判工作会议纪要》（法〔2019〕254号）第三项"关于合同纠纷案件的审理"第33条【财产返还与折价补偿】的规定，"合同不成立、无效或者被撤销后，在确定财产返还时，要充分考虑财产增值或者贬值的因素。双务合同不成立、无效或者被撤销后，双方因该合同取得财产的，应当相互返还。应予返还的股权、房屋等财产相对于合同约定价款出现增值或者贬值的，人民法院要综合考虑市场因素、受让人的经营或者添附等行为与财产增值或者贬值之间的关

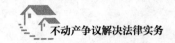

联性，在当事人之间合理分配或者分担，避免一方因合同不成立、无效或者被撤销而获益"，并且根据第34条【价款返还】的规定"双务合同不成立、无效或者被撤销时，标的物返还与价款返还互为对待给付，双方应当同时返还。关于应否支付利息问题，只要一方对标的物有使用情形的，一般应当支付使用费，该费用可与占有价款一方应当支付的资金占用费相互抵销，故在一方返还原物前，另一方仅须支付本金，而无须支付利息"。在实务中索要房屋的一方往往要求房屋和土地使用方返还，根据上述规定，在索要土地和房屋一方没有返还相应款项的前提下，占有使用土地和房屋一方有权要求其同时返还。对于因房屋增值产生的溢价，应根据双方当事人的过错分担和案件实际情况，酌情由获得房屋的一方进行合理的补偿，对于房屋价值增值的具体金额如何评估的问题，当事人有权要求依法选定合格的评估机构，并且对评估范围要求客观和公正，本案就是因为评估集体土地上盖房屋而不评估集体土地价值，导致案件发回重审。

典型案例1：A公司与邓某房屋买卖合同纠纷案

原告（反诉被告）：A公司
被告（反诉原告）：邓某

2004年5月A公司与邓某签署《购房协议书》（以下简称《协议书》），将位于某市某区某街一巷八号105房（以下简称"案涉房产"）出售给邓某，出售价格为1881500元。协议签署后，A公司向邓某开具了收款收据，上述合同和收据上均有A公司盖章、法定代表人的签名，A公司亦向被告邓某实际交付了案涉房产，邓某亦一直实际占有使用该房产，双方实际履行该协议书至原告起诉之时，已经超过14年，过程中A公司并未提出任何书面异议，并且邓某在当地的街道、社区、水电、物业管理等均作为业主方登记在册，享受业主方的权利并履行相应的义务。

由于该房屋位于某一线城市的城中村，而该村已经申报了旧村改造，该村及周边的房屋价格一夜飙升，未来拆迁户的补偿利益无疑十分诱人。于是

2020年原告A公司起诉至某区法院，认为双方于2004年5月签订的105房《协议书》非法无效，案涉房产是A公司在集体所有土地上建造的村民公寓，邓某并非案涉房产所在村集体的经济组织成员，其签订的《协议书》受让案涉房产，实际是转让农民集体所有的土地使用权，其行为违反了《土地管理法》等法律的禁止性规定，故双方签订的《协议书》应属无效合同，因此，A公司诉请要求邓某将该房产腾退给原告A公司。

被告答辩并出反诉：①本案是原告A公司因该村拟进行旧村改造，房屋的拆迁利益巨大而反悔导致的，案涉房产经双方签订合同并支付房款，已经由被告长达14余年占有使用至今，原告及其法定代表人、村集体均没有提过任何异议，足以表明案涉交易是双方真实意思表示。依据最高人民法院的判例（2019）最高法民终347号，本案原告作为该栋房产的开发商，向社会公开销售了上述房产，现又恶意要求请求确认合同无效，不应当予以支持。②本案的原告主体不适格，案涉土地登记在某村委会，原告并非合法产权人，主张合同无效和要求返还房屋应当由某村委会提出。并且被告提出反诉称，2004年5月原被告签署《协议书》，原告将案涉房产出售给被告，出售价格为1881500元。协议签署后，被告按约支付了购房款，并由原告向被告开具了收款收据，上述合同和收据上均有公司盖章、法定代表人的签名，原告亦向被告交付了案涉房产，双方已经实际履行该协议书超过14年，被告亦实际上一直占有使用该房屋，并且在当地的街道、社区、水电、物业管理等作为业主方登记在册，享受业主的权利并履行相应的义务，协议应认定有效，且原告的主张已超过诉讼时效。14年后的今天与当时签署合同的情形发生巨大的变化，倘若认定合同无效，势必影响合同交易的安全，对被告的权益造成极大损害。原告作为房地产开发商更清楚知悉该土地系农村集体建设用地，而其在该土地上加盖建筑物并公开销售，主观存在严重过错。若认定协议无效，则原告应承担全部过错责任。由于原告营业执照早已经被吊销，没有经营和办公场所，也没有任何履行能力，而某村民委员会是案涉房产的《建设用地批准书》《报建审核书》《建设用地规划许可证》《建设工程规划许可证》上登记的权利主体，应当依法追加为本诉及反诉的第三人，方能查明案涉房产的关键案情，故反诉要求：①原告向被告退还已收房款1881500元；②原告向被告赔偿因《协议书》无效而造成的损失，暂按200万元计；③原告承担本案反

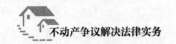

诉的全部诉讼费用。

一审法院查明事实：

原告A公司是有限责任公司，于2005年6月被吊销营业执照。

根据被告邓某的申请，一审法院委托某评估机构对案涉105房在2019年9月为准的评估价（上盖建筑物价值）进行评估。对于房屋地价进行评估的问题，该评估机构函复称：根据提供的资料显示，委估对象所在土地为集体土地。由于集体土地的特殊性，技术上难以对其价值进行准确测算，故我司无法对委估对象（含地价）于价值时点2019年9月市场价值进行评估。该机构于2021年11月出具《房地产估价报告》，未将土地价值纳入评估范围之内。被告邓某质证表示：土地是案涉房产价值不可分割的一部分，理应纳入评估范围。

一审法院认定内容：

关于合同的签订问题。本院认定《协议书》为原、被告之间签订，收据由原告出具。

关于合同的效力问题。案涉房产属于集体所有的土地上建造的住宅房屋，原告的法定代表人和被告均非案涉房产所在集体的经济组织成员。根据《土地管理法》第六十三条的规定，农民集体所有的土地使用权不得出让、转让或者出租用于非农业建设。原告与被告签订《协议书》将案涉房产转让给被告，实际上是将农民集体所有的土地使用权转让给被告，其行为违反了法律的禁止性规定，故双方签订的《协议书》属无效合同。

关于房产的返还问题。《合同法》第五十八条规定："合同无效或者被撤销后，因该合同取得的财产，应当予以返还；不能返还或者没有必要返还的，应当折价补偿。有过错的一方应当赔偿对方因此所受到的损失，双方都有过错的，应当各自承担相应的责任。"鉴于《协议书》无效，原告和被告应相互返还已经取得的财产。因此，被告应将案涉房产交还给原告。"鉴于被告已将案涉房产转租给他人使用，但原告在本案中不要求追加实际使用人参加诉讼和承担责任，故对原告要求被告腾空后交还的请求，本院不予支持。

关于房款的问题。被告反诉要求原告退还购房款1881500元，原告否认收到房款，本院认为，现被告反诉要求原告返还购房款，合法有据，本院予以支持。

关于赔偿损失的问题。由于案涉房产属于集体土地上盖住宅，法律已明确规定不能自由转让，双方均应知晓相关法律强制性规定但仍进行转让，因此，造成《协议书》无效的责任，原、被告均有一定过错。由于双方对于损失的计算不能协商一致，本院委托评估机构评定该房产的价值。对某评估机构出具的《房地产估价报告》，本院予以采信，根据双方的过错程度、公平合理原则等，酌定房屋上盖部分增值的50%由原告赔偿给被告。被告反诉要求原告赔偿除本院支持的部分外，其余部分请求，本院不予支持。

关于追加当事人的问题。某村民委员会并非案涉合同的相对方，本案处理与其并不存在法律上的利害关系，故要求追加其为本案第三人的请求，本院不予采纳。

一审裁决合同无效，双方相互返还所取得的房产和购房款，对于房屋增值部分，按增值的评估金额赔偿50%给购房者邓某。

一审判决之后，双方均不服，上诉至某市中级人民法院。

二审法院经审理认为，关于A公司与邓某之间达成房屋买卖合同关系的事实，邓某已提供2004年5月签订的加盖有A公司公章并由其法定代表人签名的《协议书》，并且邓某在协议签订后实际占有使用案涉房产长达十余年，A公司从未就此提出异议的情况，也进一步印证了双方确实存在房屋买卖交易关系。因此，一审法院认定双方之间的房屋买卖合同关系已成立并无不当，对此予以确认。另外，案涉房产所在土地属于村集体所有，而邓某并非该房产所在集体经济组织成员，故A公司与邓某所签订《协议书》应属无效合同。合同无效后，有过错的一方应当赔偿对方因此所受到的损失，双方都有过错的，应当各自承担相应的责任。本案中，邓某主张A公司赔偿其因房地产价格上涨所造成的损失，该损失应整体包含案涉房产上盖以及该房产所在土地使用权的价格增值损失，而一审法院所委托评估机构仅就讼争物业的地上建筑物部分按照成本法进行单独评估，显然无法准确界定当事人的实际损失情况。

故一审判决对本案基本事实认定不清，本院依法发回重审，对于A公司所应承担的损失赔偿责任，应当结合案涉房产价值的整体评估情况以及双方过错责任等因素重新作出审查认定。

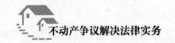

一、律师评析

本案存在两个主要的焦点问题，一是双方签订的《协议书》是否合法有效？合同无效之后，如何退还房屋，对被告损失如何补偿？二是集体土地上房屋价值的评估，是否必须包含土地使用权价值？笔者进行以下分析。

我国法律规定农村宅基地和土地是限制转让的，除了特殊情况之外，一般认定将宅基地和房屋转让给非本村集体经济组织成员的，视为转让行为非法无效。我国《土地管理法》（2019年修正）第九条第二款规定："农村和城市郊区的土地，除由法律规定属于国家所有的以外，属于农民集体所有；宅基地和自留地、自留山，属于农民集体所有。"第六十二条第一款规定："农村村民一户只能拥有一处宅基地，其宅基地的面积不得超过省、自治区、直辖市规定的标准。"第三款规定："农村村民建住宅，应当符合乡（镇）土地利用总体规划、村庄规划，不得占用永久基本农田，并尽量使用原有的宅基地和村内空闲地……"第四款规定："农村村民住宅用地，由乡（镇）人民政府审核批准；其中，涉及占用农用地的，依照本法第四十四条的规定办理审批手续。"第五款规定："农村村民出卖、出租、赠与住宅后，再申请宅基地的，不予批准。"《土地管理法》（2004年修正）第六十三条对涉及宅基地使用权在内的集体土地使用权的流转作了规定："农民集体所有的土地使用权不得出让、转让或者出租用于非农业建设；但是，符合土地利用总体规划并依法取得建设用地的企业，因破产、兼并等情形致使土地使用权依法发生转移的除外。"关于宅基地能否抵押的问题，我国《民法典》第三百九十九条规定："下列财产不得抵押：……（二）宅基地、自留地、自留山等集体所有土地的使用权，但是法律规定可以抵押的除外。"依据该法，宅基地使用权不能单独抵押。《广东省高级人民法院关于审理农村集体土地出让、转让、出租用于非农业建设纠纷案件若干问题的指导意见》（粤高法发〔2001〕42号）第12条规定，当事人将农村村民住宅建设用地转让、出租或以合建形式变相转让农村村民住宅建设用地而签订的合同，一般应认定无效。但1999年1月1日《土地管理法》修订以后，农村村民将经依法取得的宅基地使用权连同房屋转让给本村村民，回乡落户的干部、职工、退伍军人以及华侨、港澳台同胞的，可认定转让合同有效。《广州市农村村民住宅建设用地管理规定》广州市人民政府令（第5号）

第十六条规定，禁止买卖、出租农村村民住宅建设用地。根据《广东省高级人民法院关于审理农村集体土地出让、转让、出租用于非农业建设纠纷案件若干问题的指导意见》的规定，如果买卖双方都是同一集体经济组织的成员，在办理了宅基地审批手续后转让给本村村民的，可以认定房屋买卖合同有效。

农村宅基地，是农村村民基于本集体经济组织成员身份而享有的用于修建住宅的建设用地，农民无须缴纳土地使用费即可取得，村民只有宅基地的使用权，没有所有权，对村民具有福利性质和社会保障功能，一般也不能继承，根据"房地一体"的法律原则，如果宅基地上建有房屋，房屋属于村民的私人财产，依法可以一并继承，也可以进行抵押、执行，但不得对宅基地单独进行继承和抵押、执行，如果宅基地上的房屋遇到司法拍卖执行，在符合土地管理制度的情况下，一般可以通过司法执行进行宅基地使用权转移，当然，这在司法实践中也有不同的看法和意见。现实生活中，大城市周边农村土地私下买卖的现象比较突出，一旦遇到征地拆迁或者旧村改造的情况，土地和房屋价值大幅升值，拆迁补偿利益丰厚，往往导致出卖方毁约，要求确认合同无效并退还土地房屋，根据《土地管理法》及相关规定，农村宅基地是禁止非法交易买卖的，非法交易宅基地使用权属于违反行政法规的强行性规定，双方签订的协议属于无效合同，并且村民在出租、出售或赠予房屋之后，不可再申请宅基地。现实中，一些村镇将农村集体建设用地或者村集体所有的国有建设用地，私自分割成小地块进行公开销售，允许建设住宅或者商业楼房，并由村镇颁发相关证书或证明材料，这种性质的房屋通常被称为"小产权房"。"小产权房"是否可以转正经常引起人们的热议，笔者认为"小产权房"转正是不现实的，也是比较难以符合国家法律规定的。国务院办公厅1999年颁布的《关于加强土地转让管理严禁炒卖土地的通知》规定："农民的住宅不得向城市居民出售，也不得批准城市居民占用农民集体土地建住宅，有关部门不得为违法建造和购买的住宅发放土地使用证和房产证。"国家土地管理局〔1990〕国土函字第97号《关于以其他形式非法转让土地的具体应用问题请示的答复》也明确规定：原宅基地使用者未经依法批准通过他人出资翻建房屋，给出资者使用，从中牟利或获取房屋产权，是属"以其他形式非法转让土地"的违法行为之一。根据《土地登记办法》的规定，未经依法批准，占用农村集体土地建设的房屋和配套设施，属于违规违法用地和建设，禁止通过土地登记将违法违规用地合法化，因

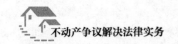
此在目前法律法规体制之下,"小产权房"是难以合法化的。

本案原告A公司亦系通过土地非法交易的方式,从第三方获得了该宗集体建设用地使用权,然后在上述土地上以村集体名义进行村民公寓报建,建设完成之后,作为商品房进行了公开销售。从房屋的报建资料和信息来看,该房屋的集体土地使用权和房屋权属主体应为村集体,原告A公司甚至不能证明该房屋为其所建设,法院未同意被告追加第三人参加诉讼,而第三人显然与本案争议标的有直接的利害关系,法院未同意让第三人参加诉讼的做法是值得商榷的。虽然原、被告双方签订的合同因违反行政法律规定而无效,但是被告已经使用该房屋长达十余年,原告在此期间未提出任何异议,对此主张也未提供有力证据,但得知该村进行旧村改造拟拆迁,原来的房屋和土地价值已经上涨,原告以合同无效为由要求返还房屋,就过错责任而言,首先是原告违法取得集体土地并进行商品房开发销售,过错在先,其次是在十余年之后因土地房屋面临拆迁升值而要求确认合同无效,其诚信过错责任是十分明显的,因此原告应该承担主要过错责任。对于房屋价值的评估,因该房屋并非宅基地上的房屋,而是村集体建设用地之上的房屋,因此评估该房产之时,应评估土地使用权价值,否则该房产就是空中楼阁,因此,对集体土地上房产价值评估之时也须包括土地使用权及公摊面积等内容,这也是《全国法院民商事审判工作会议纪要》第三项"关于合同纠纷案件的审理"第32条中关于不能让不诚信当事人获益的司法裁决精神,该条明确规定:"在确定合同不成立、无效或者被撤销后财产返还或者折价补偿范围时,要根据诚实信用原则的要求,在当事人之间合理分配,不能使不诚信的当事人因合同不成立、无效或者被撤销而获益。"

二、相关问题与分析

(一)其他类似问题的处理

除个人之间的农村宅基地和房屋买卖之外,现实中还有很多房地产公司对农村土地进行开发建设,甚至很多项目还存在未经合法的流转手续、非法进行变相的商业开发和销售的现象,比如,频频上新闻的"小产权房"、卖长租房、卖使用权房等形式,这种变相销售农村房屋的行为,从法律上是属于以"合法形式掩盖其非法目的"的行为,根据《民法典》第一百四十六条的规定,双方合同的意思表示不仅不真实，也违反了法律和行政法规的强制性规定，在司法实务中，其往往被认定为非法无效。因此，对于房地产公司开发建设农村集体建设用地项目，必须慎重对待，特别要注意项目的合法性，包括集体土地流转程序的合法性；在涉及农村土地流转、房屋买卖之时，当事人是否具有农村集体经济组织成员的身份；集体重大资产处置是否经村集体的表决程序，是否符合合法的流转手续；土地上房屋的建设是否具有土地规划许可证、建设工程规划许可证、施工许可证，是否完成了工程验收、工程备案等必备的建设手续，是否已经办理产权手续；调查农村房屋是否存在加建、扩建、搭建等非法情形，是否存在与村民或相邻村社之间的权属争议等情形。

另外，在诉讼中涉及对农村房屋的处置，也是一个比较有争议的问题，比如，当事人申请法院对农村房屋采取诉讼保全措施，或者将查封的房产和土地使用权一并拍卖、变卖以清偿债务的问题，笔者认为，这个问题需要根据案件的不同情况区分对待。根据《最高人民法院、国土资源部、建设部关于依法规范人民法院执行和国土资源房地产管理部门协助执行若干问题的通知》第二十四条规定，"人民法院执行集体土地使用权时，经与国土资源管理部门取得一致意见后，可以裁定予以处理"。根据《民事诉讼法》（2017年修正）第二百五十一条的规定，在执行中，需要办理有关财产权证照转移手续的，人民法院可以向有关单位发出协助执行通知书，有关单位必须办理。在司法实践中，对于农村房屋不具备拍卖、变卖的法定条件的，不得进行拍卖或变卖处理，但是对于同村的村民之间的债务纠纷，对债务人申请强制执行农村房屋的，有参与竞拍、变卖的第三人符合法律规定的取得该房屋条件的，人民法院可进行拍卖或变卖，并且可以要求有关单位协助执行。当然在司法实践中，有不同的处理意见和做法，在处理此类有争议意见的事务之时，需要慎重对待。

（二）人民法院执行农民唯一的宅基地房时，能否适用执行财产豁免的相关规定的问题

《最高人民法院关于人民法院民事执行中查封、扣押、冻结财产的规定》（2020年修正）第四条规定："对被执行人及其所抚养家属生活所必需的居住房屋，人民法院可以查封，但不得拍卖、变卖或者抵债。"在民事执行中，对被执行人的执行必须控制在合理的限度内，避免因强制执行而造成被执行人

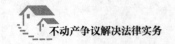

的生活困难，引发社会矛盾和冲突。因此，对于只有一处宅基地住宅房的情况，人民法院应采取合理尺度的执行行为。在农村中的债权债务借贷关系中，如果债务人以唯一住宅房作为抵押，债权人或抵押权人要认真审查，以防即便可办理该房屋抵押登记手续，也有可能在执行程序中无法落实。

笔者建议，对于城镇居民购买农村宅基地和房屋的行为，要考虑该行为是否合法，购买者应预见到未来可能因合同无效而失去对宅基地和房屋的使用权，对于用于购买该宅基地和房屋的价款，需要保存确实的支付证据。对于房地产公司开发农村集体土地项目，笔者建议要委托专业机构对该土地和项目的合法性进行尽职调查，需要保障该土地项目流转程序的合法性，并在规划、建设和经营中保护合法性等。

三、规范指引

■《民法典》

第一百五十七条 民事法律行为无效、被撤销或者确定不发生效力后，行为人因该行为取得的财产，应当予以返还；不能返还或者没有必要返还的，应当折价补偿。有过错的一方应当赔偿对方由此所受到的损失；各方都有过错的，应当各自承担相应的责任。法律另有规定的，依照其规定。

第三百九十九条 下列财产不得抵押：

（一）土地所有权；

（二）宅基地、自留地、自留山等集体所有土地的使用权，但是法律规定可以抵押的除外；

（三）学校、幼儿园、医疗机构等为公益目的成立的非营利法人的教育设施、医疗卫生设施和其他公益设施；

（四）所有权、使用权不明或者有争议的财产；

（五）依法被查封、扣押、监管的财产；

（六）法律、行政法规规定不得抵押的其他财产。

■《土地管理法》（2004年修正）

第八条 城市市区的土地属于国家所有。

农村和城市郊区的土地，除由法律规定属于国家所有的以外，属于农民集体所有，宅基地和自留地、自留山，属于农民集体所有。

第六十二条　农村村民一户只能拥有一处宅基地，其宅基地的面积不得超过省、自治区、直辖市规定的标准。

农村村民建住宅，应当符合乡（镇）土地利用总体规划，并尽量使用原有的宅基地和村内空闲地。

农村村民住宅用地，经乡（镇）人民政府审核，由县级人民政府批准；其中，涉及占用农用地的，依照本法第四十四条的规定办理审批手续。

农村村民出卖、出租住房后，再申请宅基地的，不予批准。

第六十三条　农民集体所有的土地的使用权不得出让、转让或者出租用于非农业建设；但是，符合土地利用总体规划并依法取得建设用地的企业，因破产、兼并等情形致使土地使用权依法发生转移的除外。

■《全国法院民商事审判工作会议纪要》（法【2019】254号）

第32条　在确定合同不成立、无效或者被撤销后财产返还或者折价补偿范围时，要根据诚实信用原则的要求，在当事人之间合理分配，不能使不诚信的当事人因合同不成立、无效或者被撤销而获益。合同不成立、无效或者被撤销情况下，当事人所承担的缔约过失责任不应超过合同履行利益。比如，依据《最高人民法院关于审理建设工程施工合同纠纷案件适用法律问题的解释》第2条规定，建设施工合同无效，在建设工程经竣工验收合格情况下，可以参照合同约定支付工程款，但除非增加了合同约定之外新的工程项目，一般不应超出合同约定支付工程款。

附：律师优秀诉讼文书范本

代理词

尊敬的审判长、审判员：

某律师事务所接受邓某（以下简称"被告"）的委托，指派某律师作为被告的代理人，参与A公司房屋买卖合同纠纷一案的一审程序。我仔细查阅了

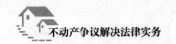

案件材料，结合庭审情况，现提出如下代理意见。

一、根据《九民纪要》的相关规定，本案合同并未违反效力强制性规定，应认定有效。况且，依据最高法院判例，原告作为违法行为人恶意主动请求确认合同无效，不应予以支持

在最高人民法院的判例——新疆华诚安居房地产开发有限公司与中国铁建大桥工程局集团有限公司建设工程施工合同纠纷案中〔（2019）最高法民终347号〕，最高人民法院认为：合同约定应当严守，诚信观念应当强化。华诚房地产公司作为涉案建设工程的招标人、甲方，主导签订了涉案《建设工程施工合同》，在合同相对方铁建大桥工程局按约履行合同而其并未按约支付工程款，一审判决华诚房地产公司承担相应责任后，华诚房地产公司以其自身的招标行为存在违法违规为由，于二审中主张合同无效，其行为不仅违反了诚实信用基本原则，而且不利于民事法律关系的稳定，属于不讲诚信、为追求自身利益最大化而置他人利益于不顾的恶意抗辩行为。华诚房地产公司作为违法行为人恶意主动请求确认合同无效，如支持其诉求，意味着体现双方真实意愿的合同约定不仅对其没有约束力，甚至可能使其获得不正当的利益，这将违背合同无效制度设立的宗旨，也将纵容违法行为人从事违法行为，使合同无效制度沦为违法行为人追求不正当甚至非法利益的手段。因此，最高人民法院驳回了华诚房地产公司主张合同无效的请求。

本案中，原告本身并非该村的村民，其宣称依据与村委会签署的一系列违法合同，对包括案涉房产在内的楼宇进行建设，并进行一系列经营活动，再主导签订了《协议书》，将案涉房产出售给被告（原告作为出售方，在交易中处于主导地位），上述的述称内容并无确实的证据，也是无法认定的，即便其述称是真实的，在集体土地建设公寓住宅进行公开销售的行为，显然是违法的，其主观违法和恶意是特别明显的，特别是其明知之前一系列合同存在违法情形，却在主导签署出售合同之后，为获得不正当利益，恶意主动请求确认购房协议书无效，要求返还房屋。

原告的行为与上述最高人民法院判例中的华诚房地产公司如出一辙，不仅违反诚实信用基本原则，而且不利于民事法律关系的稳定，根据《九民纪要》第三项"关于合同纠纷案件的审理"的规定"要依法审慎认定合同效力""强化对守约者诚信行为的保护力度，提高违法违约成本，促进诚信社会

构建"，以及该纪要"关于合同效力"第30条之规定，本案合同并未违反"效力性强制性"的规定，且合同已经履行、长期存在。实际情况是，该村民公寓大楼，十年前已经进行市场销售、转销，如果认定本合同无效，那么案涉物业整栋大楼的所有房屋销售合同、交易行为，都将被认定为无效，造成利益失衡。这无疑将引起社会不安定，当事人也将反应强烈，甚至可能引起不良后果。

原告这是不讲诚信、为追求自身利益最大化而置他人利益于不顾的恶意抗辩行为。正如最高人民法院所述，如支持其诉求，意味着体现双方真实意愿的合同约定不仅对其没有约束力，甚至可能使其获得不正当的利益，这将违背合同无效制度设立的宗旨。

依据诚实信用基本原则，以及最高人民法院审判精神，应当驳回原告合同无效的主张。

二、依据《九民纪要》第32条、第33条规定，审理时应避免使该不诚信的当事人因合同无效获益，需要合理分配增值损失的相关责任

本案诉讼中，原告先主张合同有效，后又主张合同无效，为不诚信表现之一；原告先将案涉房产出卖给被告，后又因房产升值反悔，主张出卖无效，为不诚信表现之二。

2019年，最高人民法院发布的《九民纪要》中，第32条明确强调指出："在确定合同不成立、无效或者被撤销后财产返还或者折价补偿范围时，要根据诚实信用原则的要求，在当事人之间合理分配，不能使不诚信的当事人因合同不成立、无效或者被撤销而获益。"

第33条规定："在确定财产返还时，要充分考虑财产增值或者贬值的因素。双务合同不成立、无效或者被撤销后，双方因该合同取得财产的，应当相互返还。应予返还的股权、房屋等财产相对于合同约定价款出现增值或者贬值的，人民法院要综合考虑市场因素、受让人的经营或者添附等行为与财产增值或者贬值之间的关联性，在当事人之间合理分配或者分担，避免一方因合同不成立、无效或者被撤销而获益。"

倘若本案合同无效，判令被告返还早已增值多倍的案涉房产给原告，而且必须考虑货币大幅贬值的因素，"同样的猪肉，当年的猪肉3元一斤，现在猪肉30元一斤"，则无疑是令不诚信的原告取得重大获益，不诚者得到双重

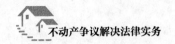

利益。

依据《九民纪要》的规定，倘若判令返还，应当首先考虑务必不能使不诚信的原告因合同无效而获益，其次还应慎重考虑被告取得的房产多年后已增值数倍不止的价值，应合理分配该增值部分。

倘若本案判令被告返还案涉房产，不仅应当判令原告返还合同价款，还应当分配增值部分，即评估价与成交价差额部分给予被告。否则，将使不诚信原告因合同无效而获益，使被告遭受不合理的损失或丧失应得利益，违背诚信原则与公平原则。

三、依据《九民纪要》第34条，案涉房产与价款（包括增值部分）应当判令同时返还或者赔偿合理损失

《九民纪要》第34条规定："双务合同不成立、无效或者被撤销时，标的物返还与价款返还互为对待给付，双方应当同时返还。"本案中假定合同无效，原告应承担全部的过错责任，其造成被告的损失，理应给予赔偿。

因此，本案倘判令返还案涉房产与价款，应当判令同时返还，即判令原告返还价款（含合同价款及增值部分，理由如前所述）与被告返还案涉房产，判决两项返还内容的各方履行期限应当相同或者认定增值部分为被告的实际损失，理应赔偿。

综上所述：请法庭依据《九民纪要》的公平精神和审判指导原则，对原告这种不诚信的行为进行处罚，保护诚信者的利益，尤其要避免不诚信的原告"双重获利"，被告作为弱势群体的利益，需要得到合理的保护和照顾！

综上所述，请贵院依法查明事实，公正判决。

第八章　宅基地合作建房、买卖合同纠纷

12　获得农村宅基地的法定条件是什么？如有证据证明宅基地证违反强制性行政管理法规，法院在民事诉讼中是否有权直接认定宅基地证非法无效？

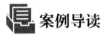 **案例导读**

　　根据相关法律法规，本村集体组织村民在本村集体土地上兴建住宅，需要向村集体经济组织和镇政府申请而取得宅基地使用权证，实践中，由于执法不规范、不严格，某些权利主体不是村集体成员，也不是农村集体建设用地，甚至农村房屋的建设手续不齐全，没有建设工程规划许可证等，却颁发了宅基地证或房地产证，这就涉及该证违法无效的问题。本案的建设用地使用权，是规划用于水利水电工程用途的，属于某河灌溉工程管理所管理的土地使用权，并不属于某村集体建设用地，而某河灌溉工程管理所却与某公司合作在上述土地上建设商业用途的房屋，并且以某河灌溉工程管理所的名义，经该镇批准取得了《农村（墟镇）宅基地使用证》，由某市规划和自然资源局报备存档。因该案合作双方当事人产生民事合同纠纷，受案法院经查证，该宅基地证的取得主体不是村民，所涉土地亦不属于村集体，而且在水利水电工程土地上建设商用房屋也明显违反了《中华人民共和国土地管理法》《中华人民共和国水法》《中华人民共和国防洪法》等行政管理法规。那么法院能否直接在合作建房民事纠纷案件中直接认定该宅基地证因违法无效呢？以下就该案进行探讨。

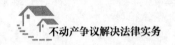

典型案例1：A公司、某河灌溉工程管理所合作建房纠纷

上诉人（原审被告）：A公司

被上诉人（原审原告）：某河灌溉工程管理所（以下简称"某河管理所"）

2000年9月某河管理所与A公司签订《合作建房协议》，约定某河管理所提供其管辖内某地块与A公司合作建房，由A公司出资兴建框架结构五层半的半商铺楼房，建筑面积1800平方米，完工后建筑物产权按占地长度分成，由某河管理所占5成、A公司占5成；合作时间为50年，即从2000年10月起至2050年9月止，期满后A公司分成的建筑物无偿归某河管理所所有；A公司自行出资报建和负责该楼房的建设及装修。合同签订后，A公司出资在案涉土地上兴建了一栋五层半的建筑物用于商铺出租等经营。而案涉建筑物并没有依法办理相关报建或建设工程规划许可手续，某区人民政府于1994年8月颁发了《水利水电工程土地使用证》，确认了案涉土地的权属、性质和土地用途，该证的持证单位为某河管理所，该证载明根据国家及各级土地管理局与水利部（水电厅、局）联发的以及某区政府的某府〔1992〕28号等文关于划定水利水电工程管理和保护范围的规定，颁发该证，案涉房屋所在地的某镇政府于2001年6月颁发《农村（墟镇）宅基地使用证》。

2019年6月某河管理所向一审法院起诉请求：确认双方于2000年9月签订的《合作建房协议》无效。被告答辩认为其已申办《农村（墟镇）宅基地使用证》，且在某区房地产档案馆的档案中记载，由此可证明《合作建房协议》合法有效。

一审法院审理认为：根据《土地管理法》（2004年修正）第二十三条，"江河、湖泊综合治理和开发利用规划，应当与土地利用总体规划相衔接。在江河、湖泊、水库的管理和保护范围以及蓄洪滞洪区内，土地利用应当符合江河、湖泊综合治理和开发利用规划，符合河道、湖泊行洪、蓄洪和输水的要求"。《中华人民共和国水法》（以下简称《水法》）第三十七条第二款规定："禁止在河道管理范围内建设妨碍行洪的建筑物、构筑物以及从事影响河势稳定、危害河岸堤防安全和其他妨碍河道行洪的活动。"第四十三条规定："国家对水工程实施保护。国家所有的水工程应当按照国务院的规定划定工程管理和保护范围。国务院水行政主管部门或者流域管理机构管理的水工程，由主管部门或者流域管理机构商有关省、自治区、直辖市人民政府划定工程管理和保护范围。前款规定以外的其他水工程，应当按照省、自治区、直辖市人民政府的规定，划定工程保护范围和保护职责。在水工程保护范围内，禁止从事影响水工程运行和危害水工程安全的爆破、打井、采石、取土等活动。"《中华人民共和国防洪法》（以下简称《防洪法》）第二十二条规定："河道、湖泊管理范围内的土地和岸线的利用，应当符合行洪、输水的要求。禁止在河道、湖泊管理范围内建设妨碍行洪的建筑物、构筑物，倾倒垃圾、渣土，从事影响河势稳定、危害河岸堤防安全和其他妨碍河道行洪的活动……"案涉《合作建房协议》的实质是由某河管理所提供土地、A公司出资合作进行开发建设，案涉土地属于水利水电工程管理和保护范围，A公司未依法办理建设规划许可手续及报经有关水行政主管部门审查同意，在案涉土地上修建建筑物用于商业用途，对水工程的灌渠水利、河势稳定、行洪排涝、堤防安全等功能造成不利影响，违反了上述法律关于河道管理、防洪水利工程管理、土地管理等的强制性规定，损害了社会公共利益，因此《合作建房协议》无效。A公司抗辩案涉建筑物办理了报建手续并领取了宅基地使用证，但即使确实办理了该宅基地使用证，亦与案涉土地的实际属性不一致，故A公司抗辩理据不足，一审法院不予采纳。

被告不服提出上诉，二审法院查明并作出如下认定。

A公司一审期间所提供的《农村（墟镇）宅基地使用证》虽然是复印件，但某市规划和自然资源局的复函已确认存在该宅基地使用证档案资料，二审法院对该证据的真实性予以确认。而根据某市《水利水电工程土地使用证》记载，案涉土地位于该证核定的土地权属界限内，为水利水电工程土地，由此可见案涉土地的性质与《农村（墟镇）宅基地使用证》的颁发情况存在冲突。

二审法院认为，案涉土地上能否建房以及案涉房屋是否合法建设，均属于行政主管部门认定和处理范围，宅基地证的效力和行政处理结果，均应在行政主管部门进行相关处理后再进行民事程序处理，为此撤销一审判决，改

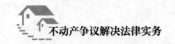

判驳回原告诉讼，原告应在行政部门作出处理结果之后，再就涉案纠纷进行民事诉讼。最后，撤销一审判决，驳回起诉。

一、律师评析

本案的焦点问题，案涉地块首先是1994年获得了《水利水电工程土地使用证》，而且该证并没有失效，但是镇政府又向该房屋所在土地颁发了农村宅基地证，这两证显然是存在冲突的，而且事实上该土地使用权证也是某河管理所持有，并非属于农村集体建设用地。那么，本案存在的焦点问题是两证存在冲突，法院有无权力直接在民事诉讼程序中认定两证的合法性，从而认定案涉合同是否违法无效。对此笔者认可一审法院的判决内容，认为二审判决将案涉合同效力、宅基地证效力问题推卸给行政主管机关处理之后再行民事诉讼处理，值得商榷。

首先，案涉土地属于水利水电工程管理和保护范围，其一，A公司无权在上述用地上建设房屋，这是明显违法的事实；其二，A公司与某河管理所未依法办理建设规划许可手续及报经有关水行政主管部门审查同意，在案涉土地上修建建筑物用于商业用途；其三，对水工程的灌渠水利、河势稳定、行洪排涝、堤防安全等功能造成不利影响，违反了上述法律关于河道管理、防洪水利工程管理、土地管理等的强制性规定，在水利建设用地建设商业建筑无疑违反了相关的法律规定。该建设行为不仅违反了上述土地用途的强制性法律规定，而且上述土地建设也未取得合法建设工程规划许可等手续，其建设行为存在重大违法。对于镇政府所颁发的宅基地证的问题，镇政府明知某河管理所并非村民，也非在某集体土地上建设，而且是建设商业用途的房屋，仍颁发宅基地证，明显存在违法的问题。一审法院不仅从《土地管理法》《水法》《防洪法》等角度指出了该建设行为的违法性，也认定该建设工程没有规划许可证等合法手续，因此该民事行为违反强制性管理法规，此符合《民法典》第一百四十三条第三款（《合同法》第五十二条第五款）规定，认定案涉合同存在违法无效的问题。

其次，非本村村民在宅基地上合作建房，构成非法无效。根据相应的规定，申请宅基地程序，必须是具备宅基地申请条件的村民在土地利用总体规划确定的村庄、集镇建设用地规模范围内，向本集体经济组织提出申请，经村民会议或村民代表会议讨论通过，报乡（镇）人民政府审核，由县级人民政府批准后，由本人携带相关材料到所在的乡（镇）、自然资源主管部门申请确权登记发证。其中，涉及占用农用地的，须依法办理农用地转用审批手续。村民有下列情形之一的，可以申请宅基地：①年满20周岁的本村村民，因结婚等原因确需建设新房分户缺少宅基地的（包括男方到女方落户的）；②因发生或者防御自然灾害、实施村庄和集镇规划以及进行乡（镇）村公共设施和公益事业建设或因国家建设征用土地等原因需要搬迁的；③外来人口落户，成为本集体经济组织成员，没有宅基地的；④城镇居民经县级以上人民政府批准回原籍落户，农村确无住宅的；⑤县级以上人民政府规定的其他条件。如果有下列情形之一，村民申请宅基地的不予批准：①年龄未满20周岁的；②原有宅基地的面积已经达到规定标准或者能够解决分户需要的；③本村村民将原宅基地及其地上建筑物出卖、出租、赠与或改为经营场所的；④其他不符合法律法规的。而本案合作建设主体不论A公司还是某河管理所均非村民，因此即使该宅基地证有效，也不能否定A公司不具有在宅基地上进行合作建房的主体资格，因此应认定该合作协议非法无效。

最后，本案是否存在宅基地证，宅基地证的颁发是否合法，并不是认定案涉合同是否有效的必要条件，更不是认定民事合同是否有效的前置程序，二审法院以该房屋存在宅基地证为由，即认为应先处理该宅基地证行政审批的合法性问题，再判断双方合作建房合同的合法性问题，这完全是两种不同的法律关系，不宜混为一谈。本案不论合作主体的合法性、建设审批手续的合法性，还是建设用地性质，均存在违法无效的问题，如果仅因宅基地证即忽视其他合同无效的要件，显然是以偏概全，不能因为存在宅基地证，就排斥对合同是否合法的认定，并且从止诉息争的原则出发，也应在本案中解决双方的民事纠纷，避免当事人行政、民事的多次诉讼，因此，笔者更倾向于认同一审法院的判决。

二、相关问题与分析

在村集体土地的征地拆迁过程中，宅基地的征地拆迁款项分配的民事纠纷比较普遍，比如，在某些案件中，合同双方约定在农村的宅基地上建房，村民一方出村民建设身份，非村民一方出资建设，建筑物的物业权益按双方商定的比例分成，或者全部归属出资方，这种宅基地上建房关系一旦遇到征地拆迁，就会涉及出地一方的村民与拆迁方谈判，而出资方因为没有村民资格，也无产权身份而无法参与谈判并向拆迁方主张权益，这很容易引起矛盾与纠纷，如果双方对征地拆迁补偿款的分配产生纠纷诉至法院，人民法院对于此类非村民在宅基地上建房的协议，一般会认定为非法无效，《民法典》第一百五十七条规定："民事法律行为无效、被撤销或者确定不发生效力后，行为人因该行为取得的财产，应当予以返还；不能返还或者没有必要返还的，应当折价补偿。有过错的一方应当赔偿对方由此所受到的损失；各方都有过错的，应当各自承担相应的责任。"根据上述法律原则，对于农村宅基地房屋的合作建房、宅基地买卖、农村房屋买卖、"以租代售"等不合法交易行为，如果合同被认定为无效，依法各自返还取得财产，那么村民一方将获得宅基地和房屋，非村民一方仅获得当时建设房屋的出资款，对于这种情形，按照法律的规定，必须平衡双方的利益。对于村民单方获得拆迁补偿款的，非村民一方的权益亦应得到平衡保护，应按照其投入的资金、房屋升值、房屋补偿金额、过错情节等情况，在双方之间进行合理的平衡分配，不应由一方单独受益。

另外，在征地拆迁过程中，由于不仅要对房屋的产权进行注销，还要对房屋实体完全拆平，这两方面都需要证载权利人和实际建设、占有、租用等权益人的配合。而一些"非村民"身份的民事主体，通过买卖交易、合资建房、赠与等方式实际取得宅基地，或实际成为宅基地占有使用的主体，如果实际占有、使用人无法获得合理的权益补偿，或者证载权益人提出诉讼要求认定当初的合作协议、买卖或赠与的协议无效等，要求将房屋权益交还给权属人，这种情况处理不当，很容易产生争议，甚至发生实际权益人成为"留守户"或产生过激的行为。笔者认为，征地拆迁部门在调查及公告程序中，发现存在权益不一致的情况之时，如果各方能协调解决，可以由征地拆迁部门、权属人和实际权益人签订三方协议，平衡各方利益，有利动迁；如果无法达成三方协议，而又需要尽快动迁的，则只能与产权人签订协议，由产权人与第三方权益人通过法院的途径解决争议。无论是产权人还是实际权益人都需要平衡双方的利益，将部分权益分配给产权人或实际权益人。村集体要做好协调工作，假如村集体对于非村民权益人的诉求置之不理或以各种理由推脱，要求非村民权益人与产权人自行解决争议，则可能会拖慢征地拆迁工作的进程。村集体需要主动发挥积极的协调作用，一方面，村集体可以未雨绸缪，在征地拆迁项目启动前期，就商讨确定对于非村民权益人的合理处理方案和方式，获得大部分权益人的支持，对于出现争议而无法协调的，则争取在拆迁补偿安置方案中，对非村民权益人的补偿指明方向，积极引导其快速解决争议；另一方面，村集体也要在争议处理过程中积极斡旋、调解，以平衡各方利益，最终妥善解决各种争议。对于房屋价值已经升值的问题，非村民权益人除了主张房屋投入价款损失，还主张增值部分或合同价款利息的，应综合考虑土地房屋升值情况、房屋的现值与交易价格差异的损失，并结合双方过错程度、纠纷起源、房屋现状等情况，在保障双方利益、平衡损失的前提下，根据公平合理的原则，考虑实际权益人在共同建房、租用过程中的投资、升值、装饰装修添附加值等给予合理补偿。如果协调不成，则在固定证据的情况下，建议双方当事人通过法律途径予以解决。

还有关于村民超出宅基地标准建房如何补偿的问题，因历史或其他原因，某些村民超出政策规定的宅基地标准面积，建设多栋住宅或商业楼房，当面临征地拆迁之时，就超出宅基地面积的房屋如何补偿的问题，常常出现争议，而这些村民认为，虽然超出法律和政策规定的标准，但是该房屋也是经过政府批准建设的，甚至一些房屋还颁发了房地产权证，因此应该按照同样标准进行补偿。笔者认为，对于超出标准的房屋，首先是不需要提供居住安置房的，因为其本身具有合格的宅基地标准面积，如果因其转让住房，依据《土地管理法》规定，也无权再申请宅基地面积，依据宅基地管理规定，亦不得再安排宅基地面积，因此拆迁方并没有安置的义务，被拆迁方也不应要求拆迁方提供房屋安置，特殊情况除外。对于农村住房用于商铺的补偿问题，原则上一般不给予经营性补偿，农村宅基地建房主要用于村民居住，需拆迁农房中的商业铺面不得以经营性用房补偿。对于城乡结合部农房建有底层商铺的，只对租赁手续齐全且在正常经营并进行了市场主体登记的底层商铺可补贴，住房出租经营的一般不予补贴。

对于农村集体土地房屋拆迁补偿标准的评定，针对统一的、规模性的征地拆迁行为，必须依据《土地管理法》经过严格的法律程序，拟定拆迁补偿方

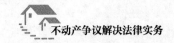

案，对于方案有异议的，村集体或村民有权申请举行听证。对于实务中出现单独或者比较零星的农村土地拆迁征用的项目，当出现征地拆迁补偿争议之时，笔者发现实务中有以下两种做法：一是各方协商处理，能协商处理是最好的，可以加快拆迁的进程，避免争议和"留守户"的出现；二是聘请第三方评估机构进行评估，评估之时被拆迁方可以提出要求按重置新建价格进行评估，对超出宅基地标准的房屋评估，一般不包括土地使用权价值，评估范围限于评估地上施工的工程以及地上建筑物的部分；对于未超出标准的村民房屋拆迁补偿的评估，需包含土地使用权的价值，"房地一致"原则决定了对房屋价值的评估，需要包含土地使用权价值，而且被征收房屋价值评估还应当考虑被征收房屋的区位、用途、建筑结构、新旧程度、建筑面积以及占地面积、土地使用权等因素。如果确实就补偿标准达不成一致意见，无法签署征地补偿安置协议的，拆迁方依据相关规定可以作出征地补偿安置决定，该决定系具体行政行为，依据《行政诉讼法》的规定，具体行政行为的相对人依法有权提出复议或行政诉讼。

三、规范指引

■《土地管理法》（2019年修正）

第二十二条 江河、湖泊综合治理和开发利用规划，应当与土地利用总体规划相衔接。在江河、湖泊、水库的管理和保护范围以及蓄洪滞洪区内，土地利用应当符合江河、湖泊综合治理和开发利用规划，符合河道、湖泊行洪、蓄洪和输水的要求。

第四十八条 征收土地应当给予公平、合理的补偿，保障被征地农民原有生活水平不降低、长远生计有保障。

征收土地应当依法及时足额支付土地补偿费、安置补助费以及农村村民住宅、其他地上附着物和青苗等的补偿费用，并安排被征地农民的社会保障费用。

征收农用地的土地补偿费、安置补助费标准由省、自治区、直辖市通过制定公布区片综合地价确定。制定区片综合地价应当综合考虑土地原用途、土地资源条件、土地产值、土地区位、土地供求关系、人口以及经济社会发展水平等因素，并至少每三年调整或者重新公布一次。

征收农用地以外的其他土地、地上附着物和青苗等的补偿标准，由省、自治区、直辖市制定。对其中的农村村民住宅，应当按照先补偿后搬迁、居住条件有改善的原则，尊重农村村民意愿，采取重新安排宅基地建房、提供安置房或者货币补偿等方式给予公平、合理的补偿，并对因征收造成的搬迁、临时安置等费用予以补偿，保障农村村民居住的权利和合法的住房财产权益。

县级以上地方人民政府应当将被征地农民纳入相应的养老等社会保障体系。被征地农民的社会保障费用主要用于符合条件的被征地农民的养老保险等社会保险缴费补贴。被征地农民社会保障费用的筹集、管理和使用办法，由省、自治区、直辖市制定。

■《水法》

第三十七条第二款　禁止在河道管理范围内建设妨碍行洪的建筑物、构筑物以及从事影响河势稳定、危害河岸堤防安全和其他妨碍河道行洪的活动。

第三十八条第一款　在河道管理范围内建设桥梁、码头和其他拦河、跨河、临河建筑物、构筑物，铺设跨河管道、电缆，应当符合国家规定的防洪标准和其他有关的技术要求，工程建设方案应当依照防洪法的有关规定报经有关水行政主管部门审查同意。

第四十三条　国家对水工程实施保护。国家所有的水工程应当按照国务院的规定划定工程管理和保护范围。国务院水行政主管部门或者流域管理机构管理的水工程，由主管部门或者流域管理机构商有关省、自治区、直辖市人民政府划定工程管理和保护范围。

前款规定以外的其他水工程，应当按照省、自治区、直辖市人民政府的规定，划定工程保护范围和保护职责。在水工程保护范围内，禁止从事影响水工程运行和危害水工程安全的爆破、打井、采石、取土等活动。

■《防洪法》(2016年修正)

第二十二条　河道、湖泊管理范围内的土地和岸线的利用，应当符合行洪、输水的要求。

禁止在河道、湖泊管理范围内建设妨碍行洪的建筑物、构筑物，倾倒垃圾、渣土，从事影响河势稳定、危害河岸堤防安全和其他妨碍河道行洪的

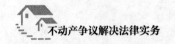

活动。

禁止在行洪河道内种植阻碍行洪的林木和高秆作物。

在船舶航行可能危及堤岸安全的河段，应当限定航速。限定航速的标志，由交通主管部门与水行政主管部门商定后设置。

■《民法典》

第一百五十七条 民事法律行为无效、被撤销或者确定不发生效力后，行为人因该行为取得的财产，应当予以返还；不能返还或者没有必要返还的，应当折价补偿。有过错的一方应当赔偿对方由此所受到的损失；各方都有过错的，应当各自承担相应的责任。

第九章　城市更新合作协议纠纷

13　如何认识旧村改造中村集体、开发商及平台公司之间签订的旧村改造委
托服务合同的合法性问题？

案例导读

　　城中村的"旧村改造"是城市更新的一种典型类型，2008年12月原
国土资源部与广东省人民政府签订合作共建集约节约示范省合作协议。
"三旧"改造政策是广东省特有的政策，有独立的法规和政策体系，经过
十多年的摸索和发展，不论在工作成果上，还是在政策法规的制定上，
都取得巨大的成绩。2021年3月1日广东省人民政府颁发了《广东省旧
城镇旧厂房旧村庄改造管理办法》，是对"三旧"改造进行法制化建设的
首个省级地方政府规章。该办法第二条释明，本办法所称"三旧"改造，
是指对纳入省"三旧"改造地块数据库的"三旧"用地进行再开发、复
垦修复或者综合整治的活动。2016年1月1日实施了《广州市城市更新
办法》（广州市人民政府令第134号）及配套文件《广州市旧村庄更新实
施办法》《广州市旧厂房更新实施办法》和《广州市旧城镇更新实施办
法》。《广州市城市更新办法》第二条释明，本办法所称城市更新是指由
政府部门、土地权属人或者其他符合规定的主体，按照"三旧"改造政
策、棚户区改造政策、危破旧房改造政策等，在城市更新规划范围内，
对低效存量建设用地进行盘活利用以及对危破旧房进行整治、改善、重
建、活化、提升的活动。由此可见，"三旧"改造政策是广东省城市更
新工作中独特的一类政策体系。一线城市中的"城中村"改造项目，一

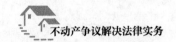

直是房地产市场争夺的目标，但旧村改造项目也存在巨大风险，这是由村集体土地权属的集体所有性质、村集体表决程序、公开竞争交易的程序性要求、政策变化等因素决定的。另外，在以市场主体投资为基调的"三旧"改造中，服务于村集体、开发商的平台公司或中介公司屡屡出现，平台公司参与旧改身份的合法性一直存在争议，其与村集体、开发商签订的委托服务协议的合法性也一直存在争议且备受关注。相对于旧村改造，旧厂改造的主体权属比较单一，实务中常见的自主改造或与市场主体合作改造，法律关系比较简明，主要程序包括标图入库、申报批准、纳入旧改计划，批准之后按旧改政策补缴土地出让金或享受旧改的优惠政策，再依调整之后的规划用途进行开发建设。对于须纳入"土地收储"的项目，由政府"土地收储"之后再挂牌出让，土地出让金部分可返还补偿给业主。而旧城镇改造，由于具有更新面积规模庞大、权属复杂、人口众多、周期较长等特征，一般由政府主导实施，鼓励市场主体参与投资运营。市场主体参与旧城镇改造需要与相关政府签署招商合作协议，符合招投标法的程序性要求，并且可享受招商优惠政策，建设完成之后，在项目销售和运营中获取相应回报。以下通过旧村改造的案例，简析旧村改造中平台公司的合法性问题。

典型案例1：A公司与B公司委托合同纠纷案

甲方：A公司
乙方：B公司

某村位于某市繁华黄金商业圈，在政府支持下，经村委长期努力经营及精心培育，形成了珠宝、玉石生产、加工、销售一条龙的产业链，商业生产经营活动十分兴旺发达。该村的珠宝加工业已经享誉国内外，不仅带动了该村经济的蓬勃发达，而且促进村内及周边的商业物业价值大幅提升。但是长期以来，该村大部分建筑物年久失修，村民房屋规划杂乱无章，道路拥挤狭小，特色"握手楼"比比皆是，公共设施陈旧落后，村民、村委及相关政府均亟待解决该村的旧村改造问题，希望尽快推进旧村改造，实现旧村换新貌，改善村民的居住条件和该村的商业配套设施。乘着各级政府大力推进旧村改造的东风，经多次沟通和考察，为推动该村的旧村改造和珠宝产业园区的建设，实现人居环境和产业协同发展的目标，村委与位于村内的一家最大的珠宝产业公司即B公司，达成了推动旧村改造的合作意向。B公司实际控制人也是该村的村民。此前B公司在村内开发建设了一栋大型的国际珠宝中心，在该村具有雄厚实力。

A公司是从事旧村改造项目投资和开发的房地产开发公司，一直极力争取该村的旧村改造项目。经多次考察和协商，A公司决定与B公司共同合作推动该村的旧村改造工作，并共同争取A公司成为该村的旧村改造项目的合作企业。为此双方于2013年3月签订《某村旧村改造前期服务委托合同书》（简称《委托合同》），合同约定：鉴于甲方具有丰富的旧村改造开发经验、资金、团队等实力，乙方具有资金实力、产业资源、与村集体的资源背景及协调沟通能力，甲乙双方决定强强联合，甲方投入资金与乙方合作推进某村股份合作经济社"旧村改造"项目，目标是推动甲方获得该村旧改项目的合作企业资格。基于乙方在该村形成的商业圈产生了广泛的影响，以及与当地政府、村委和街道的良好的沟通关系和能力，特委托乙方以甲方名义，与当地政府、村集体、村民及相关物业的权属主体进行前期相关工作，包括评估调查、申请标图建库、确定更新范围、改造意愿征集、申报年度计划、编制片区策划方案、依法协助进行基础数据的初步调查、核定复建安置、核定改造成本、测算融资面积等。一旦获得村集体的授权，乙方就可以作为村集体的代表，到街道、区政府、市政府等相关城市更新主管部门办理申报、审批等手续，直至获得相关政府部门批复同意。之后，可进行旧村改造招商，并做好代理招商准备工作，协助招商工作，村集体公开表决和公示等相关工作，最后促成甲方成为该村的旧改合作企业。除了合同约定之外，甲方还有权指示乙方需要完成的相关各项工作；合同期限和委托工作完成期限，为从本合同签订之日起三年，如果三年未完成，则合同自动终止，双方按合同进行清算；乙方服务报酬分为实物报酬及货币报酬；实物报酬为该村旧改批准可获取的融资建设土地面积的5%权益分配给乙方所有，除此之外，按照委托事项进程的节点支付货币报酬共计8000万元，在甲方与该村签订《旧村

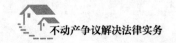

改造意向协议书》并收到该村出具的合法有效的《村民代表表决书》后10日内，甲方向乙方支付2000万元；在成功取得相关政府部门对该村的旧改年度计划批复之后，再支付3000万元；在甲方成功中标成为该村的合作企业之后，再支付3000万元。如乙方未严格按合同的约定履行合同各项义务，甲方有权顺延或拒绝支付报酬而不负任何违约责任；乙方未在本合同约定期限内完成委托事项或单方解除合同，除按约定承担违约责任外，还应退还乙方已收取的货币报酬等。

合同签订之后，经过乙方努力，甲方与该村签订了《旧村改造意向协议书》并收到该村出具的《村民代表表决书》，甲方也为此向乙方陆续支付了2000万元的费用。但后来甲方因资金问题，搁置了与该村的旧改合作项目，乙方代理推动旧村改造工作也受到一定影响，后期各项工作迟迟未推进。2017年因合作期限届满，甲方以乙方未完成委托工作事项，乙方所收取的2000万元费用没有事实和法律依据为由，要求解除合同，并要求乙方退还2000万元服务费用。

双方为此发生争议，原告A公司于2017年4月向某区法院提起了本案诉讼。某区法院经过审理认为，本案属于委托合同纠纷，原告A公司与被告B公司就某村旧改的前期工作委托事项签订的《委托合同》是双方真实的意思表示，其内容没有违反法律法规的强制性规定，《委托合同》合法有效。该法院还认为被告已按约定完成第一阶段的目标，依据合同约定有权获得相关服务报酬。至于后续该委托工作没有继续推进，未达到合同约定的目标，原告自身负有相应的责任，责任不在被告，为此法院判决驳回了原告的诉讼请求，二审维持原判。

一、律师评析

在旧村改造过程中，承接旧村改造项目的开发商往往需要与和村集体关系密切的第三方公司进行合作，这种资源方在实务中被称为"平台公司"，平台公司利用其自身的资源和优势，亦需要寻找出资方合作，在合作推动旧村改造过程中参与项目投入或获得居间及服务费用报酬。一般而言，"平台公司"并不具备旧村改造的资金实力和房地产开发能力，但大量的"平台公司"参与旧村改造，直接与村签订前期合作协议，交纳部分保证金费用，限制村集体与其他方进行合作，实现所谓的"控村"目标，实际上这种做法是有违法律和政策规定的，对此一些地区对"平台公司"进行了明令的清查和禁止。本案B公司也具有"平台公司"的特征，其受A公司的委托推进相关工作并获得相应的报酬，但由于A公司自身的原因，导致其与B公司的合作未达到最终的目标。那么本案存在两个主要的焦点问题，其一，双方签订的《委托合同》是否合法有效？其二，原告认为被告获得2000万元的服务报酬，但其并未获得具有对价的工作成果，而且被告也不能证明其从事委托工作支出了实际的成本费用，为此，要求退还2000万元费用，是否成立？

（一）关于合同的合法性问题

在旧村改造合作合同纠纷中，要注意合同的合法性。合作投资者要审查合同主体、合同内容、签订合同的程序是否符合法律规定，是否存在违反强制性管理法规的内容。在旧村改造过程中，对于参与旧村改造的主体资格是有明确的政府政策规定的，比如广州市发布了《关于深化城市更新工作推动高质量发展的实施意见》《关于进一步规范旧村合作改造类项目选择合作企业有关事项的意见》（穗建规字〔2020〕第16号）、《广州市城中村改造合作企业引入及退出指引》（穗建规字〔2021〕1号）等规定，就旧村改造中合作企业的选择进行规范，各区也对旧村改造引进合作企业的程序条件和标准进行了细化规定。尤其对于招商合作企业的资质和实力、经验均提出明确的高标准要求，由于"平台公司"本身并不具有合作企业的条件，而且其大量参与旧村改造造成不良影响，为此广州市从2019年9月起就明令禁止了"平台公司"、中介公司违规参与旧改，并于同年发布《广州市住房和城乡建设局关于加强旧村全面改造项目监管工作的通知》。但这里有一个问题，"平台公司"虽不具有合作企业的资质，但是其以市场服务者的角色，与村集体或投资商签订合同，在合同主体和合同内容上，是不是合法，是存在重大争议的。有部分意见认为"平台公司"与村集体、投资主体签订的旧村改造服务协议，不存在非法无效的问题，理由是"平台公司"参与旧村改造没有违反行政法规强制性的规定，只违反当地政策性

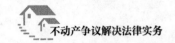

规定。但是，依据《九民纪要》的相关规定，对于违反公共政策性规定的，人民法院也有可能将旧村改造政策视为《民法典》的"公序良俗"原则进行适用，认定"平台公司"参与旧村改造违反了"公序良俗"，从而否定此类合同的法律效力。本案法院认为该《委托合同》并不违反法律法规，是双方真实意思表示，合同合法有效。笔者认为该法院主要考虑的是该合同并没有损害村集体或社会公共利益，否则法院可能会另眼对待该合同的合法有效性。另外，还要特别注意合同内容是否存在非法无效的内容，比如，是否存在对农业用地的非法建设开发，是否存在建设用地指标的贩卖和非法交易，是否存在非法利益输送的约定，是否存在严重损害村集体权益的内容等，如果存在上述非法的情况，则有可能导致合同非法无效。同时还要注意有关村集体资产的处置和交易，除需要通过村民的集体表决和公示程序，还需要经过农村资产公开交易平台，否则，程序性瑕疵亦可能导致合同无效。

（二）关于证据保全的问题

法院认为双方签订的合同内容并没有存在非法内容，认定合同有效，并在合同有效的前提下审理双方履约的情况。然而被告未能提供委托服务过程中所支出费用的凭据，那么是否可以没有费用发生证据，而支持索回费用的原告诉求呢，法院认为本案被告的工作已经达到该合同约定的阶段性目标，根据合同有权利获得相应报酬，提供服务的成本支出凭证，并不是合同约定的支付服务报酬的前提条件，因此认定被告有权收取服务报酬。

虽然本案法院支持了被告的抗辩主张，但笔者建议，为了避免产生合同履行中的争议，在城市更新领域的工作中，均需要做好证据保全的工作：由专业的律师进行指导，一些重要资产、票据和物证的保全，有必要委托公证机关公证，做好工作记录和费用支出凭据等书面证据；对于阶段性的工作、重要事务，需要与委托人及时书面确认。做好证据保全工作，不仅是工作本身的需要，也是未来解决争议的有力证据，在城市更新合作开发领域中，证据保全工作是不可忽视的。

二、相关问题与分析

在城市更新领域内，旧村改造工作，不论在改造主体的性质上，还是改造政策适用上都具有一定的特殊性。基于旧村改造工作的独特性，还需要注意其他三类典型性法律风险，并根据项目实际情况采取相应的防范对策。

（一）防范项目合作的程序性风险

旧村改造投资协议与一般普通合作协议不同，由于村集体重要资产处分需要村集体进行民主决策，农村土地不得非法交易和流转，这是为保护村民集体利益，防止集体土地被侵占或瓜分等决定的，这在《土地管理法》《广东省农村集体资产管理条例》等法律法规中均有明确的规定。因此，房地产开发商或者其他城市更新领域的投资者，均需要高度注意该项目是否已经通过法律和政策要求的合规程序，否则有可能因程序不合规而导致合作失败。

（二）防范政策变化的风险

各级政府十分注重旧村改造过程的合法性和对村集体、村民权益的保护，并且不断出台相关政策性文件，但是政策不断变化和调控，也对合同的履行产生直接的影响。比如，2021年8月30日发布的《住房和城乡建设部关于在实施城市更新行动中防止大拆大建问题的通知》（建科〔2021〕63号，以下简称"63号文"），划定了城市更新过程中的多条红线如拆迁旧建筑原则上不超过20%，拆建比不大于2，这些数值的限定，对项目的合作基础产生重大影响。2021年11月15日发布了《广东省住房和城乡建设厅关于明确近期国家有关文件约束要求的函》（粤建节函〔2021〕804号），对城市更新政策的"刚性要求"进行梳理并严格执行。因此，要预见到法规和政策的变化可能对项目造成影响，合作合同需要设置法规政策变化对项目影响的处置条款。

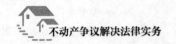

（三）防范突发性事件的风险

在旧村改造中，如果在基础数据调查、表决公示、拆迁安置补偿过程中，存在非法、不公平的现象，或不能妥善处理与村民及权属人沟通的相关问题，容易引起舆情事件或过激行为，造成不良的社会影响，从而导致旧村改造受阻。因此，在进行旧村改造的过程中，要做好预留政策调控的空间，依法合规进行拆补安置工作，做好村民群众的沟通工作，并注意工作方式方法。

（四）依法妥善处理合作合同的纠纷

在城市更新领域，除了"三旧"改造政策，还有棚户区改造、危破旧房改造、老旧小区改造等政策，未来城市更新仍是基础设施建设的大方向，市场投资活动将更加活跃和频繁。由于项目投资规模大、投资建设开发时间长，政策波动比较频繁，加上拆迁涉及众多群众的根本利益，该领域的民事纠纷高发。在处理该类纠纷时，要先注重协调、调解，慎用法律手段，如确实需要通过法律程序解决争议，建议聘请经验丰富的专业律师协助处理，以实现公平、合理及高效处置争议的目标。

在未来城市更新领域内，笔者建议投资者认真做好城市更新项目的调研和风险论证工作，充分防范法律、政策及市场等风险，以下三个方面需要投资者特别注意。首先，要注意城市更新领域的项目类别，每个项目适用的政策可能是不一样的，每个市或每个区的政策也有可能不一致，政策可能变更频繁，要认真研究项目本身，研究当前、未来可能出台的相关法规和政策，有一定的预判和变动的弹性空间。其次，要认真考察合作方的经济实力、资质条件和资信背景，进行城市更新工作需要"强强联合"，需要合作方能够及时跟进项目投资、推动技术开发、与政府进行沟通或者提供其他强有力的支撑。如果一方没有实力就有可能"打肿脸充胖子"，不仅会在需要继续投资的时候"掉链子"，还可能出现暗地通过股权代持将股权卖给其他方，或者暗里找其他隐名股东参股的情况，这样很容易引起股东之间的矛盾和纠纷，加上第三方隐名股东参与，让合同争议情况变得更为复杂。最后，合同签订和履约过程要切实加强合法、合规的保障，使合同本身合法、履行过程依法合规，不存在廉政风险、利益输送、程序违规、为推进项目损害被拆迁人权益、毁坏名木古树和文物古迹等情况，保障项目干净清晰，不投机取巧、不抄"捷径"，堂堂正正投资和推进城市更新项目，无须"找关系、走后门"。否则，会被人卡住脖子、把住命门。

三、规范指引

■《民法典》

第一百五十三条　违反法律、行政法规的强制性规定的民事法律行为无效。但是，该强制性规定不导致该民事法律行为无效的除外。

违背公序良俗的民事法律行为无效。

■《住房和城乡建设部关于在实施城市更新行动中防止大拆大建问题的通知》（建科〔2021〕63号）

■《村民委员会组织法》

第二十四条　涉及村民利益的下列事项，经村民会议讨论决定方可办理：

（一）本村享受误工补贴的人员及补贴标准；

（二）从村集体经济所得收益的使用；

（三）本村公益事业的兴办和筹资筹劳方案及建设承包方案；

（四）土地承包经营方案；

（五）村集体经济项目的立项、承包方案；

（六）宅基地的使用方案；

（七）征地补偿费的使用、分配方案；

（八）以借贷、租赁或其他方式处分村集体财产；

（九）村民会议认为应当由村民会议讨论决定的涉及村民利益的其他事项。

法律对讨论决定村集体经济组织财产和成员权益的事项另有规定的，依照其规定。

第二十六条　村民代表会议由村民委员会召集。村民代表会议每季度召开一次。有五分之一以上的村民代表提议，应当召集村民代表会议。

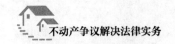

村民代表会议有三分之二以上的组成人员参加方可召开,所作决定应当经到会人员的过半数同意。

■《广东省实施〈中华人民共和国村民委员会组织法〉办法》

第三十一条第二款　涉及村和村民切身利益的重大事项,村民委员会应当提交村民会议或者村民代表会议讨论作出决定。

■《广东省农村集体资产管理条例》

第十三条　下列事项,由农村集体经济组织成员大会决定:

(一)制定、修改农村集体经济组织章程;

(二)土地承包方案、集体资产产权量化折股及股权配置方案;

(三)集体土地征收征用补偿费等费用的分配方案;

(四)农村集体经济组织的合并、分立、解散;

(五)重大的集体资产产权变更;

(六)较大数额的举债或者担保;

(七)其他应当由成员大会决定的事项。

成员大会可以直接决定由成员代表会议决定的事项,也可以授权成员代表会议决定前款第一项、第四项以外的其他事项。

第十四条　下列事项,由农村集体经济组织成员代表会议决定:

(一)年度财务收支预决算方案以及计划外较大的财务开支;

(二)集体资产经营目标、经营方式和经营方案;

(三)建设用地使用权的流转;

(四)经济项目投资、公益项目投资;

(五)年度集体资产收益分配方案以及预留公益金、公积金;

(六)其他重要经营管理事项。

■《广州市农村集体资产交易管理办法》

第十一条　农村集体资产应当进入农村集体经济组织所在地的交易服务机构进行交易。进入区、镇(街)、村(联社)交易服务机构交易的集体资产金额、面积、期限等具体标准由区人民政府自行确定,严禁将集体资产通过分割立项、化整为零的方式降级交易。

农村集体建设用地使用权出让、出租等重大资产交易应当通过该土地所在的区一级交易服务机构或者广州公共资源交易中心进行。

■《广东省人民政府关于推进"三旧"改造促进节约集约用地的若干意见》(粤府〔2009〕78号)

■《广东省人民政府关于提升"三旧"改造水平促进节约集约用地的通知》(粤府〔2016〕96号)

■《广东省人民政府关于深化改革加快推动"三旧"改造促进高质量发展的指导意见》(粤府〔2019〕71号)

■《广东省旧城镇旧厂房旧村庄改造管理办法》

■《广州市旧村庄更新实施办法》

第二十四条　合作改造类项目由区政府主导，由村集体经济组织根据批复的项目实施方案，公开引进合作企业参与改造；或通过土地公开出让，引进合作企业参与改造。

合作改造类项目可以一次性引入合作企业，也可按照土地整理、土地开发两阶段分别引入合作企业。

■《广州市城中村改造合作企业引入及退出指引》

■《广州市住房和城乡建设局关于印发关于进一步规范旧村合作改造类项目选择合作企业有关事项的意见的通知》

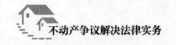

附：笔者在城市更新领域的相关论文

探析城市更新中投资合同风险及争议解决

前　言

在城市更新工作中，特别是旧村庄改造中，政策重大变化时常造成更新项目的投资合作基础条件产生变化。那么作为参与城市更新项目的主体，在项目投资中存在哪些特殊合同风险，合同争议如何处理？本文对此进行探讨。

关键词： 城市更新、旧村改造、合同风险、争议解决

一、城市更新中特殊的合同风险

城市更新项目一般而言，具有审批程序复杂、政策依赖程度较高、投资期限较长等特征，因此，不论平台公司、开发商或者其他投资机构，与项目权属主体合作或与投资主体之间合作，都会面临与一般商事合同不同的特殊合同风险，突出的有如下四种情形。

1. 政府政策变动的风险

城市更新项目，尤其是旧村改造工作受政府约束和影响十分直接，政策变动甚至方向性大调整，也时常出现。2021年8月30日住建部颁发的63号文，划定了城市更新过程中的多条红线，如拆迁旧建筑原则上不超过20%，拆建比不大于2等，这些数据的红线，势必对合同的基础条件产生重大影响。2021年11月15日广东省住房和城乡建设厅发布了《广东省住房和城乡建设厅关于明确近期国家有关文件约束要求的函》（粤建节函〔2021〕804号），对城市更新政策的"刚性要求"进行梳理并严格执行。

2. 村集体决议的程序性风险

"城市更新项目包含了六大表决事项，改造主体要严格遵循政策规定的表决程序，避免因程序瑕疵导致表决事项无效或被撤销"①，关于程序性的合同风险主要有两类，一类是因程序瑕疵导致合同无效。开发商、平台公司与村集

---

① 黄山：《城市更新项目法律实务及操作指南》，法制出版社，2020年9月第1版。

体、旧工厂、旧城镇的权属人签订合作合同，如未履行合规程序，可能导致合同无效，例如，政府明确规定，旧改项目公司股权转让，需经村集体同意以及报区政府备案①，否则可能导致合同无效。另一类是因更新改造事项表决程序受阻，导致合同履行困难。比如，在城市更新中，对项目的改造更新意愿、公开选择合作企业、更新改造实施方案等表决长期无法通过，导致项目推进受阻。

3.旧改项目突发事件的风险

因旧改意愿表决、入户测绘调查、签约谈判、拆迁安置等工作可能会引发村民、权属人、搬迁人等利害关系人，与村委、征拆方、入户调查工作人员等发生激烈矛盾，引发人为制造的紧急、突发性事件。虽然有不少应对性的法规政策出台，如广州市为处理留守户问题，出台"政府裁决＋法院执行""单独征收""多数决"等司法措施，在城市更新项目中亦需要提交关于《社会稳定风险评估报告》，但突发事件、群体性事件、维稳事件仍时有发生，导致项目中止、停业整治或司法纪律调查。

4.合作主体合法性的风险

城市更新工作的合作主体是否适格或者合法，可能产生合同的风险。例如，城市更新市场中平台公司一般不具备政策要求的合作企业资质，幕后还可能隐藏股权代持、暗股或利益输送等情形，从2019年9月开始广州已经通知明确清查和整顿平台（中介）公司②。如果合作主体的合作内容存在违反法律、行政法规强制性规定，违反公序良俗，恶意串通损害他人权益等，可能导致合同被撤销或认定无效。另外，合作主体也可能在项目改造过程中实施违法行为，造成合同履行的重大妨碍。

以上四类合同风险，就法律适用而言，对于"政策变动风险"，根据《民法典》关于"情形变更"的规定，当事人在订立合同后如发生无法预见、不属于商业风险的重大变化，可要求变更或解除合同，如合同约定政策变更属

---

① 《关于进一步规范旧村合作改造类项目选择合作企业有关事项的意见》穗建规〔2020〕第16号（2020年2月21日）。

② 广州市住房和城乡建设局2019年9月发布《广州市住房和城乡建设局关于加强旧村全面改造项目监管工作的通知》；2019年10月广州市规划和自然资源局增城分局发布《关于进一步加强市场主体参与我区旧村改造监管工作的函》。

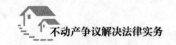

于"不可抗力"的,也可适用"不可抗力"的规定。其他三类风险引起的民事责任,如无特殊合同约定和法定情形,一般不属于《民法典》规定可以免责的情形①。

二、城市更新中投资合同争议的解决之策

为应对城市更新项目的合同风险并妥善处理争议,高效化解矛盾、减少损失、保障项目顺利推进,市场主体应针对更新改造项目的风险特征,建立预防、调解和依法处理的争议解决机制。

1.建立合同风险预防机制

其一,合同预设风险处置内容。有针对性地在合同中设置风险处置条款。比如,遇政策变动,造成合同无法履行的,可视为不可抗力;村集体无法通过表决的,可视为合同解除条件;遇突发事件,由过错方承担责任;约定平台公司负有守法合规的严格责任。其二,合同中设置退出机制。例如,广州市旧改政策规定了招商文件、合作协议和监管协议应明确合作企业违约责任和退出的情形②。同样,开发商与投资机构、开发商与平台公司,开发商、平台公司与更新改造主体签订合同,也应在合同中设置退出的机制。其三,要求提供合同当事人担保,改造主体、开发商可要求平台公司或其实际控制人提供履约的担保。

2.注重"调解"化解合作矛盾

城市更新投资合同的当事人一般不愿意将矛盾公开化或选择司法解除途径,自行"和解"是化解矛盾的第一选择,如果自行和解确实无法实现,则可通过第三方"调解"来争取解决,如广州仲裁委员会设立了"三旧"改造行业仲裁调解中心,调解方式比较灵活,程序也不必要求严格。我国鼓励以调解方式办案,进入法律程序后,也可由裁判机构主持双方进行调解。自愿达成的和解协议对双方均有约束力,如果一方事后反悔,仍可起诉至法院或按约仲裁解决。如果系仲裁机构、人民法院主持达成的调解协议,或经公证机关公证赋予强制执行效力的债权③,可以向人民法院申请强制执行。

---

① 参见《民法典》第八章民事责任第一百六十七至第一百八十七条。
② 《广州市城中村改造合作企业引入及退出指引》第二十条。
③ 参见《中华人民共和国公证法》第三十七条。

3.依法处理争议，慎用和善用"诉讼、仲裁"程序

诉讼和仲裁作为解决争议的法律手段，具有依法性、强制性的特点。一是"慎用"法律手段。其一，启动法律程序之后，须依据法律程序进行，还要审查案件实体问题的合法性，特定情况下法院有权不允许撤诉而予判决；其二，诉讼案件一经立案，如无保密和法定情形，案件将公开审理，判决也将被公示，有关案情、商业机密可能公之于众；其三，法院判决和仲裁结果，具有强制性执行的效果，如涉及国有资产或公众公司等，判决执行一般难以再调和。二是"善用"法律手段，运用"诉讼"或"仲裁"时需考虑以下三方面。其一，法律程序有时比预计更漫长。更新项目可能会涉及工程内容、成本的审计、工程质量鉴定等，且可能连带出其他民事、行政或刑事案件。其二，注意审查合同效力。在涉及旧村改造、旧城镇改造、村集体土地、土地规划等投资合作合同中，可能会出现合同主体、合同内容或程序上的瑕疵。其三，注意案件中可能存在民刑交叉的问题。刑事案件在城市更新项目中比较高发，可能涉及民事和刑事交叉的问题。

三、小结

市场主体在投资和参与城市更新改造工作时，需要警惕项目执行过程中特别突出的合同风险情形，有预见性地在合同中设置针对条款予以应对，以化解可能出现的合同风险。当合同争议发生时，应尽量以和解和调解方式解决，确实无法解决的，应选择正确的法律途径和采用专业的方式解决，以便高效解决合同纠纷并维护相关权利人的正当权利。

（载于《广州律师》2021年第6期，总第92期）

第十章　矿山开发权租赁合同纠纷

14 矿山租赁经营合同签订之前形成的矿山内部安全隐患，导致承租期间发生安全事故造成承租人损失，出租人是否应承担责任？

案例导读

　　安全问题是矿山开采经营中需要高度关注的问题，不能保障矿山安全，就没有矿山正常的生产经营，而且会严重危及矿山及周边人民群众的生命、财产和生态环境等安全，安全保障不仅是矿山本身的安全问题，而且是社会安全责任问题。那么，在矿山的投资经营或租赁合作关系中，第一件事情就是要明确矿山的安全责任，明确责任主体、责任时限、责任范围、责任承担等责任法律关系。在矿山合作开发或租赁经营合同中，隐蔽性的安全隐患是容易被忽视的问题。近年来矿山资源一直是投资热门，"家里有矿"就是财富的象征，因此某些投资者急于获取矿山资源，对矿山存在的隐蔽性安全问题没有进行深入调查。但是在签订合同并投入开采经营之后，该隐蔽性风险逐步积累并突然爆发，这种隐性累计的风险责任难以区分界定。因此，在签订合同之前要深入调研，并在合同中明确约定隐蔽性安全风险的法律责任、赔偿范围、责任主体。以下案例就是矿山租赁经营中隐蔽性安全事故突发造成承租人重大经济损失，租赁合同双方当事人对安全事故责任的矿山交付时点、责任划分、损失范围等存在较大争议，以下详探。

典型案例1：A公司与B公司某矿山租赁经营合同纠纷

原告：A公司
被告：B公司

2007年4月A公司经过多轮角逐，成功中标某铁矿山公司（简称B公司）名下位于某省某市的铁矿山租赁经营权，A公司与B公司签订了《某铁矿山租赁经营合同》（以下简称《租赁合同》）。《租赁合同》第一条约定，出租人必须保证矿山租赁经营交易程序的合法性，由于矿山开采证照不完整或失效，甲方（出租方）协助乙方（承租方）办理矿山新的《采矿许可证》及相关的生产经营审批手续；双方签订安全生产责任书、环境保护责任书、矿山开采承诺书，明确相关安全责任和义务。第二条约定"甲方将……矿山开采权、经营权以及生产、生活用地，包括所属的生产设备、设施交给乙方经营。并且甲方同意将某铁矿山公司的证照印章均交由乙方保管使用，作为该矿山补办新的开采证照手续、生产经营之用，期限20年。"第三条约定每年承租款为1000万元，租金自办好《采矿许可证》并将矿山移交安全检修之后正常生产的次月起计，每年的承包款需在当年的10月前付清。第四条第2款约定："2.甲方……保证整个矿区产权明晰、完整移交给乙方生产。"第五条约定"1.矿山移交后……甲方从乙方办回《采矿许可证》之日起（发证日期）给予3个月的安全检修、改造维修、整治更新期，该期间不计租金。"双方签订合同之后，由于前任承租人和非法开采者的阻碍，承租人迟迟不能进入矿区接收矿山，直到2007年8月承租人才进入矿区接管矿山。承租人接管矿山时，出租人未派人到场清点和办理交接，双方一直没有办理矿山的交接手续。而接收时，矿区的全部设施处于瘫痪状态，主要道路、矿区内的交通网络、山体河流护基、水电供应系统、矿井开采输送系统、生产作业系统、厂房办公配套系统、排污和环保系统等均由于旧损、破坏而无法运转，主要生产机械设施、设备，大部分已被前任承租方拆除及损坏。正值原告初步踏入矿区仅两个月，尚在对矿山进行清点、盘查、规

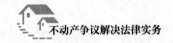

划，尚未进行施工重建安装等工作之时，2007年10月中旬该矿山原1号尾库突然发生泄漏、坍塌事故，严重危及周边群众的生命财产和环境生态安全。原告随即组织人力、物力、资金进行紧急抢险工作，后期又不断投入巨资对矿山进行必要的排险、加固、建设、维修及整建更新升级等工作。由于该矿山的开采证件均已过期失效，依据《矿产资源法》第十六条规定，开采矿产资源由国务院地质矿产主管部门审批，并颁发采矿许可证。《矿产资源法实施细则》第五条规定，开采矿产资源，必须依法申请登记，领取采矿许可证，取得采矿权，因此，该矿山除了对硬件设施进行修复和更新升级之外，还需要办理开采生产的《排污许可证》《采矿许可证》《安全生产许可证》等证照。经过A公司投入巨大的人力、物力和资源，2016年4月才取得矿山采矿生产的四证——《勘察许可证》《采矿许可证》《安全生产许可证》《排污许可证》，因原来发生安全事故的1号尾库已经无法继续使用，在此期间又斥巨资兴建了新的2号尾库及配套的道路基础设施、输送系统、生产作业等相关设施。在A公司的抢救整顿治理之下，从其实际接收矿山之初2个月内发生安全事故，经抢险修复升级及办证等，足足历时9年多，才使矿山具备安全保护、排污和环保设施，采矿证照等合法的开采生产条件。对于原1号尾库的安全事故，系发生在承租方接收矿山之初2个月内，尚未动工启动重建，更未启动开采和生产工作阶段，也远远未达到合同第五条约定的取得采矿权证之后的3个月安全检修期，说明该事故在承租之前早已积累并形成重大隐患。经A公司统计，A公司为该安全事故抢险、修复和新建相关设施等投入超过3亿元，故要求B公司进行相应补偿或从租金中抵扣，B公司原则上同意给予一定补偿，但认为A公司的补偿要求过高，双方发生争议，为此诉至法院。

A公司作为原告认为，由于其对于上述安全事故进行抢险和重建的投入及工作，方使矿山满足交付所需的合法、合格的条件，使矿山状态符合双方合同所指的基本条件，而这本应系B公司承担的法定责任和义务。特别要指出的是原1号尾库的泄漏和坍塌，系前任承租方在开采和运营时所积蓄产生的隐蔽性的安全风险，原告完全不知情，被告也未披露和警示，出租方无疑负有法定合格交付标的物的责任，这是缔约的前置义务。出租方应在交付矿区之前进行必要的排查、清理、整顿和安全提示，保证矿区符合安全交付标准。根据《合同法》第四十二条（对应《民法典》第五百条）的规定，当事人在订立合同过程中有"（二）故意隐瞒与订立合同有关的重要事实或者提供虚假情况；（三）有其他违背诚实信用原则的行为"等情形，给对方造成损失的，应当承担赔偿责任。因出租人提供的出租物不符合法律规定的安全生产条件并且发生重大事故，造成原告为抢险和重建造成巨大的直接经济损失，对此被告理应予以赔偿。被告B公司认为，该安全事故发生确非A公司原因，但是B公司也不知情，合同签约过程中也已告知A公司该矿山设施不完善、证件失效等问题，因该矿山抢险和修复等工作造成A公司的损失，B公司同意部分补偿，由于A公司在修复过程中对矿山设施设备的采购、新增及系统升级等无关于抢险损失，是A公司本应按照合同完善矿山开采的硬件设施及证件的义务。而且A公司要求补偿的标的额达3亿元，矿山租金每年才1000万元，租赁期限为20年，即便以全部租金进行抵扣，也不足以抵扣完A公司要求的补偿金额。

　　该案在人民法院诉前调解阶段，由人民法院主持，双方就损失问题进行了多次沟通和调解。双方调解的基调，是对该安全事故造成的损失进行评估鉴定，划分清楚哪些是因该矿山事故灾难造成的抢险和必须重建的直接损失，哪些是在原有基础之上的更新升级基础设施、生产设施设备、环保更新等间接投入。根据实际情况，双方合理共同分担部分费用。为此，经人民法院主持调解，共同聘请评估鉴定机构进行鉴定和评估。结果是双方签订调解协议，确认出租方对承租方为抢险和安全重建所支出的直接、合理投资费用进行补偿，从每年应缴年租金中逐年部分抵扣，直至抵扣完。2018年9月法院出具裁定书，裁定双方于该院诉前联调办公室签订的调解协议合法有效。

一、律师评析

　　在我国经济飞速发展的过程中，企业之间的收购、兼并、重组及合作经营十分频繁，这类业务的交易方式不仅包括对企业股权收购的方式，也包括直接租赁承包经营、收购净资产等交易方式。经营矿山、森林、港口、码头、海域等不动产资源的企业，资产规模一般比较庞大，在这些标的物的交易中，标的物符合安全标准应列在交易条件的首位。矿山作为特殊的不动产资源，其基础设施和生产经营的作业全程均存在重大安全风险，那么矿山租赁经营之前产生的隐蔽性安全风险，在租赁期间发生安全事故，责任由哪一方承担？

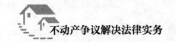

就本案而言，出租方有法定义务提供安全合格的矿山（租赁物或标的物）给承租方，依据《中华人民共和国矿山安全法》（以下简称《矿山安全法》），出租方作为企业本身，负有保障矿山符合安全要求的强制性法定义务，出租人须提供合格出租物给承租方，并保证租赁物符合约定的用途。如果出租物存在安全、质量及环保等瑕疵，导致事故损害的，应由出租方承担责任。出租方须交付符合安全生产条件的出租物给承租方，这是法定义务，除非双方当事人在合同中已经明确约定矿山存在安全风险需要承租人自行清查、整治和重建等相关义务，否则出租人法定的安全合格交付义务不能排除。本案双方在合同中并没有约定矿山在接手之后由承租方进行安全排查、安全风险整治和对隐蔽性安全风险负责的内容。对于在承租合同之前形成的安全隐患及其导致的在承租人接手之后发生的事故，造成的直接损失和责任，《民法典》第五百零九条规定"当事人应当按照约定全面履行自己的义务"，第五百一十一条规定"当事人就有关合同内容约定不明确的，依据前条规定仍不能确定的，适用下列规定：（一）质量要求不明确的，按照强制性国家标准履行……按照通常标准或者符合合同目的的特定标准履行"，第五百七十七条规定"当事人一方不履行合同义务或者履行合同义务不符合约定的，应当承担继续履行、采取补救措施或者赔偿损失等违约责任"，第七百零八条规定"出租人应当按照约定将租赁物交付承租人，并在租赁期限内保持租赁物符合约定的用途"。依据上述规定，出租人应当将符合合同目的、符合法律规定强制性的标准的、符合安全标准的矿山，交付给承租人。本案中双方没有办理交接手续，由承租人自行接手矿山，承租人对矿山进行整治、修复、重启工作之前就发生了尾库坍塌、泄漏事故，承租人接手之后也未启用过该事故区域，说明事故区域的安全风险是承租之前就已经形成的。然而出租人未尽到安全交付义务，未能排除安全风险就将矿山交付，理应承担事故造成的相关损失和责任。《民法典》第五百八十四条规定："当事人一方不履行合同义务或者履行合同义务不符合约定，造成对方损失的，损失赔偿额应当相当于因违约所造成的损失，包括合同履行后可以获得的利益；但是，不得超过违约一方订立合同时预见到或者应当预见到的因违约可能造成的损失。"因事故发生造成的承租人的直接损失经过第三方机构审计评估已经确定。对于间接损失和未来可获得的利益，承租人没有提供充分的证据证明，而且该损失也不是出租人在订立合同之时可预见的。对于重建、改造及技术升级的投入，是用于更新矿山基础设施和设备的，属于在原来基础之上的改造更新费用。该费用有助于承租人在租赁期间的生产经营工作，不宜列入事故损失费用。

对于涉及矿山、港口、码头、水域或其他"高危"生产型企业的交易（租赁、承包、合作经营、投资等），笔者有如下三点实务建议。

其一，签订合同之前需对项目进行包括安全性的全面尽职调查。收购方须聘请专业机构进行尽职调查，该机构须具有安全鉴定评估机构资质，出具安全评估鉴定报告，以此全面摸清项目的安全性是否存在问题。切勿仅听信当事人介绍陈述，或者由非专业人员、机构进行调查。

其二，合同中要明确约定安全责任条款。安全责任条款应是此类合作合同中的必备条款，应在合同中约定矿山交付的安全责任、责任主体、风险责任转移时点、责任范围、责任期限、检修费用承担、隐蔽性安全瑕疵造成责任、违约责任、损失承担等内容。如果双方当事人已预见标的物可能存在安全问题，应在合同中约定检查排除安全问题的责任主体、费用的承担等，并且需要约定只有在排除安全责任风险，具备合法生产条件之后，方可执行合同。本案就是对交付矿山的安全责任没有作明确约定，仅在租赁合同第二条约定："甲方将……矿山开采权、经营权以及生产、生活用地，包括所属的生产设备、设施交给乙方经营。"第四条第2款约定："2.甲方……保证整个矿区产权明晰、完整移交给乙方生产。"该合同没有约定矿山隐蔽性安全瑕疵的责任主体，以致在出现争议之时，没有明确可适用的合同条款。

其三，做好项目的交接工作。对于矿山、港口、码头、森林等大型的不动产资源企业，在经营中可能涉及环境污染和生态破坏责任的企业，以及具有高度危险经营的企业，如民用核设施、铁路、飞机、船舶或其他经营高度危险物质的企业，必须高度重视项目的交接工作。双方应共同以书面的形式确认——交接的时点、交接的项目内容（附详细清单），约定交接工作人员名单、交接之后风险责任转移等内容，必要时可请公证机关公证，保存项目交接时现状的证据。

笔者认为，出租方应承担租赁物的安全交付责任，对于安全事故的发生及造成的直接损失，依法应予赔偿。当然对于安全事故，还需要国家安全生产监督管理部门出具相应的事故报告，对造成的直接经济损失，应予客观合理的鉴

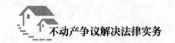

定评估；对造成的间接经济损失，法院可酌情判决出租方进行合理补偿。由此可见，出租方提供具备安全条件的租赁物，是一项比较严格的法定义务。某些出租方为了避免该责任，在合同中概括性地将安全责任和风险全部转移至承租人，这些约定并非完全有效，如果出租物在出租之前本身就隐藏安全风险，或者这种约定排除法律规定的出租方的安全责任，以及可能存在显失公平或非法无效的问题，当安全事故发生时，出租人仍可能承担相应的法律责任。

二、相关问题与分析

在不动产生产经营和交易过程中，必须重视不动产所涉及的安全风险和责任，这不仅是法律规定的强制性义务，双方也应在合同中进行明确约定。

其一，"安全大于天"，国家对企业安全生产制定了系统性的法律法规。《中华人民共和国刑法》第一百三十四条规定，"在生产、作业中违反有关安全管理的规定，因而发生重大伤亡事故或者造成其他严重后果的"，应追究刑事责任。2021年修正的《中华人民共和国安全生产法》第三十四条第二款规定："矿山、金属冶炼建设项目和用于生产、储存、装卸危险物品的建设项目竣工投入生产或者使用前，应当由建设单位负责组织对安全设施进行验收；验收合格后，方可投入生产和使用。"国家对一些特殊行业颁布了单行条例和规章，其中《中华人民共和国矿山安全法》第十二条规定："矿山建设工程必须按照管理矿山企业的主管部门批准的设计文件施工。矿山建设工程安全设施竣工后，由管理矿山企业的主管部门验收，并须有劳动行政主管部门参加；不符合矿山安全规程和行业技术规范的，不得验收，不得投入生产。"《中华人民共和国矿山安全法实施条例》第九条规定："管理矿山企业的主管部门、劳动行政主管部门应当自收到建设单位报送的矿山建设工程安全设施施工、竣工情况的综合报告之日起30日内，对矿山建设工程的安全设施进行检查；不符合矿山安全规程、行业技术规范的，不得验收，不得投入生产或者使用。"其中《安全生产许可证条例》第二条规定："国家对矿山企业、建筑施工企业和危险化学品、烟花爆竹、民用爆炸物品生产企业（以下统称企业）实行安全生产许可制度。企业未取得安全生产许可证的，不得从事生产活动。"《尾矿库安全监督管理规定》第十七条规定："尾矿库建设项目安全设施验收合格后，生产经营单位应当及时按照《非煤矿矿山企业安全生产许可证实施办法》的有关规定，申请尾矿库安全生产许可证。未依法取得安全生产许可证的尾矿库，不得投入生产运行。"《中华人民共和国水污染防治法》第二十一规定"直接或者间接向水体排放工业废水和医疗污水以及其他按照规定应当取得排污许可证方可排放的废水、污水的企业事业单位和其他生产经营者，应当取得排污许可证；城镇污水集中处理设施的运营单位，也应当取得排污许可证。……禁止企业事业单位和其他生产经营者无排污许可证或者违反排污许可证的规定向水体排放前款规定的废水、污水。"

除了国家和政府层面的安全性规定，还有相应的行业管理规章制度。

其二，负有安全责任的企业在生产经营中，除了贯彻执行国家和行业安全生产的规定政策、上级单位规章和安全规定，自身还需要不断制订和执行安全生产章程制度，完善、细化和执行内部安全生产监管制度，总结生产经营的实操经验，进一步细化安全生产和监督管理的规范和细则。企业需要"以人为本"、发挥"工匠精神"、实施"精益管理"，严格执行安全生产规程和制度，转变安全生产的管理方式，采取最新的科学技术监控和管理手段，发挥安全生产责任主体的作用，坚持对企业员工进行安全生产培训，增强其安全意识。

其三，如果出现安全风险事故，必须依法、依规进行抢险施救，必须实事求是地对事故发生的过程、抢救和损失等方面进行证据固定，并由各方确认。

非常值得称赞的是本案的承租方在矿山发生紧急事故之时，并没有逃避责任，而是自发组织大量资金、人力、物力全力进行抢险，承租人董事长等企业高管不分昼夜、亲临前线指挥抢险救灾达两个多月。如果不是承租人及时抢救、投入巨额资金抢险，事态进一步发展，很可能造成重大的矿难事故、生态灾难，严重危及周边群众的人身和财产安全。因此，于情于理于法，承租人的抢险救灾行为值得表扬和鼓励，对其造成的损失应进行弥补。同时，笔者也借本案例阐述一下企业"安全生产"观。第一，企业应建立安全事故的预防制度，在安全生产理论领域有一则"海恩法则"——任何不安全事故都是可以预防的，预防安全事故发生是极为重要的工作，企业不仅要严格进行安全生产作业，还要高度重视安全生产的文化培育和安全监控体系的运营，任何不安全因素都是不能忽略的；第二，企业应当建立安全危机管理体系，就生产经营过程中可能出现的安全生产问题进行科学分析，建立预防机制、

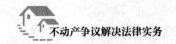

处理机制、救助机制、监督机制、责任机制；第三，如果发生安全事故，须依法、依规迅速制定安全事故解决处理方案，迅速组织执行抢救措施，并且按照相关规定及时向安全生产和相关监管部门汇报，同时要防止灾难和损失的扩大，开展固定相关证据等工作。事后要注意妥善处理善后工作。疏通化解可能产生的"舆情危机"等情况。

三、规范指引

■《民法典》

第五百七十七条　当事人一方不履行合同义务或者履行合同义务不符合约定的，应当承担继续履行、采取补救措施或者赔偿损失等违约责任。

第五百八十二条　履行不符合约定的，应当按照当事人的约定承担违约责任。对违约责任没有约定或者约定不明确，依据本法第五百一十条的规定仍不能确定的，受损害方根据标的的性质以及损失的大小，可以合理选择请求对方承担修理、重作、更换、退货、减少价款或者报酬等违约责任。

第五百八十四条　当事人一方不履行合同义务或者履行合同义务不符合约定，造成对方损失的，损失赔偿额应相当于因违约所造成的损失，包括合同履行后可以获得的利益；但是，不得超过违约一方订立合同时预见到或者应当预见到的因违约可能造成的损失。

第七百零八条　出租人应当按照约定将租赁物交付承租人，并在租赁期限内保持租赁物符合约定的用途。

第七百一十二条　出租人应当履行租赁物的维修义务，但是当事人另有约定的除外。

第七百一十三条第一款　承租人在租赁物需要维修时可以请求出租人在合理期限内维修。出租人未履行维修义务的，承租人可以自行维修，维修费用由出租人负担。因维修租赁物影响承租人使用的，应当相应减少租金或者延长租期。

■《中华人民共和国安全生产法》

第三十四条第二款　矿山、金属冶炼建设项目和用于生产、储存、装卸危险物品的建设项目竣工投入生产或者使用前，应当由建设单位负责组织对安全设施进行验收；验收合格后，方可投入生产和使用。负有安全生产监督管理职责的部门应当加强对建设单位验收活动和验收结果的监督核查。

■《中华人民共和国矿山安全法实施条例》

第九条　管理矿山企业的主管部门、劳动行政主管部门应当自收到建设单位报送的矿山建设工程安全设施施工、竣工情况的综合报告之日起30日内，对矿山建设工程的安全设施进行检查；不符合矿山安全规程、行业技术规范的，不得验收，不得投入生产或者使用。

■《安全生产许可证条例》

第二条　国家对矿山企业、建筑施工企业和危险化学品、烟花爆竹、民用爆炸物品生产企业（以下统称企业）实行安全生产许可制度。

企业未取得安全生产许可证的，不得从事生产活动。

■《尾矿库安全监督管理规定》

第十七条　尾矿库建设项目安全设施验收合格后，生产经营单位应当及时按照《非煤矿矿山企业安全生产许可证实施办法》的有关规定，申请尾矿库安全生产许可证。未依法取得安全生产许可证的尾矿库，不得投入生产运行。

生产经营单位在申请尾矿库安全生产许可证时，对于验收申请时已提交的符合颁证条件的文件、资料可以不再提交；安全生产监督管理部门在审核颁发安全生产许可证时，可以不再审查。

■《中华人民共和国水污染防治法》

第二十一条　直接或者间接向水体排放工业废水和医疗污水以及其他按照规定应当取得排污许可证方可排放的废水、污水的企业事业单位和其他生产经营者，应当取得排污许可证；城镇污水集中处理设施的运营单位，也应当取得排污许可证。排放许可证应当明确排放水污染物的种类、浓度、总量和排放去向等要求。排访许可的具体办法由国务院规定。

禁止企业事业单位和其他生产经营者无排污许可证或者违反排污许可证的规定向水体排放前款规定的废水、污水。

15　因开采权存在瑕疵，矿山开采和配套加工项目停工停产，如何厘清法律
　　关系，盘活项目？

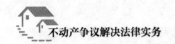 **案例导读**

　　某公司经公开挂牌出让程序，取得某地的采矿权，获得十年期限的《采矿许可证》，该公司根据许可证，在该地开发和建设了一座矿山和完整的配套设施。根据招商政策，又在当地竞拍取得一块国有建设用地，该公司为此投资巨额资金建设矿山加工生产基地，经过三年多持续的投入和建设，该基地已经实现了第一期的生产运营，矿山也经过了数年的正常开采运营。但是后期行政管理部门发现《采矿许可证》的红线范围和林地使用红线范围不一致，导致矿山被行政管理部门多次处罚，此期间数次被要求停工整顿。并且该矿山取得的《安全生产许可证》十年期限到期之后，相关行政管理部门以该矿山已纳入自然资源保护区为由不再续期，矿山全面停工停产，该公司配套加工基地也因此停止生产。该公司作为招商引入的外资企业，根据招商协议对整个项目的总投资达3亿多元，而现在投资尚未收回。因该矿山《采矿许可证》失效和矿山位置被纳入自然资源保护区而全面停工停产，整个项目的生产设施和设备处于闲置荒废状态，同时也造成了良好生产资源的巨大浪费。该公司多次向当地政府反映，要求依法续期《采矿许可证》并重启项目的生产经营工作，但是一直没有得到妥善解决。加上疫情防控的影响，该项目停工拖延已达数年，该公司亏损极为严重。鉴于当地政府拟征用该项目的部分建设用地，以及该矿山配套基地及采石山的土地也获得了意向投资方的青睐，以此为契机，该公司委托笔者律师团队提供法律分析意见，分析该项目纠结的法律关系和民事责任，提供法律上的对策，以破解该项目困境。

典型案例2：某矿山和配套生产基地重组法律服务项目

委托人：A公司
受托人：某律师事务所

2009年8月A公司通过参加公开挂牌出让，竞得某市某镇石英岩矿采矿权，2010年7月在原某市国土资源局（以下简称"国土局"）取得《采矿许可证》，有效期至2020年7月，矿区范围面积0.0752平方公里。某矿业公司取得《采矿许可证》后依法向林业部门申请办理林地使用手续，于2010年3月在某省林业局取得《使用林地审核同意书》，林地使用范围为6.2公顷。2016年在某市林业局认定的林地使用红线范围内开采，2016年某市国土局认为该矿山存在超越《采矿许可证》红线范围越界开采的行为，责令A公司立即停止越界开采行为，某市林业局解释为，可能由于当时A公司与林业局没有认真审核申请林地使用红线范围相关资料，致使办理的林地使用红线范围与采矿许可证批准的矿区范围存在差异。虽然林业局有上述解释，但某市国土局仍认定该矿山存在《采矿许可证》越红线范围内开采行为，责令A公司立即停止越界开采行为，并将改变林地用途的林地恢复原状。A公司与某市国土局、林业局多次沟通，希望统一开采坐标，但未取得一致意见，至2017年3月在A公司积极努力沟通及相关部门的协调下，该矿山被许可在某市国土局的《采矿许可证》红线范围及某市林业局林地使用红线范围的交界范围内进行小规模开采。2020年7月A公司《采矿许可证》即将到期，A公司申请办理采矿权延续申请，某市林业局批复，该矿山已经纳入自然资源保护区，无法办理林地使用许可手续。国土局（自然资源局）也据此无法为该矿山办理《采矿许可证》和《安全生产许可证》的延期，导致应急管理局注销了该矿山的《安全生产许可证》。至此该矿山和该公司配套建设的生产加工基地全部陷入停工停产状态。该公司生产加工基地通过当地招商引资政策，由A公司竞拍取得，是该公司作为该矿山配套的生产加工基地，主要对该矿山开采出的矿石进行生产加工。由于该矿山停工，

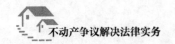

该基地无矿可加工，整个矿山和配套基地的投入达3亿元。加之该矿山数次被处罚停工，以及到期之后无法续期，造成该公司的巨大损失。至2022年5月，由于当地政府的建设项目需征用该基地部分土地，意向投资者也准备参与重启矿山及配套项目，该公司委托笔者团队对该项目进行法律关系分析，提供法律解决之策。

委托人拟重组、重启上述项目，就委托人提出的委托要求，根据委托人的陈述内容、相关项目资料及实地调查成果等情况，律师出具了以下法律分析意见。

（以下摘引该法律意见的部分正文）

★关于本项目的项目情况

（一）关于A公司矿山加工生产基地的建设用地问题

2011年3月某市人民政府与A公司就某市1000余亩的闲置建设用地进行协商，同意A公司将其用于建设"某矿山生产加工基地"，双方签订了《招商协议书》。

2011年11月某市人民政府、某镇人民政府与A公司，就某矿山生产加工基地项目签订《某矿山生产加工基地项目投资合同书》（以下简称《投资合同书》）。合同明确闲置土地包括原某加工厂的厂区土地和采石山两部分，厂区土地证载面积为300亩，采石山的证载面积为805亩，实际可用面积381亩。

关于厂区土地：其中200余亩土地使用权已于2012年以公开挂牌方式办理了供地手续，由A公司竞得并使用，其他部分用地因历史原因被划入了基本农田保护区范围，在2013年某市基本农田调整划定清查整改时进行了调出，并按《基本农田调整划定清查整改成果予以入库的通知》批准入库。

关于采石山地块：采石山经实测面积为800余亩土地，有约450亩为当地村民小组的林地，而原某加工厂并未征用该450亩林地；原某加工厂的厂区用地红线图所标识公路约15亩实际并不存在，最终确认实际可用权属清楚且无争议的面积约为280亩，因未取得经林业主管部门审核同意的《使用林地审核同意书》，故无法依法对该280亩进行土地公开挂牌出让工作。

（二）关于A公司矿山的采矿权问题

2009年8月A公司通过参加公开挂牌出让，竞得某市某镇的采矿权，2010年7月在原某市国土资源局取得《采矿许可证》，有效期至2020年7月。A公司取得《采矿许可证》后依法向林业部门申请办理林地使用手续，于2010年3月在某省林业局取得《使用林地审核同意书》。由于当时A公司及林业局没有认真审核申请林地使用红线范围相关资料，致使办理的林地使用红线范围与采矿许可证批准的矿区范围存在差异（某市自然资源局的说法），后因《采矿许可证》红线范围和林地使用红线范围不一致，导致多次停工，最终矿山《安全生产许可证》因无法续期被注销，矿山《采矿许可证》也无法续期，矿山停工停产至今。

委托人矿山采矿权问题具体时间轴如下：

2016年A公司在某市林业局认定的林地使用红线范围内开采，但某市国土局认为其超越《采矿许可证》红线范围，属越界开采，责令委托人立即停止越界开采行为（国土资源局《某市持证矿山资源开发利用情况检查表》）。

2016—2018年A公司在某市国土局认定的《采矿许可证》红线范围内开采，某市林业局又认为该公司超越林地使用红线范围越界开采，责令委托人立即停止越界开采行为，并将林地恢复原状（林业局《责令停止违法行为通知书》）。

2018年委托人与某市国土局、林业局多次沟通，希望统一开采坐标，但两个部门未达成一致意见。

2017年3月在委托人的积极努力及相关部门领导的协调下，委托人被允许可在某市国土局的《采矿许可证》红线范围及某市林业局林地使用红线范围的交界范围内（不足原采矿权坐标一半的范围）进行开采。

后因《采矿许可证》红线范围和林地使用红线范围不一致，无法办理矿山《安全生产许可证》延期，安监局注销了该证（某安监〔2018〕91号）。

2020年7月《采矿许可证》到期，某市林业局批复，案涉矿山属于自然资源保护区，无法办理林地使用许可手续，自然资源局亦无法为矿山办理采矿权延续（详见《采矿权延续申请核查意见表》，某市政府工作会议纪要〔2020〕10号）。

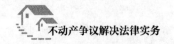

★关于本项目的法律分析及意见

（一）关于委托人生产加工基地的建设用地问题

（1）法律分析

根据某市人民政府、某镇政府与委托人于2011年11月签订的《某矿山生产加工基地项目投资合同书》第三条第1、第2、第3款，第六条第1款的相关约定，针对原某加工厂的厂区土地，某镇政府理应在委托人履行厂区土地补偿款项后，保证厂区土地不存在任何经济、行政等纠纷。并在符合土地出让条件后2个月内进行公开挂牌出让，确保90日内排除厂区土地的各种妨碍，依法完成土地公开挂牌、竞拍等工作，使厂区土地符合交付条件。但目前某镇人民政府仍未履行《投资合同书》项下部分厂区土地公开挂牌、竞拍义务，违反了合同约定。

（2）律师意见

根据某市自然资源局于2020年3月出具的《关于反映要求解决采矿和用地历史遗留问题调处情况告知书》（某自然资告字〔2020〕第30号），目前实际剩余部分厂区土地不符合某市土地利用总体规划（2010—2020年）。根据《土地管理法》第四条第四款①、第二十条第五款②的相关规定，土地利用总体规划确认即应执行，不符合土地利用总体规划的，建议处理方式如下。

方式一：积极与某市人民政府、某镇政府协商和沟通，待调整其符合土地利用总体规划后，再按《投资合同书》约定要求办理供地手续。

方式二：委托人有权起诉某镇政府违约，要求退还该部分厂区土地的土地补偿款、利息及赔偿由此造成的委托人的直接损失，注意诉讼存在风险。

（二）关于委托人采石山的用地手续问题

（1）法律分析

根据某市人民政府、某镇人民政府与委托人于2011年11月签订的《某矿

---

① 《土地管理法》第四条第四款规定："使用土地的单位和个人必须严格按照土地利用总体规划确定的用途使用土地。"

② 《土地管理法》规定：第二十条第五款规定："土地利用总体规划一经批准，必须严格执行"。

山生产加工基地项目投资合同书》第三条第1、第2、第3款，第六条第1款的相关约定，针对采石山土地，某镇政府理应在委托人履行采石山土地补偿款项后，保证采石山土地不存在任何经济、行政等纠纷。并在符合土地出让条件后2个月内进行公开挂牌出让，确保90日内排除采石山土地的各种妨碍，依法完成土地公开挂牌、竞拍等工作，使采石山土地符合交付条件。但目前某镇人民政府仍未履行《投资合同书》项下采石山土地公开挂牌、竞拍义务，也违反了合同相关约定。

（2）律师意见

其一，对于采石山最终确认实际可用权属清楚且无争议的林地，积极与某市人民政府、某镇人民政府、某市林业局协商、沟通，要求先办理该土地的林地使用审批审核手续，后办理该土地的供地挂牌手续。

其二，如果委托人已经按约定支付了该用地补偿款和相应的手续费用，而某镇人民政府并没有履行合同，则委托人有权起诉某镇人民政府违约，要求退还采石山土地的土地补偿款、利息及赔偿由此造成的委托人的直接损失。

（三）关于委托人采矿权的问题

（1）法律分析

根据《某公司历史遗留问题信访案件协调会议纪要》（市政府工作会议纪要〔2020〕10号），案涉矿山在某市自然保护区范围内。经查询《广东省自然保护区名录》，该自然保护区为1998年5月设立的归属某市的自然保护区，主管部门为某市林业局。根据《中华人民共和国自然保护区条例》第二十六条、《广东省森林和陆生野生动物类型自然保护区管理办法》第二十四条的相关规定，禁止在自然保护区内进行砍伐、放牧、狩猎、捕捞、采药、开垦、烧荒、开矿、采石、挖沙等活动，除非案涉矿山被调整出该自然保护区，否则将不能办理案涉矿山的林业用地许可手续，因此《采矿许可证》亦无法延期办理。

（2）律师意见

鉴于该自然保护区于1998年5月已经设立，委托人基于《广东省森林和陆生野生动物类型自然保护区管理办法》第八条主张矿山被划入自然保护区，要求补偿已存在巨大风险及不确定性。因此，建议委托人寻求某市林业局的

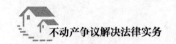

协助，在《某市自然保护地整合优化工作方案》中，争取将矿山置换出该自然保护区，在其他地方另行安置，否则《采矿许可证》延期将无法进行办理。

一、律师评析

矿山等不动产资源项目停工"烂尾"的重整救赎之路，是一条极为艰难曲折之路。尤其当经济下滑的时候，重新将企业、团队和资源等进行整合，存在诸多的困难因素，比如，企业存在的资金短缺、证照失效、管理人才流失等不利因素。而且随着时间的流逝，企业和资源进行重组交易的困难将持续增加。

本案因矿山的停采，配套加工生产项目停工停业，间接导致基地的停产，该公司也无力继续推动采石山用地的挂牌出让工作，这无疑是该项目的间接经济损失。综上所述，矿山停采的主要原因是红线图交叉、列入自然保护区等行政管理问题。如果当时该公司及时提出行政诉讼并且取得成功，则可能解决上述行政管理的问题，并获得相应的补偿或政府其他优惠政策的支持。矿山开采、基地生产经营是两个独立的法律关系，该公司也是将上述两个独立项目链接成完整的产业链，但是没有考虑到假如矿山停产、停业，会影响到加工基地的生产和经营，也没有考虑到加工基地的停产停业，这涉及整个商业投资风险。可以说该公司在商业投资之时，对矿山或基地可能存在的停产风险及可能形成的不良的连锁反应，在风险防范方面是考虑不周的。同时还要指出，该公司没有及时提出行政诉讼解决两部门行政管理冲突的问题，长期拖延期待上级政府部门出面协调解决，但事实上未能解决问题。长期拖而不决，导致该公司处于非常被动的局面：矿山和基地长期停产；采石山不能挂牌出让；公司管理人员流失、设施设备失修老化；供应和销售等生产经营上下游业务链条的断层；该项目用地基本上处于杂草丛生、荒芜的状态。现借着第三方公司拟征用该基地建设用地的契机，重整项目。

笔者认为，面对复杂的、严重亏损的"烂尾"困境，决策者要有"壮士断腕的勇气"。将征用土地款项用于项目重启；将基地其余土地与第三方合作；对公司进行股权重组；该公司以土地出资，第三方投资或入股，进行矿山加工业的合作；把握新市场商机，寻找新矿山资源；与第三方合作推动采石山的挂牌出让工作，让旧项目焕发新生机，使闲置资源经高质量重组之后，重新再出发。

二、其他问题与分析

矿山开采必须获得合法的开采权、安全管理、环保等审批手续和证照。因此，在投资矿山项目之时，务必要进行法律尽调：调查矿山当前的开采手续是否完备，对未来的续期可能性做出法律分析、预判。矿山开采业是高危行业，关乎国计民生，对安全生产、环境保护、资源保护等要求十分严格。在现实中，时常可见"矿难"爆发造成的重大人员和财产损失，令人十分痛心。也经常可见某些矿山不注意环境保护措施，造成山林被毁、水土流失、大地裸露，甚至造成河流水源严重污染，比如，某矿业于2010年7月3日发生的铜酸水渗漏事故，造成汀江部分水域严重污染及重大损失。对于矿山开采和作业，国家政府和矿业行业协会，不仅要制定相关的法律政策和措施，依法规范和管理开采行为，同时行政管理机关也要求严管严查，确保矿山开采作业行为的安全和环保。在本案中，该公司取得该矿山的开采权，经过政府公开拍卖程序并且依法申请了《采矿许可证》及《安全生产许可证》等相关证照，程序和手续都是合法的。但是由于两个不同行政管理部门在行政管理过程中对矿山颁发的证照出现红线图不一致的问题，该公司被两部门反复行政处罚停工，并期待上级部门和领导来处理，不愿意通过行政诉讼途径解决争议。该公司面临的具体问题是，不仅只能在小范围内开采作业，而且该矿区也因红线图交叉问题、列入自然资源保护区、水源区等问题，导致矿山《安全生产许可证》《采矿许可证》到期之后，不能依法申请续期，从而不能正常生产。

笔者认为，在矿山经营过程中，如果遇到行政管理不当或违法的问题，应该先通过行政申诉、复议、行政诉讼方式启动程序，否则丧失了诉讼时效和证据，将失去法律保障的最后一道防线。因此，本案在刚发现红线图交叉问题时，该公司就应该通过行政诉讼复议或诉讼的途径解决，并就相关的停产损失问题，要求相应的补偿，再以此作为与相关责任方进行谈判的基础，协同申请相关证照的续期，或者申请选择异地矿区进行安置。在矿山等不动

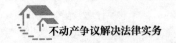

产资源开采经营的项目中，首先要保障合法审批证照的完善和有效，坚决对缺乏有效证照的项目说"不"，缺乏有效的证照进行开采作业，一旦造成重大的生产责任事故，将可能承担刑事责任，这是不能碰触的法律红线。另外，投资矿山开采业的风险是比较高的，要充分考虑其他风险，如地质自然灾害、政府命令和政策波动、安全生产事故等，有足够的风险防控能力和预案。

三、规范指引

■《中华人民共和国自然保护区条例》

第二十六条　禁止在自然保护区内进行砍伐、放牧、狩猎、捕捞、采药、开垦、烧荒、开矿、采石、挖沙等活动；但是，法律、行政法规另有规定的除外。

■《广东省森林和陆生野生动物类型自然保护区管理办法》

第八条　建立和调整自然保护区，应当征得其范围内土地、森林等自然资源和房屋等财产的所有权人、使用权人的同意，并与自然资源权利人签订管护和补偿协议。

第二十四条　禁止违反规定在自然保护区进行砍伐、放牧、猎捕、捕捞、采药、开垦、烧荒、开矿、采石、挖沙等活动。

第十一章 不动产收并购尽职调查注意事项及争议案例处理

16 填海造地海域使用权转为国有土地使用权登记换证等法律问题

 **案例导读**

在企业收购兼并的业务领域中，对目标企业进行全面的法律尽职调查，是进行收购兼并的必备前置程序，只有对企业实际情况和法律关系进行全面的调查和掌握，才能保障收购兼并程序的顺利进行。如果不进行法律尽职调查或者法律尽职调查未尽责，就可能存在巨大的法律风险，甚至产生重大争议，从而导致重大损失。因此法律尽调作为必备的程序，受托律师必须尽职尽责，保障法律尽调成果的高质量。对于一些涉及特殊不动产项目的尽调，如海域、港口、码头、水电站、海上太阳能发电站、矿山等，则要根据该不动产独特的法律特征和关系，有针对性地制订尽调方案。在客观掌握该项目的全面事实之后，再依据法律、政策进行分析论证，主办律师还需要根据专业知识和调查经验对项目法律政策进行可行性分析及法律风险评估。全面掌握目标企业的真实情况是基础，法律政策是准绳，主办律师须具备优秀的专业技能和丰富的经验。

典型案例1：A公司收购某码头公司之法律尽职调查

委托方：A公司

受托方：某律师事务所

A公司系大型国有企业，拟收购某码头公司（以下简称"目标公司"）大部分股权，主要目标是收购目标公司名下的码头及附属的设施，因此需委托法律、财务、航院、重型设备技术公司等专业中介机构对目标公司进行全面调查。其中法律尽职调查是本次调查的重点，需要对目标公司及名下码头的权属、证照、抵押、土地权属、债权债务等情况核查。2021年10月笔者律师团队经过激烈的公开竞标程序，中标了该项目的法律尽职调查工作，承办了该项目的法律尽职调查工作。在进行实际调查工作之前，律师团队组织了资深精干的调查律师、辅助工作人员，组成项目工作小组。调查律师首先了解该项目的基本情况，初步核查了委托方和目标公司提供的大部分的书面资料、文件，对目标项目有一个概括性的认识，且与委托方共同商讨了尽调的内容、调查重点、工作方式和工作流程。根据与委托方的多次沟通的内容，提交了进行法律尽调的《工作方案》，并经委托方领导的审核同意之后，与委托方法审部、财务部共同组成工作组，按照工作方案开展工作。

"入场"之前的准备工作包括拟定入场调查的方案、深度、主要方向、侧重点、疑难问题等，组织精干的法律尽调团队，布置工作任务，初步审查目标公司已经提交的各类资料。组织团队成员前往位于某市某港口的目标公司，与目标公司的工作人员进行沟通，进行现场查看、现场拍摄，查阅、复制资料证照，向该目标公司工作人员核实相关情况。调查过程中，要充分取得被调查企业的配合，方能充分了解情况，获取相关的资料和信息。同时，要分析目标公司的管理机构、工作人员、业务情况、财产情况、资产状况、债权债务情况，逐个前往工商、社保、港务、海洋、土地、劳动等行政部门调查。

针对目标公司核心的港口经营业务，承办律师和团队对港口码头的项目报建，施工、竣工验收，政府部门审查发放经营许可等全流程的合规性进行了核查。由于该项目还涉及海域使用权，还要对包括海域使用金、年限、透水构筑物、围海造地方式、审批权限、填海后手续办理、国有土地使用权证等事项进行了调查核验。其间，由于目标公司所持有的海域使用权证的数量较多，各证获取的途径和发证政府机构各不相同，且时间跨度较大，涉及发证机构变更、职能下放、政府部门拆分合并等问题，简单的不动产查册和电话咨询无法完全进行查证。调查团队于2021年11—12月对目标公司的股权、土地、车辆、海域使用权、房产及资产负债等情况进行审慎的法律尽职调查，工作内容包括以下方面。

1.与目标公司的工作小组多次进行洽谈沟通，对其股权、土地、海域、码头、料场、财务、员工薪资、资产负债等情况进行了询问。

2.走访了目标公司，征询目标公司相关人士意见并调取了目标公司提供的文件资料；实地查看了目标公司的干散货码头（1—2#泊位）、桥（门）式起重机（1—4#）、门座式起重机（1—4#）、卸船机、堆取料机（1#、4#）、取料机（2#）、堆料机（3#、5#）、皮带线、料场（干散货堆场和件杂货堆场）、矿石污水处理间等地。

3.要求目标公司对委托事项的事实情况进行确认。

4.要求目标公司对特定事项提供专项说明。

5.前往某区政务服务中心、某市某区市场监督管理局、某市自然资源局、某市不动产登记中心、某市社会保险基金管理中心某办事处、中国人民银行征信中心广东分中心（中国人民银行某市中心支行）、全国市场监管动产抵押登记业务系统网等部门查询目标公司的全套档案，查询了目标公司的海域使用权证书、不动产权证书的登记、抵押及查封等信息，查询了目标公司工作人员的社会保险缴纳及企业征信情况。

6.向自然资源部查询了目标公司的海域使用权证书。

7.通过国家及相关行政部门的官方网站及系统查询目标公司的情况[1]，具

---

① 国家及相关行政部门的官方网站及系统如下，以下网站或系统访问时间均为2021年11月19日：

（1）国家企业信用信息公示系统：http://www.gsxt.gov.cn/corp-query-homepage.html。

（2）信用中国：https://www.creditchina.gov.cn/。

（3）全国组织机构统一社会信用代码数据服务中心：https://www.cods.org.cn/。

（4）中国人民银行征信中心（动产融资统一登记公示系统）：https://www.zhongdengwang.org.cn/。

（5）中国裁判文书网：https://wenshu.court.gov.cn/。

（6）中国执行信息公开网：http://zxgk.court.gov.cn/。

（7）中国市场监管行政处罚文书网：https://cfws.samr.gov.cn/。

（8）粤公正微信小程序/suPjeZwmxLucRgE。

（9）广东省投资项目在线审批监管平台：https://www.gdtz.gov.cn/。

（10）珠海市人民政府门户网站：http://www.zhuhai.gov.cn/。

（11）国家知识产权局商标局中国商标网：http://sbj.cnipa.gov.cn/。

（12）中国版权保护中心：https://www.ccopyright.com.cn/。

（13）中国及多国专利审查信息查询：http://epub.cnipa.gov.cn/。

（14）工业和信息化部政务服务平台ICP/IP地址/域名信息备案管理系统：https://beian.miit.gov.cn/。

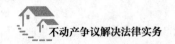

体包括：

（1）通过国家企业信用信息公示系统、信用中国、全国组织机构统一社会信用代码数据服务中心及中国人民银行征信中心（动产融资统一登记公示系统）等网站及系统查询目标公司的登记信息（含目标公司动产和权利抵押情况）。

（2）通过中国裁判文书网、中国执行信息公开网、中国市场监管行政处罚文书网、"粤公正"微信小程序等网站及系统查询目标公司的诉讼、执行、行政非诉及行政处罚类案件情况。

（3）通过广东省投资项目在线审批监管平台、某市人民政府门户网站查询目标公司投资项目、海域使用权公示等情况。

（4）通过国家知识产权局商标局（中国商标网）、中国版权保护中心、中国及多国专利审查信息查询系统、工业和信息化部政务服务平台ICP/IP地址/域名信息备案管理系统等网站查询目标公司名下专利、著作权、商标等知识产权的情况。

律师团队通过全面、深入研究法律政策、查询政府部门、向目标企业员工了解等多种途径，对目标公司的不动产权属情况，尤其是针对填海造地的海域使用权等情况进行了详尽的调查、核验和分析论证。对于调查中发现的权属瑕疵和证明材料缺失等问题，主办律师提出了相应的解决方案以及建议，对于目标企业和资产存在的风险进行了明确的提示、分析和预判，特别就相关方关注的海域使用权审批手续的完善性，经过多轮复查验证，多次提交了详细、准确的书面分析报告。针对委托方提出的特殊法律问题，进行了分析和解答。举例如下。

1.请问四宗海域证，为何有的是国家海洋局颁发的，有的是某市政府颁发，请结合当时的审批时点，核查某市政府的审批权限。

回复：已经核查某市政府的审批权限。

两个批号的宗海（干散货码头）的财务决算竣工报告载明2009年10月取得国家发展和改革委员会项目批复，依据《广东省项目用海政策实施工作指引》第七条第一款第3点规定，国务院或国务院投资主管部门审批或核准的国家重大建设项目用海，因两个批号的宗海属于国家发展和改革委员会批复，由国家海洋局登记发证。

关于某市政府的审批权限，具体法律依据为《国务院办公厅关于沿海省、自治区、直辖市审批项目用海有关问题的通知》（2002年7月6日实施）第一条第三项：700公顷以下（不含本数）不改变海域自然属性的项目用海，主要由设区的市、县（市）人民政府审批。

2.对目标公司股东的资料收集与法律分析。

回复：当时已查工商信息，股东之一某公司2020年度报告已于2021年6月公示。已发给贵司的工作底档中存有该公司清产核资报告、审计报告、资产评估报告、章程、股东会决议、营业执照等资料。

3.目标公司是否存在未交税而导致土地资产没法过户的情况？

回复：依照《中华人民共和国海域使用管理法》第三十二条、《广东省海域使用管理条例》第二十七条之规定，海域使用权人应当自填海竣工之日起三个月内，按照国家有关规定办理土地使用权登记手续。目标公司与某市国土资源局部门沟通后已在竣工前签署了出让合同以及缴交了土地出让金，已履行了主要义务。目前资料中未发现目标公司因欠税而导致土地无法办证的情形。

经过数月的努力，承办律师团队出色完成了本次项目的尽职调查工作，出具了全面、详尽的尽职调查报告初稿，与委托方工作小组反复研究论证了该项目中涉及的疑难问题，并对委托方提出的问题进行分析、论证，将论证意见加入调查报告，丰富和完善了调查报告，最终报告通过了委托方的验收。在此也建议作尽职调查报告的律师团队，对拟出具的尽调报告须向委托方提交初稿，提请委托方发表修改补充意见，并根据委托方的意见进行修改和补充。最后出具的正式报告内容，最好由委托方书面确认，才能形成律师事务所盖章的报告文件。这样做一是可以丰富和补充调查报告，二是可以促使双方组成的调查团队勤勉尽职。

本项目针对港口、码头、海域的调查，涉及海洋法，是比较特殊的领域，具有相当高的难度和挑战性。笔者认为，对于上述不动产领域的法律尽职调查，丰富扎实的法律专业经验、勤勉负责的精神、细致谨慎的工作作风，应贯彻整个项目调查工作的始终。本次成果受到委托方认同，对该收购项目起到重要的促进作用。

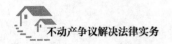

一、律师评析

本次法律尽职调查涉及填海的海域使用权、填海之后的国有建设用地使用权、码头建筑、配套设施等不动产权,法律关系相当复杂。比如,对目标公司某海域使用证审批的合规性进行分析,需要依据相应的法律规定进行详细的分析解读,涉及的海域使用权属登记问题,特别是针对已裁撤的国家海洋局所颁发的海域使用权证书有效性的核实,需联系国家自然资源部。按照《不动产登记操作规范(试行)》的要求,经多次沟通之后,方才取得国家自然资源部同意,以邮寄相关授权材料的方式进行调查核实,其中艰难的工作可想而知。

针对海域使用权审批有效性以及海域使用金缴纳规范的问题,除了依据相关国家法律和行政法规,还需要查询项目所在地人民政府对应的职能部门的具体操作规定。了解当地法规的具体规定,一方面需致电当地的自然资源局土地、海洋科室进行沟通了解;另一方面需查询当地关于填海造地管理的相关规定,甚至需要到当地的管理机关当面咨询和调查。还需要注意当地规范性文件的时效问题,并挑选、梳理、重点关注审批(缴纳海域使用金)当时生效的规范性文件、政策,而并非简单依据尽职调查期间的生效规范性文件。

针对目标公司所持有的A号、B号宗海,某市人民政府是否有审批权的问题,法律调查分析如下:首先从海域的现场特征可分析得出,这两项围海系开放式港池,目标公司的A号宗海港池面积0.555公顷,B号宗海港池面积0.999公顷,均属于开放性及不改变海域自然属性的项目用海。

根据《广东省海域使用管理条例》(2021)第十五条第三款规定:"一百公顷以上、七百公顷以下不改变海域自然属性的项目用海,由地级以上市人民政府审批。"另根据某市用海项目审批的相关规定,"一百公顷以上、七百公顷以下的港池用海、浴场用海、开放式游乐场用海、专用航道、锚地用海、其他开放式用海"属市政府审批项目,"一百公顷以下的港池用海、浴场用海、开放式游乐场用海、专用航道、锚地用海、其他开放式用海"属区政府审批项目。《广东省海域使用管理条例》(2021)中"不改变海域自然属性的项目用海"的审批，实际上均由市级政府审批，现某市用海项目审批相关规定生效后，一百公顷以下的港池用海由区政府审批。因此，某市政府有权审批目标公司的A号、B号宗海的海域使用权。

该项目难点主要在于：项目的港口、码头、海域使用权领域，一般律师较少涉足；目标公司规模十分庞大，相关资料证件堆积成山，且项目建设至今已经超过十年，部分建设资料早已缺失；项目中多期工程分别涉及国家与地方审批程序，政府职能部门拆分合并，政策规定新旧更替。

以本次项目中调查核实目标公司所持有的多个海域使用权证书的合法性、有效性为例，难点主要集中在以下三个方面。

（一）每个海域使用权证书的时间跨度较长，其间涉及法律法规的删改、政府部门的调整，比如海域使用权以前的主管部门——国家海洋局并入自然资源部。再如目标公司所处地级市海域使用权原审核单位——某市海洋农渔和水务局已拆分，导致该海域使用权证审批的有效性难以查证。

（二）就海域使用权的权属登记问题，由于发证机关不统一，地方不动产登记中心与地方自然资源局就海域使用权属登记职权也颇为模糊。不动产登记中心称部分海域使用证系国家海洋局颁发，应到自然资源部查询；地方自然资源局称海域使用权证系不动产登记权属证明的一种，应在不动产登记中心查询，两政府部门解答不一，导致权属证书的核实难以推进。因此，承办律师必须对当时的法律政策，当时政府部门的职能进行研究、梳理，找出症结并提出核查方案，并多次向自然资源部、地方自然资源局查询。

（三）海域使用权涉及海域使用金的问题也颇为复杂。调查首先要核验海域使用金是否缴清，一方面需核对缴费凭证；另一方面也需根据海域使用金的缴费规范对特定面积、用途海域使用金的数额、缴费使用予以核实。目标公司涉及填海审批和环保问题，还涉及是否存在填海项目已经验收完成，是否已缴清土地出让金但尚未办理权属使用证书的问题，由于从建设至今法规和政策早已经变化，是否能免办证存在不确定性，为此不仅要在法律法规上论证，还要向地方建设部门等核实。另外，本次尽调还涉及海域使用金与土地出让金的重叠问题，仅此问题，就需进行复杂的法律政策分析论证和多次往返相关行政管理部门进行咨询、核实，方能符合尽

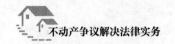

责的要求。

广东省、粤港澳大湾区有漫长的海岸线，海洋经济活动十分活跃，大量的海洋运输、海洋资源、港口、码头及海域使用等不动产法律事务，需要富有海洋法专业知识和实务经验的律师团队提供支持。笔者团队深耕于粤港澳大湾区，对海洋法律事务有深度研究和务实工作经验，因此能够胜任相关工作。

二、相关问题与分析

通过承办本项目，笔者分享如下三点心得体会。

1.律师开展尽职调查工作，首先，必须要有"活到老、学到老"的学习精神。根据本职工作的需要，要不断学习新领域、新知识、新的法规政策，例如，2021年1月1日《民法典》实行之后，《物权法》就已经废止，需要运用《民法典》第二编"物权"来分析论证不动产相关问题。其次，在调查工作中，要把握工作方向、注意调查重点，有针对性地解决客户关注的问题。根据该不动产的特性、特征来制定调查方案，本项目需要对海洋港口码头业务进行一定程度的深入了解，需要咨询相关专家。最后，要选取调查重点，明确调查方向，对资料要删繁就简，通过组织、归纳、分析、提炼，把握主要调查脉络，对项目的合法性、合规性进行审查。对于调查中碰到的每一个新问题，律师都要秉持不断学习的精神，释疑解难。比如码头可能存在填海或构建圩堤，这就要进一步审查是否存在上述情况，如果有，则要审查是否有合法建设施工手续。

2.尽职调查工作必须保持认真负责、勤奋敬业的精神。对于委托项目的合法合规性进行审查，既是委托人的合法权益，也是承办律师的职责，如果怠于履行工作义务，有可能会对委托人造成重大损失，承办律师也有可能因此被追究责任。所以保持认真负责的精神是法律尽职调查的最基本要求，要有耐心和毅力来"刨根问底"，法律尽调是"半点马虎不得"的。例如，在本案中，审查相关证书的有效性时，不能想当然地认为政府行为即有效，要敢于质疑，对政府作出的行政行为是否存在相应依据应该进行核实。本次尽职调查工作取得圆满成功，除了多年积累的法律服务经验，必不可少的就是律师勤勉尽责的工作态度。

3.尽职调查需要与委托方及目标公司充分沟通。开展法律尽职调查，一定要清楚了解委托方的尽调目标，取得目标企业的全面配合，这样开展调查工作才有重点，才有可能深入。当然尽调也不能面面俱到，应根据项目的实际要求和委托方关注的重心来设计调查工作的方案，突出重点，各有侧重，以达到调查目标。同时需要与目标企业的领导和工作小组进行坦诚深入的沟通，得到目标企业的全面支持，获得目标企业的真实信息，这样才能了解企业的真实情况，掌握一些局外人无法掌握的隐情。阶段工作完成，要及时向委托方汇报成果，征询委托方对工作成果和方向的意见，根据委托方的意见调整工作方向和重心。当然，作为法律职业工作者，必须恪守自己的工作原则和职业准则，要基于事实和法律依据，守住底线，敢于说真话，绝对不能配合当事人隐瞒虚构、歪曲事实或"涂脂抹粉"。在取得初步成果之后，一定要与委托方进行充分沟通，就委托方关心和不解的问题进行解疑，对委托方提出要补充调查和分析论证的内容，进一步补充调查和论证，以完善和丰富报告内容。即使在正式尽调报告书出具之后，仍然要对委托人提出的问题耐心地进行答疑解惑、补充意见。最后，法律调查工作切勿坐井观天、闭门造车。

三、规范指引

■《中华人民共和国海域使用管理法》

第十六条　单位和个人可以向县级以上人民政府海洋行政主管部门申请使用海域。

申请使用海域的，申请人应当提交下列书面材料：

（一）海域使用申请书；

（二）海域使用论证材料；

（三）相关的资信证明材料；

（四）法律、法规规定的其他书面材料。

第十七条　县级以上人民政府海洋行政主管部门依据海洋功能区划，对

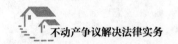

海域使用申请进行审核，并依照本法和省、自治区、直辖市人民政府的规定，报有批准权的人民政府批准。

海洋行政主管部门审核海域使用申请，应当征求同级有关部门的意见。

第十八条 下列项目用海，应当报国务院审批：

（一）填海五十公顷以上的项目用海；

（二）围海一百公顷以上的项目用海；

（三）不改变海域自然属性的用海七百公顷以上的项目用海；

（四）国家重大建设项目用海；

（五）国务院规定的其他项目用海。

前款规定以外的项目用海的审批权限，由国务院授权省、自治区、直辖市人民政府规定。

第十九条 海域使用申请经依法批准后，国务院批准用海的，由国务院海洋行政主管部门登记造册，向海域使用申请人颁发海域使用权证书；地方人民政府批准用海的，由地方人民政府登记造册，向海域使用申请人颁发海域使用权证书。海域使用申请人自领取海域使用权证书之日起，取得海域使用权。

第二十条 海域使用权除依照本法第十九条规定的方式取得外，也可以通过招标或者拍卖的方式取得。招标或者拍卖方案由海洋行政主管部门制订，报有审批权的人民政府批准后组织实施。海洋行政主管部门制订招标或者拍卖方案，应当征求同级有关部门的意见。

招标或者拍卖工作完成后，依法向中标人或者买受人颁发海域使用权证书。中标人或者买受人自领取海域使用权证书之日起，取得海域使用权。

第二十一条 颁发海域使用权证书，应当向社会公告。

颁发海域使用权证书，除依法收取海域使用金外，不得收取其他费用。

海域使用权证书的发放和管理办法，由国务院规定。

■《海域使用权登记办法》（已失效）

第五条 海域使用权按照审批权限实行分级登记。

国务院批准的项目用海，由国家海洋行政主管部门登记造册；县级以上地方人民政府批准的项目用海，由批准用海的地方人民政府登记造册，同级海洋行政主管部门负责具体登记工作（以下简称登记机关）。

变更登记、注销登记和他项权利登记由原海域使用权登记机关办理。

■《海域使用权管理规定》

第四条 国务院或国务院投资主管部门审批、核准的建设项目涉及海域使用的，应当由国家海洋行政主管部门就其使用海域的事项在项目审批、核准前预先进行审核（以下简称用海预审）。

地方人民政府或其投资主管部门审批、核准的建设项目涉及海域使用的，应当由地方海洋行政主管部门就其使用海域的事项在项目审批、核准前预先进行审核。

第五条 县级以上人民政府海洋行政主管部门负责海域使用申请的受理、审查、审核和报批。

有审批权人民政府的海洋行政主管部门组织实施海域使用权的招标拍卖。

批准用海人民政府的海洋行政主管部门负责海域使用权转让、出租和抵押的监督管理。

第十一条 国务院或国务院投资主管部门审批、核准的建设项目需要使用海域的，申请人应当在项目审批、核准前向国家海洋行政主管部门提出海域使用申请，取得用海预审意见。

地方人民政府或其投资主管部门审批、核准的建设项目需要使用海域的，用海预审程序由地方人民政府海洋行政主管部门自行制定。

第十二条 国家海洋行政主管部门应当按照本规定的用海项目审理程序，进行受理、审查、审核，出具用海预审意见。

第十三条 建设项目经批准后，申请人应当及时将项目批准文件提交海洋行政主管部门。

海洋行政主管部门收到项目批准文件后，依法办理海域使用权报批手续。

第十五条 受理海域使用申请的海洋行政主管部门为受理机关；有审批权人民政府的海洋行政主管部门为审核机关；受理机关和审核机关之间的各级海洋行政主管部门为审查机关。

第十六条 下列项目的海域使用申请，由国家海洋行政主管部门受理：

（一）国务院或国务院投资主管部门审批、核准的建设项目；

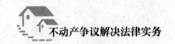

（二）省、自治区、直辖市管理海域以外或跨省、自治区、直辖市管理海域的项目；

（三）国防建设项目；

（四）油气及其他海洋矿产资源勘查开采项目；

（五）国家直接管理的海底电缆管道项目；

（六）国家级保护区内的开发项目及核心区用海。

上述规定以外的，由县级海洋行政主管部门受理。跨管理海域的，由共同的上一级海洋行政主管部门受理。

同一项目用海含不同用海类型的，应当按项目整体受理、审查、审核和报批。

第二十一条　国家海洋行政主管部门受理的项目用海，由其征求项目所在地省级人民政府的意见；县级以上海洋行政主管部门受理并报国务院审批的项目用海，经审核报省级人民政府同意后，报至国家海洋行政主管部门。

■《海域使用申请审批暂行办法》（已失效）

第二条　县级以上人民政府海洋行政主管部门按照审批权限和本办法的规定，负责海域使用申请的受理、审查、审核和报批工作。

第三条　受理海域使用申请的海洋行政主管部门为受理机关；有审批权政府的海洋行政主管部门为审核机关；受理机关和审核机关之间的各级海洋行政主管部门为审查机关。

第四条　下列项目的海域使用申请，由国家海洋局直接受理：

（一）国家重大建设项目；

（二）国家级保护区内的项目；

（三）倾倒区项目；

（四）国家直接管理的电缆管道项目；

（五）油气及其他海洋矿产资源勘查开采项目；

（六）跨省、自治区、直辖市行政区域的项目；

（七）其他由国务院或国务院有关部门依法审批的项目。

国家海洋局直接受理项目以外的海域使用申请，由县级海洋行政主管部门受理。未设海洋行政主管部门的，由上一级海洋行政主管部门受理。跨行政区域的海域使用申请，由共同的上一级海洋行政主管部门受理。

■《国务院办公厅关于沿海省、自治区、直辖市审批项目用海有关问题的通知》

一、明确各级人民政府项目用海审批权限

《海域法》第十八条规定，下列项目用海由国务院审批：填海50公顷以上的项目用海；围海100公顷以上的项目用海；不改变海域自然属性的用海700公顷以上的项目用海；国家重大建设项目用海；国务院规定的其他项目用海。国务院审批以外的项目用海的审批权限，授权省、自治区、直辖市人民政府按照以下原则规定：

（一）填海（围海造地）50公顷以下（不含本数）的项目用海，由省、自治区、直辖市人民政府审批，其审批权不得下放。

（二）围海100公顷以下（不含本数）的项目用海，由省、自治区、直辖市、设区的市、县（市）人民政府分级审批，分级审批权限由省、自治区、直辖市人民政府按照项目种类、用海面积规定。

（三）700公顷以下（不含本数）不改变海域自然属性的项目用海，主要由设区的市、县（市）人民政府审批。

……

三、做好海域使用权登记与证书颁发工作

《海域使用权证书》是海域使用权人享有特定海域使用权的法律凭证，由国家海洋局统一印制和编号。国务院审批的项目用海，由国家海洋局办理海域使用权登记，颁发《海域使用权证书》；地方人民政府审批的项目用海，由批准用海的人民政府办理海域使用权登记，颁发《海域使用权证书》。负责办理海域使用权登记的机关，要在海域使用权登记后1个月内以适当方式进行公告。颁发或换发《海域使用权证书》，除依法收取海域使用金外，不得收取其他费用。

……

■《国家海洋局关于地方海域使用审批权限划分的意见》

根据《中华人民共和国海域使用管理法》第十八条的规定，国务院审批

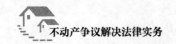

权限以外的项目用海，由国务院授权省、自治区、直辖市人民政府规定。但为了避免沿海各地区同级政府审批权限差异太大，各地普遍希望国家对地方各级海域审批权限划分提供一个指导性意见。经研究提出以下意见：

一、完全改变海域自然属性的造地、码头、堤坝等填海型项目用海，由省级人民政府审批。

二、严重改变海域自然属性的港池、盐池、渔池等围海型项目用海，由省、市、县级人民政府分级审批，并根据面积和用途合理划分各级审批权限。

三、不改变海域自然属性的浴场、养殖、锚地等开放型项目用海，主要由市、县级人民政府审批。

四、跨行政区域的项目用海，由共同的上一级人民政府审批。

明确地方各级政府海域使用审批权限，是全面开展海域使用管理工作的重要前提。请各省、自治区、直辖市人民政府参照上述意见，结合当地的实际情况，抓紧制定本地区各级政府海域使用审批权限划分的具体意见，于5月底之前颁布实行。

■《国务院关于国土资源部〈报国务院批准的项目用海审批办法〉的批复》

一、审批范围

按照《海域使用管理法》第十八条的规定，下列项目用海，需报国务院批准：

（一）填海50公顷以上的项目用海；

（二）围海100公顷以上的项目用海；

（三）不改变海域自然属性的用海700公顷以上的项目用海；

（四）国家重大建设项目用海；

（五）跨省、自治区、直辖市管理海域的项目用海；

（六）国防建设项目用海；

（七）国务院规定的其他项目用海。

……

五、审批程序

（一）本办法审批范围第（一）、（二）、（三）项规定的项目用海，由项目所在地的县级海洋行政主管部门受理（未设海洋行政主管部门或跨县级管理海域的，由共同的上一级海洋行政主管部门受理），经审核并报同级人民政府同意后逐级报至国家海洋局。

本办法审批范围第（四）、（五）、（六）、（七）项规定的项目用海，由国家海洋局直接受理。

（二）国家海洋局接到海域使用申请材料后，应当抓紧办理，涉及国务院有关部门和单位的，应当征求意见。国家海洋局直接受理的项目用海，还应当征求项目所在地省级人民政府意见。有关部门、地方和单位自收到征求意见文件之日起7个工作日内，应将书面意见反馈国家海洋局。逾期未反馈意见又未说明情况的，按无意见处理。如有不同意见，由国家海洋局负责协调。

（三）在综合有关部门、地方和单位意见基础上，国家海洋局依照规定对项目用海进行审查。审查未通过的，由国家海洋局按程序将项目用海材料退回；审查通过的，由国家海洋局起草审查报告并按程序报国务院审批。

（四）项目用海经国务院批准后，由国家海洋局负责办理项目用海批复文件，主送海域使用申请人，抄送有关省级人民政府及海洋行政主管部门，并办理海域使用权登记发证手续。其中，按规定应缴纳海域使用金的，在缴纳后方可办理海域使用权登记发证手续。

……

■《广东省海域使用管理条例》（2021年修正）

第十五条　海域使用申请实行分级审批。

填海五十公顷以下、围海一百公顷以下和关系重大公共利益的项目用海，由省人民政府审批。

一百公顷以上、七百公顷以下不改变海域自然属性的项目用海，由地级以上市人民政府审批。

本条第二款、第三款规定以外的其他项目用海，除依法规定应报国务院批准的外，由县级和不设区的地级市人民政府审批；跨行政区域的项目用海，由共同的上一级人民政府审批。

同一项目用海中包含多个海域使用类型需由不同级别人民政府审批的，

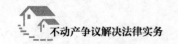

由有审批权的最高一级地方人民政府审批。但同一项目用海中包含应当由国务院审批的海域使用类型的，按照国家规定执行。

第十六条 县级和不设区的地级市人民政府海洋行政主管部门受理海域使用申请后，应当征求本级人民政府有关部门的意见，进行实地调查，并自受理申请之日起二十日内审查完毕，提出审查意见。对属本级人民政府审批的，报本级人民政府；对属上级人民政府审批的，经本级人民政府审查后，逐级上报有审批权的人民政府。

县级以上人民政府应当自收到审查材料之日起二十日内完成审批。对符合条件的予以批准；对不符合条件的不予批准并书面说明理由。

依法进行听证、公示的时间不计算在审查、审批的时间内。

第二十五条 因企业合并、分立或者与他人合资、合作经营发生海域使用权转移的，应当经原批准用海的人民政府批准，由海域使用权人向海域所在地的不动产登记机构申请办理转移登记。

依法继承海域使用权的，应当向海域所在地的不动产登记机构申请办理海域使用权转移登记。

■《广东省项目用海政策实施工作指引》

第二章　项目用海申请与预审

第五条 （海域使用论证）使用海域应当依法进行海域使用论证。

（一）申请人自行组织或委托技术单位编制海域使用论证报告；

（二）海域使用论证报告需由自然资源部门组织专家评审，评审通过的海域使用论证报告有效期三年。

1.国务院审批的用海项目：自然资源部受理后，委托有关单位组织专家对海域使用论证报告进行评审；

2.省人民政府审批的用海项目：（1）省自然资源厅直接受理的用海项目，省自然资源厅组织专家对海域使用论证报告进行评审；（2）其余的用海项目，由地级以上市自然资源主管部门组织专家对海域使用论证报告进行评审。

第六条 （项目用海受理方式）项目用海受理方式包括属地受理、逐级审查和直接受理两种方式。

（一）属地受理、逐级审查方式：海域使用申请人向所在地县（区）级或者不设区的地级市自然资源主管部门提出海域使用申请，跨管理海域的直接向共同的上一级自然资源主管部门提出申请。

（二）直接受理方式：海域使用申请人直接向自然资源部、省自然资源厅或地级以上市自然资源主管部门提出海域使用申请。

第七条　（项目用海受理单位）受理海域使用申请的自然资源主管部门为受理机关；有审批权人民政府的自然资源主管部门为审核机关。

（一）自然资源部受理的项目：

1.100公顷以上的围海用海；

2.700公顷以上的开放式用海；

3.国务院或国务院投资主管部门审批或核准的国家重大建设项目用海；

4.油气勘探开发和国际光缆项目用海；

5.国防建设项目用海；

6.用海跨2个及以上省级人民政府管辖海域的项目。

（二）省自然资源厅受理的项目：

1.除自然资源部受理以外的在省级审批权限内的项目；

2.跨地级以上市管理海域的用海项目。

（三）地级以上市自然资源主管部门受理的项目：

1.自然资源部、省自然资源厅受理以外的在市级审批权限内的项目；

2.跨县级管理海域的用海项目；

3.涉及围填海历史遗留问题的用海项目；

4.不设区的地级市管理海域的用海项目。

（四）县级自然资源主管部门受理：

除前三款规定以外的用海项目。

第八条（项目用海预审范围）需要有关人民政府或其投资主管部门审批、核准的项目用海，申请人应当在海域使用论证报告通过评审后，向有关自然资源主管部门提出用海预审申请。

第九条（出具用海预审意见）有关自然资源主管部门在收到用海预审申请后，经审查、审核合格的，给予出具用海预审意见。依法需要听证的，出具预审意见前应当组织听证。

用海预审意见有效期两年。有效期内，项目拟用海面积、位置和用途等

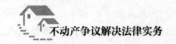

发生改变的，应当重新提出海域使用申请。项目在预审意见有效期内未核准的，且到期前未提出延期申请，或提出延期申请但未获批准的，用海预审意见自动失效。

第三章　项目用海审批

第十条（项目用海审批权限）项目用海实行分级审批。具体是：

（一）国务院用海审批权限：

1.填海50公顷以上的项目用海；

2.围海100公顷以上的项目用海；

3.不改变海域自然属性的用海700公顷以上的项目用海；

4.国家重大建设项目用海；

5.跨省、自治区、直辖市管理海域的项目用海；

6.国防建设项目用海；

7.新增围填海及国务院规定的其他项目用海。

（二）省人民政府用海审批权限：

1.50公顷以下的历史遗留问题用海；

2.不涉及新增围填海的关系重大公共利益的项目、跨地级以上市管理海域的项目、涉及改变海域自然属性的非透水构筑物等项目。

（三）地级以上市人民政府用海审批权限：

1.100公顷以上、700公顷以下不改变海域自然属性的项目用海；

2.跨县级管理海域的项目用海。

（四）县级和不设区的地级市人民政府用海审批权限：

除前三款审批权限以外的项目用海。

（五）省管权限委托事项：

由省人民政府审批的项目用海，委托省自然资源厅、广州市、深圳市行使。

■《港口工程建设管理规定》

第十条　企业投资的港口工程建设项目应当执行以下建设程序：

（一）编制项目申请书或者填写备案信息，履行核准或者备案手续；

（二）根据核准的项目申请书或者备案信息，编制初步设计文件；

（三）根据批准的初步设计文件，编制施工图设计文件；

（四）办理施工图设计审批手续；

（五）根据国家有关规定，依法办理开工前相关手续，具备条件后开工建设；

（六）组织工程实施；

（七）工程完工后，编制竣工材料，进行工程竣工验收的各项准备工作；

（八）组织竣工验收。

第三十八条　港口工程建设项目应当按照法规和国家有关规定及时组织竣工验收，经竣工验收合格后方可正式投入使用。

本规定所称竣工验收，是指港口工程建设项目完工后、正式投入使用前，对工程交工验收、执行强制性标准、投资使用等情况进行全面检查验收，以及对工程建设、设计、施工、监理等工作进行综合评价。

第三十九条　港口工程建设项目合同段完工后，由项目单位组织设计、施工、监理、试验检测等单位进行交工验收，并邀请所在地港口行政管理部门参加。

第四十条　交工验收应当具备以下条件：

（一）合同约定的各项内容已建设完成，未遗留有碍船舶航行和港口作业安全的隐患；

（二）项目单位组织对工程质量的检测结果合格；

（三）监理单位对工程质量的评定（评估）合格；

（四）质量监督机构对工程交工质量核验合格；

（五）设计单位、施工单位、监理单位已完成工作总结报告。

第四十一条　交工验收的主要工作内容：

（一）检查合同执行情况，核验工程建设内容与批复的设计内容是否一致；

（二）检查施工自检报告、施工总结报告及施工资料；

（三）检查监理单位独立抽检资料、监理总结报告及质量评定资料；

（四）检查设计单位对工程设计符合性评价意见和设计总结报告；

（五）检查工程实体质量；

（六）对合同是否全面执行、工程质量是否合格作出结论，出具交工验收意见。

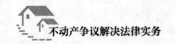

第四十二条 港口工程建设项目建成后，按照设计要求需要进行试运行经营的，应当按照《港口经营管理规定》取得港口经营许可后，方可进行试运行经营。

第四十三条 试运行经营期内符合竣工验收条件的港口工程建设项目，项目单位应当及时办理港口工程竣工验收手续。

试运行期间达不到设计要求的，项目单位应当立即停止试运行并进行整改。整改完成后再次申请试运行的，试运行时间应当累计计算。

第四十四条 国家重点水运工程建设项目由项目单位向省级交通运输主管部门申请竣工验收。

前款规定以外的港口工程建设项目，属于政府投资的，由项目单位向所在地港口行政管理部门申请竣工验收；属于企业投资的，由项目单位组织竣工验收。

所在地港口行政管理部门应当加强对项目单位验收活动和验收结果的监督核查。

第四十五条 省级交通运输主管部门或者所在地港口行政管理部门应当按照国家规定的程序和时限完成港口工程竣工验收。竣工验收合格的，应当签发《港口工程竣工验收证书》。

第四十六条 港口工程建设项目竣工验收的主要依据是：

（一）法规及相关技术标准、规范；

（二）项目审批、核准文件或者备案证明；

（三）项目初步设计、施工图设计、设计变更等批准文件；

（四）主要设备技术规格或者说明书；

（五）合同文件。

第四十七条 港口工程建设项目竣工验收应当具备以下条件：

（一）已按照批准的工程设计和有关合同约定的各项内容建设完成，各合同段交工验收合格；建设项目有尾留工程的，尾留工程不得影响建设项目的投产使用，尾留工程投资额可以根据实际测算投资额或者按照工程概算所列的投资额列入竣工决算报告，但不超过工程总投资的5%。

（二）主要工艺设备或者设施通过调试具备生产条件。

（三）需要试运行的，经试运行符合设计要求。

（四）环境保护设施、安全设施、职业病防护设施、消防设施已按照有关规定通过验收或者备案；航标设施以及其他辅助性设施已按照《港口法》的规定，与港口工程同时建设，并保证按期投入使用。

（五）竣工档案资料齐全，并通过专项验收。

（六）竣工决算报告编制完成，按照国家有关规定需要审计的，已完成审计。

（七）廉政建设合同已履行。

第四十八条 项目单位向所在地港口行政管理部门申请竣工验收，应当提交以下材料：

（一）申请文件1份；

（二）竣工验收报告1份。

第四十九条 申请或者组织竣工验收前，项目单位应当组织编制竣工验收报告，竣工验收报告应当包括以下内容：

（一）项目单位工作报告；

（二）设计、施工、监理等单位的工作报告；

（三）质量监督机构出具的交工质量核验意见；

（四）试运行报告；

（五）竣工决算报告（按照国家有关规定需要审计的，应当包括竣工决算审计报告）；

（六）环境保护设施、安全设施、职业病防护设施、消防设施已按照有关部门规定通过验收或者备案的相关文件；

（七）有关批准文件。

第五十条 港口工程建设项目竣工验收的主要内容：

（一）检查工程执行有关部门批准文件情况；

（二）检查工程实体建设情况，核查质量监督机构出具的交工质量核验意见；

（三）检查工程合同履约情况；

（四）检查工程执行强制性标准情况；

（五）检查环境保护设施、安全设施、职业病防护设施、消防设施、档案等验收或者备案情况；

（六）检查竣工验收报告编制情况；

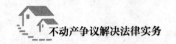

（七）检查廉政建设合同执行情况；

（八）对存在问题和尾留工程提出处理意见；

（九）对港口工程建设、设计、施工、监理等单位的工作作出综合评价；

（十）对工程竣工验收是否合格作出结论，出具竣工验收现场核查报告。

第五十一条 港口工程建设项目竣工验收应当成立竣工验收现场核查组对工程进行现场核查。

竣工验收现场核查组应当由验收组织部门或者单位、所在地港口行政管理部门、质量监督机构、项目单位人员和专家等组成，并应当邀请海事管理机构等其他依法对项目负有监督管理职责的相关部门参加。

工程设计、施工、监理、试验检测等单位人员应当参加现场核查。

第五十二条 竣工验收现场核查组成员应当为9人以上单数，其中专家不少于5人；竣工验收现场核查组组长由负责组织竣工验收的部门或者单位人员担任。

对于建设内容简单、投资规模较小的备案项目，竣工验收现场核查组可以由7人以上单数组成，其中专家不少于4人。

第五十三条 竣工验收专家应当具有一定的水运工程建设和管理经验，具备良好的职业道德，具有高级专业技术职称，且不得与项目单位以及勘察、设计、施工、监理、试验检测等单位有直接利害关系。

第五十四条 竣工验收现场核查组应当对照港口工程竣工验收主要内容，客观公正、实事求是地对工程进行现场核查，形成竣工验收现场核查报告。

第五十五条 竣工验收现场核查报告应当全面反映竣工验收现场核查工作开展情况和工程建设实际情况，并明确作出竣工验收合格或者不合格的核查结论。

第五十六条 竣工验收现场核查报告由竣工验收现场核查组全体成员签字。

竣工验收现场核查组成员对核查结论有不同意见的，应当以书面形式说明其不同意见和理由，竣工验收现场核查报告应当注明不同意见。竣工验收现场核查组组长应当组织全体成员对不同意见进行研究，提出竣工验收是否合格的核查结论。

竣工验收现场核查组成员拒绝在核查报告上签字，又不书面说明其不同意见和理由的，视为同意核查结论。

第五十七条　竣工验收现场核查报告明确竣工验收合格但提出整改要求的，项目单位应当进行整改，将整改情况形成书面材料存档；竣工验收现场核查报告明确竣工验收不合格的，项目单位整改后应当重新申请或者组织竣工验收。

第五十八条　港口工程建设项目竣工验收合格后15日内，由项目单位负责组织竣工验收的，项目单位应当将修改完善的竣工验收报告和竣工验收现场核查报告报所在地港口行政管理部门。由省级交通运输主管部门或者所在地港口行政管理部门负责组织竣工验收的，省级交通运输主管部门或者所在地港口行政管理部门应当按照要求将竣工验收报告和竣工验收现场核查报告报上一级交通运输主管部门。

省级交通运输主管部门、所在地港口行政管理部门应当在港口工程建设项目竣工验收后30日内向海事管理机构通报通航技术尺度等信息。

第五十九条　港口工程建设项目竣工验收合格后，项目单位应当按照要求及时登录在线平台填报竣工基本信息。

第六十条　交通运输主管部门、所在地港口行政管理部门应当通过市场检查、专项督查等方式对项目单位组织的竣工验收工作进行监督检查。上级交通运输主管部门应当对省级交通运输主管部门或者所在地港口行政管理部门组织的竣工验收工作进行监督检查。

第六十一条　对于一次设计、分期建成的港口工程建设项目，可以对已建成具有独立使用功能并符合竣工验收条件的部分港口工程建设项目进行分期竣工验收。企业投资的港口工程建设项目的分期竣工验收方案应当报所在地港口行政管理部门。

第六十二条　港口工程建设项目有尾留工程的，项目单位应当落实竣工验收现场核查报告对尾留工程的处理意见。尾留工程完工并符合交工验收条件后，项目单位应当组织尾留工程验收，验收通过后将相关资料报所在地港口行政管理部门。

第六十三条　港口工程建设项目竣工验收合格后，项目单位应当按照国家有关规定办理档案、固定资产交付使用等相关手续；需要进行港口经营的，应当按照《港口经营管理规定》的要求办理相关手续。

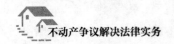

17 如何对不同权属主体持有和运营的不动产项目进行法律尽职调查，调查
内容主要包括哪些？

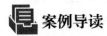 **案例导读**

在不动产兼并收购中，因不动产可能涉及不同的权属主体，比如，该
权属为共同所有，存在股权代持、股权抵押等情况，而且与该不动产关联
的还有物业管理公司、经营管理公司等关联企业，那么在进行法律尽职调
查之时，就需要根据项目收购方式进行尽职调查。比如，如果采用净资产
交易出售的方式，重点要调查该净资产的权属关系，以及该净资产的真实
性和债权债务、抵押关系；如果采取的是股权收购方式，那么，不仅要对
资产本身进行调查，还要对与该资产有权属关系的企业，以及关联该资产
的运营公司进行法律调查。本项目针对的目标是某物流园的项目用地，该
物流园所占建设用地为两个关联公司共同持有，物流园由关联公司的某运
营企业所经营，该项目不仅需要收购目标建设用地，还需要收购兼并该运
营企业的物业经营资质、商标和经营团队，收购方拟采取股权收购的方式，
对持有资产的企业，以及运营和管理资产的企业进行股权收购，因此，本
项法律尽职调查除了对土地资产进行调查之外，还需对该三家企业进行全
面法律调查，以下根据项目案例分析探讨。

典型案例2：某物流园收购项目之法律尽职调查

委托方：A物流公司
受托方：某律师事务所

笔者律师团队接受A物流公司的委托，就A物流公司拟收购"某国际物

流园项目"51%股权进行法律尽职调查。某国际物流园项目是由某物流园有限公司（以下简称"物流园公司"）、某置业有限公司（以下简称"置业公司"）共同持有项目用地，由某物流运营管理有限公司（以下简称"运营管理公司"）进行运营管理工作，上述三家公司合称"目标公司"。接受A物流公司委托之后，笔者律师团队于2017年11月开始对目标公司的股权、土地、房产及资产负债等情况进行了审慎法律尽职调查，以下内容为该项目工作背景、计划和成果的部分内容介绍（本文对相关内容做了调整和修改，内容与实际报告有出入，仅供参考学习）。

（一）目标公司和主要资产介绍

2013年3月，物流园公司与某市人民政府（以下简称"某市政府"）签署了《项目投资协议》，同期，双方还签署了《项目投资补充协议》。

依据上述《项目投资协议》《项目投资补充协议》的约定，某国际物流园项目（以下简称"整个项目"）拟用地包括物流园项目及总部经济项目，其中物流园项目用地600亩，总部经济项目用地100亩。

2017年8月双方签署的《项目补充协议书》约定，基于2013年3月双方签署的《项目投资协议》，拟向某国际物流园项目投资600亩地块。物流园公司经公开出让于2014年6月以××万元/亩竞得物流园项目300亩用地块，共分5宗地，出让用途为商业用地（物流及商业配套），该5宗地块已发国有土地使用权证。

1.物流园公司持有物流园项目用地总计约300亩，包含5宗地块：其中3宗地块物流园公司已经签署《国有建设用地出让合同》，已缴清土地出让金及契税，取得了《国有建设用地使用权证》；剩余2宗地块已经签署《国有建设用地出让合同》，已缴付50%的土地出让金，尚未取得土地使用权证。

2.置业公司持有总部经济项目用地总计约100亩，包含3宗地块，均已缴清土地出让金及契税，并取得了《国有建设用地使用权证》。

3.运营管理公司负责运营物流园项目，名下未持有不动产等资产。

（二）调查计划和工作流程

1.关于调查计划

对目标公司和土地的尽职调查，可以完成对目标公司、关联公司进行收

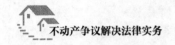

购的合法、合规性分析论述，形成对目标公司、目标地块的权属状况、收购方案、交易模式等方面的调查的法律报告。

（1）亲临目标公司，对目标公司的办公场地、运作情况作调查了解；

（2）通过国土、建设、规划等部门查询目标土地的权属、规划、报建等情况；

（3）通过工商部门，对工商档案进行查询、调取、审阅、分析；

（4）通过人民银行打印相关凭证，进行目标公司资信、财产状况调查；

（5）通过司法系统（当地法院、最高人民法院），查询公司涉诉情况、公司重要财产，尤其是土地的权属状态，有无抵押、查封等情况；

（6）从社会舆情角度，对目标公司的不利新闻、不良消息进行收集和分析。

2.关于调查时间和流程安排

（1）第一阶段：11月22日—11月28日向目标公司提交需要其配合调查的尽调清单材料、补充材料。

①委托方现有材料；

②目标公司所应提供的材料；

③按要求补充的材料。

（2）第二阶段：11月29日—12月2日，现场入驻调查。

①委派调查人员亲临目标公司、目标地块，拍照、录视频；

②向工商、国土、建设、规划、人民银行等部门调取材料；

③目标公司按要求提供其他材料；

④向当地法院、最高人民法院征信系统调查；

⑤进行社会舆论等调查。

（3）第三阶段：12月3日—12月11日完成尽职调查报告初稿、交换意见；根据调查材料，形成调查结论初稿。

①目标公司、目标地块物理物状、权属状况、债务及司法纠纷等情况；

②收购目标公司股权的合规性论述；

③收购目标公司股权的交易模式的合规性、合理性等论述。

3.具体工作执行情况

（1）与某物流园公司的财务部、工程部进行了交谈，对目标公司的股权、土地、资产负债情况进行了询问。

（2）走访了目标公司，就委托事项征询目标公司相关人士意见，调取并审查目标公司提供的文件资料。

（3）要求目标公司对委托事项的事实情况进行确认。

（4）前往某县市场监督管理局查询目标公司的工商档案。

（5）前往某县国土资源局，调查了目标公司房地产权属，查封、抵押等情况。

（6）前往某县人力资源和社会保障局查询目标公司的人员社保参保情况。

（三）律师调取项目资料（以土地使用权为例）

本次收购目标公司51%股权，主要实际性指向是目标公司名下的建设用地使用权，对于土地使用权的调查和分析是本次调查的重点。

1.《项目投资协议》

2013年3月物流园公司与某市政府签署的《项目投资协议》，主要约定如下。

项目内容包括：①物流园项目；②总部经济项目（含总部写字楼，配套金融、商业、住宅及其他服务设施）。③项目总投资××亿元，注册资本金××亿元（首期不低于30%，两年内全部注册资金到位）。④协议签订后于某县成立项目公司，项目所有运作以该公司为主。

用地位置和面积：用地面积约600亩；总部经济项目用地约100亩，以出让实际面积为准。

土地性质：物流园项目为商业用地；总部经济项目为商住用地。

物流园项目分两期建设，总部经济项目用地放在第一期同步供地。

土地交付：某市政府负责用地的地上地下建筑物、构筑物和管线的拆迁、补偿安置和清理，按"八通一平"（包括道路——项目用地周围四向六车道主干道，给排水——包括雨、污水排污，供电、通信——电信及移动、宽带、有线电视、供气，需要平整的地方按主干道规划标高进行场地平整，同时包括项目地上地下附着物的拆除，项目开工前先要确保通水、通电、通路和场地平整，达到开工建设条件，以上工程均接至项目用地周边最近主干道上）要求交付土地。

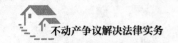

协议签订之日起60个工作日内，物流园公司一次性支付×××万元合同保证金，在第一期土地成交后自动转为土地出让金。

建设工期：整个项目六年建设期，从物流园公司取得施工许可证后开工建设之日起计，六年内全部完成项目工程建设，并通过竣工验收。

项目分两期建设：①物流园项目，建设期六年，一期供地300亩，两年内竣工；二期供地300亩，四年内竣工。②总部经济项目，和物流园项目一起一次性供地100亩，三年内竣工。如遇特殊情况，建设期可适当延长。

规划指标：具体规划经济技术指标，物流园公司与某市规划部门协商，物流园项目，容积率≥1.3；总部经济项目，容积率≥3.0。

自持比例：物流园项目自持比例不少于总建筑面积的35%；总部经济项目自持比例五年内不少于总建筑面积的20%。

物流园公司在协议签订后5个月内提交规划设计方案，经某县政府审核同意后报规划部门审批。

物流园公司确保该项目供地按约定交付并取得施工许可证之日起2个月内开工建设，从签订协议起6年内按照要求完成项目建设，7年内全面投入经营。

物流园公司在当地的项目公司成立后，其权利、义务转由项目公司承担，物流园公司与该项目公司就履行相关合同承担连带保证责任。

2.《项目投资补充协议》

2013年8月物流园公司与某市政府签订了《项目投资补充协议》，约定如下。

土地价格：物流园项目用地实际出让价格××万元/亩；总部经济项目实际出让价格××万元/亩。该价格包括但不限于：土地补偿费及农民安置补助费，青苗补偿费，地上地下附着补偿费，电线、通信线路搬迁费等全部土地征用、拆迁及"八通一平"的费用。

付款方式：协议签订之日起60个工作日内，物流园公司一次性支付×××万元合同保证金，在第一期土地成交后自动转为土地出让金。物流园公司摘牌所应支付款项可在两年内分期付清，土地出让金付清时办理土地使用权证。所支付资金超过前款约定的部分，政府承诺一个月内以现金形式全额奖励物流园公司。

项目用地招拍挂竞买价超过双方约定价格的部分，由某县政府按照规定，经上级部门的审批程序，拨付给物流园公司用于该项目范围内配套基础设施建设，物流园公司按实际土地出让价格即物流园项目××万元/亩、总部经济项目××万元/亩付款。

土地交易所产生的税（费），超出约定出让金价格的税（费）由物流园公司按国家有关规定先缴纳，该项目享受高新技术产业开发区税收优惠政策。

3.《项目补充协议书》

2017年8月双方又签署了《项目补充协议书》，约定如下：

原协议的物流园项目600亩地块调整为300亩；

300亩土地按新基准价××万元/亩进行招拍挂：其中203亩按原投资协议价××万元/亩执行，剩余97亩按××万元/亩执行。

供地性质仍为商业用地（物流及商业配套）。

（四）调查报告内容节选

1.物流园公司法律调查的分析意见

（1）办公场地——招商中心未办报建手续。

物流园公司在招商中心办公，但招商中心未办理任何报建、临时建筑手续，可能会被认定为违章建筑。

建议要求物流园公司在签署股权转让协议之前，补办招商中心的报建手续，或在股权转让协议中约定，如产生责任，由原股东承担赔偿责任。

（2）有3宗地块只付了一半土地出让金，尚未取得土地证书。

物流园公司的2宗地块已缴纳了《国有建设用地使用权出让合同》约定价款的50%，剩余50%需待2018年缴清之后方可取得土地证书。

（3）退换地后尚未办理项目备案手续。

物流园公司在发改委办理的是退换地前的项目备案手续，退换地后，建设项目已发生变化，应当办理相应的备案手续。

建议要求物流园公司在签署股权转让协议之前，办理相应的备案手续。

（4）停建的两栋建筑已逾约定的平移期限。

依据《项目补充协议书》第二条第7款约定"拟收回土地上附着物清理工作由该企业自行处理，期限自收回之日起6个月内完成，逾期无偿由政府处理"，建议在签署股权转让协议之前，获得政府出具的文件确认延长处理期限。

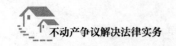

（5）物流园公司的知识产权。

据物流园公司出具的《确认函》，截至该《确认函》出具之日，物流园公司未曾拥有任何知识产权。

（6）物流园公司的重大合同及债权债务。

依据物流园公司提供的合同管理登记表，物流园公司签署的主要合同有×××份（详见附件合同管理登记表——付款合同）。其中，合同总金额在×万元以上且截至2017年11月尚未履行完毕的合同共××份：包含合同双方已实际终止的合同××份及仍在继续履行的合同××份。

据物流园公司出具的《确认函》，截至该《确认函》出具之日，除上述×××份合同及其合同未到期应付款外，暂时未发现目标公司存在其他未履行完毕的合同，未发现存在未完结的债权债务。

建议在股权转让协议中要求物流园公司的股东对未披露的债务承担清偿责任并提供相应的担保。

（7）物流园公司的税务。

物流园公司提供了2013年10月至2017年9月的城镇土地使用税缴纳收据回执。

据物流园公司出具的《确认函》，截至该《确认函》出具之日，未发现物流园公司存在任何逃税、欠税的情形，未发现该公司受到税务部门的其他任何处罚，未发现存在任何未决的与税务部门的争议或由税务部门发起的调查。

（8）物流园公司的诉讼、仲裁及行政处罚。

据物流园公司出具的《确认函》，截至该《确认函》出具之日，未发现物流园公司存在任何正在进行中的诉讼、仲裁案件及行政处罚，未发现存在履行完毕的执行案件及行政处罚。

（9）物流园公司对外担保情况。

根据物流园公司出具的《确认函》，截至该《确认函》出具之日，未发现物流园公司存在其他任何对外担保事项，未发现物流园公司的股权设定任何其他质押或者其他权利限制。

（10）劳动用工。

依据物流园公司出具的公司员工工资明细表，共有员工××人，其中××人已与物流园公司签署劳动合同，但未缴纳住房公积金。

依据2017年11月某县社会保险征缴中心出具的参保证明，物流园公司有×名员工缴纳了社保，该×名员工处于正常参保状态。

根据物流园公司出具的《确认函》，截至该《确认函》出具之日，未发现物流园公司存在任何拖欠工资行为，未发现存在任何未决的与员工之间相关的诉讼、仲裁、政府调查、行政处罚。

建议在股权转让协议中要求物流园公司的股东对股权转让前员工未足额缴纳的社保及公积金承担赔偿责任。

2.置业公司法律调查的分析意见

（1）置业公司不动产情况。

土地上仍有×栋废旧厂房、×间平房及×个门卫室，倘若后续开发，仍需要将物流公司及快递公司搬迁、拆除建筑及平整。

目标公司称以上厂房内的物流公司及快递公司将待物流园项目建好后搬迁，并称无须拆迁补偿，种植物可随时要求村民清理无须补偿，但未就此提供对方的书面确认文件。

建议在股权转让协议中要求置业公司的股东对土地上物流公司及快递公司作出的搬迁无须拆迁补偿及种植物清理无须补偿的承诺承担责任。

（2）置业公司的知识产权。

据置业公司出具的《确认函》，截至该《确认函》出具之日，置业公司未曾拥有任何知识产权。

（3）置业公司的重大合同及债权债务。

据置业公司出具的《确认函》，截至该《确认函》出具之日，未发现置业公司存在未履行完毕的合同，未发现存在未完结的债权债务。

建议在股权转让协议中要求置业公司的股东对未披露的债务承担清偿责任并提供相应担保。

（4）置业公司的税务。

置业公司提供了2013年12月至2017年8月的城镇土地使用税缴纳收据回执。

据置业公司出具的《确认函》，截至该《确认函》出具之日，未发现置业公司存在任何逃税、欠税的情形，未发现受到税务部门的其他任何处罚，未发现存在任何未决的与税务部门的争议或由税务部门发起的调查。

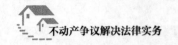

（5）置业公司的诉讼、仲裁及行政处罚。

据置业公司出具的《确认函》，截至该《确认函》出具之日，未发现置业公司存在任何正在进行中的诉讼、仲裁案件及行政处罚，未发现其存在未履行完毕的执行案件及行政处罚。

（6）置业公司对外担保情况。

根据置业公司出具的《确认函》，截至该《确认函》出具之日，未发现置业公司存在其他任何对外担保事项，未发现置业公司的股权设定任何其他质押或者其他权利限制。

（7）劳动用工。

根据置业公司出具的《确认函》，截至该《确认函》出具之日，未发现置业公司存在任何拖欠工资、社保、住房公积金等情形，未发现存在任何未决的与员工之间相关的诉讼、仲裁、政府调查、行政处罚。

3.运营管理公司法律调查的分析意见

（1）根据工商档案显示，运营管理公司的历史沿革及目前股权状况清晰，没有发现股东持有股权被司法机构冻结、查封的情况。

（2）运营管理公司工商登记年检及年报公示情况正常，没有涉及工商行政处罚行为。

（3）运营管理公司没有取得物业管理资质，因此，建议收购运营管理公司股权前，要求运营管理公司办理物业管理资质证书。

（4）运营管理公司的主要资产。

依据运营管理公司提供的2017年11月30日的资产负债表，截至2017年11月30日，运营管理公司的主要资产为货币资金人民币×××元。

（5）运营管理公司的知识产权。

据运营管理公司出具的《确认函》，截至该《确认函》出具之日，运营管理公司未曾拥有任何知识产权。

（6）运营管理公司的重大合同及债权债务。

据运营管理公司出具的《确认函》，截至该《确认函》出具之日，未发现运营管理公司存在未履行完毕的合同，未发现存在未完结的债权债务。

建议在股权转让协议中要求运营管理公司的股东对未披露的债务承担清偿责任并提供相应担保。

（7）运营管理公司的税务。

据运营管理公司出具的《确认函》，截至该《确认函》出具之日，未发现运营管理公司存在任何逃税、欠税的情形，未发现其受到税务部门的其他任何处罚，未发现存在任何未决的与税务部门的争议或由税务部门发起的调查。

（8）运营管理公司的诉讼、仲裁及行政处罚。

据运营管理公司出具的《确认函》，截至该《确认函》出具之日，未发现运营管理公司存在任何正在进行中的诉讼、仲裁案件及行政处罚，未发现其存在未履行完毕的执行案件及行政处罚。

（9）运营管理公司对外担保情况。

根据运营管理公司出具的《确认函》，截至该《确认函》出具之日，未发现运营管理公司存在其他任何对外担保事项，未发现运营管理公司的股权存在设定任何其他质押或者其他权利限制。

（10）劳动用工。

根据运营管理公司出具的《确认函》，截至该《确认函》出具之日，未发现运营管理公司聘请劳动用工，未发现运营管理公司存在拖欠工资、社保、住房公积金等情形，未发现存在任何未决的与员工之间相关的诉讼、仲裁、政府调查、行政处罚。

一、律师评析

针对建设用地的收购项目，如果采取直接收购土地的方式，需要符合国有土地使用权转让的法定条件，比如，按照《城市房地产管理法》的相关规定，以出让方式获得土地使用权的，转让房地产时，必须符合按照土地出让合同履行了投资开发义务；属于房屋建设工程的，完成开发投资总额的百分之二十五以上；属于成片开发土地的，须形成工业用地或者其他建设用地条件，转让房地产时房屋已经建成的，还应当持有房屋所有权证书。因此，在实务中，往往采用收购公司股权的方式，来实现对目标公司名下土地资产的收购，这样操作程序上可以更加简便和高效，转让税赋方面也可能有所减轻。那么，采用股权转让的方式收购目标公司的资产，要注意哪些方面呢？一是

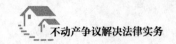

程序上的要求，要对股东转让股权程序的合法性、可行性进行法律分析，目标公司的股权转让不存在程序上的障碍，某些特殊企业还需要获得上级部门、监管等部门的审批同意；二是实际权益的核查，核查公司的重要资产、权益、资质证书等实际性权益的真实性、合法性、有效性，及可能存在风险和责任，对在交易中可能存在的障碍、瑕疵和责任风险等，需要提供具体的法律对策和建议。

（一）本次公司股权收购的合法性问题

1. 收购目标公司股权不存在法律障碍

本项目收购方属于外商投资企业与内资企业共同设立的有限责任公司，而非外商投资企业，而目标公司（内资企业）的股东亦均为内资的中国境内企业，故收购方受让目标公司的股权，不属于外商投资企业的再投资。因此，本次股权收购不涉及外商投资前置审批，另外目标企业亦不属于国有企业或上市公司，无须经过国资监督管理部门的审批，也不需要经过提前公告等程序。

2. 收购目标公司股权可能需要某经济开发区管理委员会审批

目标公司于某经济开发区设立，经济开发区在招商引资的时候，基于某些优惠政策，可能会对设立公司及公司股东的变更设置一定限制条件，因此，须审查目标公司在设立之时与开发区管理委员会的相关协议。基于审慎原则，收购方还需要向管委会进行调查和核实，目标公司的股权转让是否需要其审核批准。

（二）目标公司持有国有建设用地使用权的法律调查分析

1. "先协议后出让"是否违反国有土地出让规定的问题

依据2007年9月28日国土资源部公布的《招标拍卖挂牌出让国有建设用地使用权规定》，整个项目用地属于商业、商品住宅等经营性用地，依法应当以招标拍卖挂牌出让方式。某市政府与物流园公司以先行签署协议，后办理招标拍卖挂牌手续出让用地，与上述规定不符，也存在涉嫌违反市场公平竞争的原则。笔者认为，如果协议内容不违反法律规定，也未损害第三方利益，后又按规定进行了国有土地出让的招拍挂程序，合作协议可以认定为合法有效。当然这是笔者一家之言，实务中也存在不同的意见，此类操作方式还是存在风险。

2.相关投资协议均由物流园公司与当地政府签署，如果物流园公司为股权转让收购方，当地政府是否会按投资协议继续履行协议，存在不确定性的风险

《项目投资协议》及《项目投资补充协议》，均由物流园公司与某市政府签署。虽然约定在某市成立独立核算项目公司后，物流园公司的权利义务转由项目公司承担，但是，即使在目标公司成立后，最初签订的《项目投资补充协议》仍然以物流园公司作为乙方，倘若物流园公司转让目标公司股权，则转让后基于以上投资协议建设的整个项目，能否得到某市政府的认可并继续履行，存在不确定性风险。不能排除目标公司的股权转让或继续开发项目地块的权利会受到某市政府的限制的可能性，收购方开发可能存在障碍。

因此，调查报告建议在签署正式的股权转让协议之前，必须与当地政府沟通和核实，如果收购目标公司的100%股权是否会得到当地政府的支持和认可。

3.目标公司建设用地存在开工逾期违约及土地闲置的问题

根据目标公司与当地政府签订的《国有建设用地使用权出让合同》中第十六条约定"本合同项下建设项目在××××年××月前开工"，以及第三十三条约定"受让人未能按照本合同约定日期或同意延建所另行约定日期开工建设的，每延期一日，应向出让人支付相当于国有建设用地使用权出让价款总额1‰的违约金，出让人有权要求受让人继续履约"，以上两宗地块目前均未动工，依据约定土地的使用方应承担违约金。依据为2012年7月1日起施行的由国土资源部颁布的《闲置土地处置办法》，该办法第二条规定："本办法所称闲置土地，是指国有建设用地使用权人超过国有建设用地使用权有偿使用合同或者划拨决定书约定、规定的动工开发日期满1年未动工开发的国有建设用地。已动工开发但开发建设用地面积占应动工开发建设用地总面积不足1/3或者已投资额占总投资额不足25%，中止开发建设满1年的国有建设用地，也可以认定为闲置土地。"

以上两宗地块存在被认定为闲置土地的风险。调查报告建议在签订合作协议时，对存在的土地闲置、违约金等风险责任约定由被收购方物流园公司

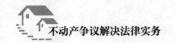

承担。

根据上述分析，笔者提醒在采用收购目标公司股权方式进行不动产资源收购兼并操作时，需要核查该目标公司当时取得该不动产资源是否享受过当地政府支持的招商优惠政策，协议是否有股权转让限制性约定，核查当时招商引资合作协议的内容，并征询当地政府、新区管委会的意见，取得当地政府和管委会支持。承办律师在进行此类项目调查之时，不要想当然地忽视可能性较低的风险，某些风险当时看似比较轻微，出现的可能性不大，但随着时间的推移和各方关系、投资的变化，可能会发展成巨大的风险，因此但凡在调查和分析中发现存在法律风险，不论其发生的可能性大小，均应在报告中指出，否则如果风险发生，而调查报告并未指出，则承办律师可能会因此担责。

二、相关问题与分析

在收购物流园、工业园区等不动产项目时，收购方主要是为了获得目标公司的企业资质、不动产、商业网络及其他资源等，涉及的法律关系比较复杂。笔者认为，在进行此类项目的法律调查之时，需要对以下几个方面进行主要调查、重点分析。

首先，要根据收购模式的选择，制订调查计划和明确调查方向，收购模式是净资产出卖，还是公司股权转让，或是采取剥离方式将公司与资产进行剥离，再收购公司或者收购资产。不同的收购模式，涉及的法律关系是大不一样的，调查的内容和侧重点也不一样，律师在接受尽调委托之前就需要了解当事人拟采取的收购模式，并结合项目具体情况，准备筹建调查团队、估算所需工作时间、构思初步调查方案，以便向客户做出合理的服务报价。

其次，在调查内容和深度方面，不仅要对目标公司的主要资产进行全面尽调，包括资产的真实性、权属关系、债权债务关系、抵押关系、资产安全性风险、价值浮动风险等内容，还需要对不动产与所涉企业的权属关系进行调查。采取不同的收购模式，尽调内容的侧重点是不一样的，尽调的深度也不一样。例如采取净资产收购的方式，那么侧重点一方面是资产的真实性、合法性、价值的可靠性；另一方面就是权属关系的合法性和安全性，也就是说真实的权属关系，不存在代持、暗股或"明股实债"、抵押等权属关系，否则可能出现该资产与第三方存在权属纠纷的情形。因此，在调查深度上就不能仅局限于调查登记在册的权属所有者，还要调查了解是否存在与第三方的权属纠纷或义务，并需要由目标公司的实际控制人做出切实承诺和可信的担保。

最后，要在报告中提示所有可能存在的法律风险。在调查取得成果的基础之上，对某些无法取得的相关材料、政策法规未明确的情形、未来可能存在的市场波动、可能出现的法规政策调整、可能存在的自然灾害等不可抗力的风险，都要分析指出可能存在的法律风险，并建议采取具体的法律对策，提示当事人在交易合同中进行明确约定，尽可能为委托人规避法律风险，提供可行的解决方案，助力交易的顺利进行。对于出具成果之后，客户对调查报告或内容存在的疑问，或者出现的新情况，要及时进行解答和反馈，或者根据新情况作出补充的调查报告。

笔者认为，法律调查就是对目标公司、目标资产进行法律上的调查，核心在于调查目标的真实性、合法性和安全性，主要目标是协助推动交易的顺利进行，当然，对确实存在非法交易、弄虚作假行为或有不可逾越的法律限制的，也要明确向当事人指出该交易不具可行性或有可能出现重大的法律风险。对于可能存在的一般的交易法律风险，应提示当事人在合同中列明处理方式和责任，最终的目的，是让委托方清楚了解目标资产、目标企业的法律状况，可能面临的法律风险，尽可能提供切实可行的解决方案，以供客户作出战略决策。在此，也向青年律师们温馨提醒，千万要注意自身的责任风险。在进行尽职调查之时，如何避免律师本身的责任风险。①对客户的尽调指示要做好记录和确认，在委托合同、尽调清单、会议纪要等文件中明确记载尽调内容和要求，避免以后对尽调的工作内容和范围产生争议。②在尽职调查中要勤勉尽责，必须具有合格的专业技能，并须尽到合理的专业注意义务。律师在接受委托之后，要组建符合尽调要求的专业律师团队，团队主办律师需要有相应的经验和资质，要制订具体的工作计划和流程、要求及目标，取得委托方的确认，工作必须保持勤勉尽责的原则，团队成员要保持合理的警惕性和注意义务，避免在工作中出现疏忽大意，造成尽调工作的迷失和缺漏。③在工作中一定要做尽职调查的工作记录，阶段性工作记录和成果最好取得委托方确认，工作记录的目的

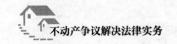

是证明工作的勤勉尽责，以及调查的工作过程细致合规，其可以作为调查成果的原始依据和证明。④风险提示。法律尽调的核心目标是摸清法律关系和提示法律风险，以及提供建议和对策，因此对法律风险提示应尽量全面和详尽，并根据专业经验和技能提供相应的法律建议和具体对策。

法律尽调与争议解决是两个不同的业务类型，但是如果做好法律尽调，则可尽量避免出现交易争议，或者在争议出现时，已经设定了相应的合同解决条款，因此在重大的不动产兼并收购之中，做好法律尽调工作，是避免争议的重要方法。

三、规范指引

■《土地管理法》(2019年修正)

第五十二条　建设项目可行性研究论证时，自然资源主管部门可以根据土地利用总体规划、土地利用年度计划和建设用地标准，对建设用地有关事项进行审查，并提出意见。

第五十五条　以出让等有偿使用方式取得国有土地使用权的建设单位，按照国务院规定的标准和办法，缴纳土地使用权出让金等土地有偿使用费和其他费用后，方可使用土地。

自本法施行之日起，新增建设用地的土地有偿使用费，百分之三十上缴中央财政，百分之七十留给有关地方人民政府。具体使用管理办法由国务院财政部门会同有关部门制定，并报国务院批准。

第五十六条　建设单位使用国有土地的，应当按照土地使用权出让等有偿使用合同的约定或者土地使用权划拨批准文件的规定使用土地；确需改变该幅土地建设用途的，应当经有关人民政府自然资源主管部门同意，报原批准用地的人民政府批准。其中，在城市规划区内改变土地用途的，在报批前，应当先经有关城市规划行政主管部门同意。

■《招标拍卖挂牌出让国有建设用地使用权规定》

第四条　工业、商业、旅游、娱乐和商品住宅等经营性用地以及同一宗地有两个以上意向用地者的，应当以招标、拍卖或者挂牌方式出让。

前款规定的工业用地包括仓储用地，但不包括采矿用地。

第十一条　中华人民共和国境内外的自然人、法人和其他组织，除法律、法规另有规定外，均可申请参加国有建设用地使用权招标拍卖挂牌出让活动。

出让人在招标拍卖挂牌出让公告中不得设定影响公平、公正竞争的限制条件。挂牌出让的，出让公告中规定的申请截止时间，应当为挂牌出让结束日前2天。对符合招标拍卖挂牌公告规定条件的申请人，出让人应当通知其参加招标拍卖挂牌活动。

第十二条　市、县人民政府国土资源行政主管部门应当为投标人、竞买人查询拟出让土地的有关情况提供便利。

■《公司法》(2004 年修正)（ 以下简称《公司法》）

第三十五条　股东之间可以相互转让其全部出资或者部分出资。

股东向股东以外的人转让其出资时，必须经全体股东过半数同意；不同意转让的股东应当购买该转让的出资，如果不购买该转让的出资，视为同意转让。

经股东同意转让的出资，在同等条件下，其他股东对该出资有优先购买权。

第三十六条　股东依法转让其出资后，由公司将受让人的姓名或者名称、住所以及受让的出资额记载于股东名册。

18　在企业收购兼并中，如何化解目标企业原股东和管理团队进入新公司的利益冲突，避免消极怠工对抗，以实现收购目标？

 **案例导读**

收购兼并是企业发展壮大或被淘汰的一条重要途径。在收购兼并中，有些收购目标设定为收购企业的资产，比如企业的厂房、建设用地或机器设备等，而大部分企业的收购，不仅收购固定资产，还涉及品牌、商业

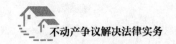

标识、专利、专有技术等无形的知识产权。有些收购项目还要保障目标企业在原有基础之上正常经营和发展，不仅目标指向企业的有形和无形的资产，还要保留目标企业原有股东、管理及科技研发团队、重要技术人员等。如果收购目标设定为利用原企业的资源，拟通过收购方投入资金来发展壮大原企业，就要保障企业资产不流失，企业资质证照不存在瑕疵，目标企业和资产符合收购要件，这就需要进行法律和财务的尽职调查和分析判断。除此之外，如果收购原企业，还需要留用原企业管理团队和技术人员、普通员工等，尤其是原股东亦作为目标企业管理层留用的，这就形成了股权收购关系和原企业人员留用劳动关系，这种双重的利益交叉关系如果处理不好，将导致双重利益冲突，从而损害收购结果。那么如何在收购中让目标企业原人力资源团队发挥勤勉、创造性工作效能，防范原企业核心研发团队和管理层怠于履行义务甚至对抗，而导致收购后新企业无法正常运营和发展，即新企业虽有资产和投资但也会陷入瘫痪的状态。为此，笔者对于如何在企业收购中充分保障并发挥人力资源的效能，借以下案例进行分析探讨。

典型案例3：王某等三人与李某股权转让合同纠纷一案

申请人：王某等三人
被申请人：李某

某建筑企业集团的李某，拟收购王某等三人持有100%股权的目标公司（以下简称"公司"）。公司新成立才三年多，但是已经拥有多项专利技术和初级产品，这些产品的市场前景十分被看好，而且王某等股东亦精通公司的技术和业务网络，是难得的企业管理人才。某建筑企业集团收购该公司将其纳入集团旗下，有助于集团业务增长和技术融合发展，经过集团内部慎重研究考虑，决定收购公司100%股权，并且要求王某等三位股东成员在公司继续任职三年以上，主管市场业务拓展和开发新技术产品。为此，2020年1月李某与王某等三人签订了一份《股权转让协议》，约定申请人王某等三人作为公司的全体股东，以人民币1000万元的价格转让公司全部股权给被申请人李某。公司在签订协议之前，处于正常生产和经营状态，且前三年平均净利润200多万元，对外的债权和债务已经清理登记。在签订协议之前，双方当事人就公司拥有的动产、不动产、合同权益、知识产权、劳动用工等方面进行清点和摸查，为谨慎起见，双方又聘请了审计事务所对公司的资产、债权债务等财务情况进行了审计。协议签订之后，被申请人陆续支付了三名申请人900万元股权转让款，尚余100万元股权转让尾款未支付，申请人依约将100%股权变更登记在被申请人名下，同时将公司的法定代表人、监事等变更为被申请人指定的人，被申请人接收了公司印章、证照及相关的财务资料，公司原有员工继续留用，三名申请人作为公司的原股东，亦按协议约定，需继续为公司提供至少三年的任职义务。根据协议，三名原股东作为公司的主要管理团队成员，需带领公司完成产品的量产化目标，量产之后三年完成5亿元营业额业绩目标，并需要将以申请人名义持有的专利转移登记至公司，具体约定如下：①2020年4月前申请人应完成公司X产品的设计、研发及国检认证工作，并为公司取得施工资质和安全生产许可；2020年8月前完成公司T产品的研发和国检认证工作，并为公司取得施工资质和安全生产许可（T产品国检认证所需费用已包含在本次股权转让款中，被申请人和公司均不需要另行支付费用）。②公司X和T产品实现量产后，三名申请人承诺在三年内为公司完成不低于3亿元X、T产品的生产、销售额，并且利润不低于35%。③三名申请人将已取得的9项专利及正在申请的5项专利无偿转让到公司名下，其中9项已经取得的专利在协议签署后30日内完成转让登记，其余5项专利在获得知识产权证后30日内完成转让登记。

后协议双方因100万元股权转让尾款的支付产生争议，被申请人认为三名申请人未按照合同约定完成X、T产品的研发及量产工作，没有完成部分专利移交等协议义务，于是不同意支付100万元的股权转让尾款。而三名申请人认为其已经按约履行了协议义务，对被申请人不支付尾款之事颇为不满，对抗情绪和言论持续在双方之间升温。被申请人认为，三名申请人在双方产生上述矛盾之后，长期不正常出勤上班，怠于履行职务，即使出工也不出力，同时在公司内散布负面信息，间接造成企业员工大量流失、市场开发停滞萎缩，公司经营业绩大幅下滑，仅在收购第一年就产生了巨大财务亏损。为此，被

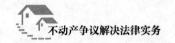

申请人认为是三名申请人的原因造成了公司重大亏损，存在重大违约事实，被申请人具有不安抗辩权，更不同意支付100万元股权转让尾款。双方经多次协商未果，矛盾日益加深，后王某等三名申请人向某仲裁委员会提出了仲裁申请，称申请人早已按照该协议约定履行完相应股权转让和工作等义务，但被申请人无理拒不支付100万元股权转让尾款，构成严重违约，根据《股权转让协议》约定，申请人有权要求终止《股权转让协议》并赔偿损失。请求事项：①裁决确认被申请人违约；②裁决终止申请人与被申请人签订的《股权转让协议》；③裁决被申请人向申请人赔偿股权转让尾款损失100万元及逾期滞纳金；④裁决被申请人承担律师费用50000元；⑤裁决仲裁费用由被申请人承担。

被申请人提出反申请，被申请人认为，其已经按照《股权转让协议》约定向三名申请人支付了绝大部分股权转让款，但三名申请人违反协议约定和承诺，未在2020年4月前完成公司X产品设计、研发及国检认证工作，并为公司取得施工资质和安全生产许可，已经构成逾期违约；至今未完成应于2020年8月前完成目标公司T产品的研发和国检认证工作，并为公司取得施工资质和安全生产许可；至今未达到公司X和T产品实现量产的目标，更未达到三名申请人承诺在三年内为公司完成不低于3亿元的X、T产品生产、销售额，并且净利润不低于35%等业绩目标；自股权交割之日起，三名申请人应在公司供职时间不少于三年，但事实上三年时间未到，申请人王某就无故申请离职，并且在此期间，三名申请人严重违反岗位工作职责和勤勉尽责义务，甚至长期未到公司上班，未正常履行工作职务；三名申请人怠于履职、消极对抗等不合作行为，已经造成公司巨大亏损，目前公司几乎陷入瘫痪状态。前述《股权转让协议》签订后，被申请人按照协议约定已向申请人支付股权转让款900万元，完成了绝大部分对价款项的支付义务，并且依约持续向公司投入巨额资金用于生产、经营和科研等工作，但三名申请人至今仍有多项主要协议义务未完成，被申请人秉持友好协商、互利共赢的精神，多次主动与三名申请人协商，但三名申请人拒不更正。对此，被申请人依据《股权转让协议》约定，要求三名申请人承担违约责任，反请求如下：①裁决三名申请人向被申请人支付违约赔偿金400万元；②裁决三名申请人承担本案律师费人民币50000元；③请求裁决三名申请人承担本案仲裁费。

仲裁庭经审理之后作出如下认定。

（一）关于本案的法律适用问题

参照《最高人民法院关于适用〈中华人民共和国民法典〉时间效力的若干规定》第二十条"民法典施行前成立的合同，依照法律规定或者当事人约定该合同的履行持续至民法典施行后，因民法典施行前履行合同发生争议的，适用当时的法律、司法解释的规定；因民法典施行后履行合同发生争议的，适用民法典第三编第四章和第五章的相关规定"的规定，本案是《民法典》施行之前签订的协议，但是是在《民法典》施行后履行协议中引发的民事纠纷，因此本案应当适用《民法典》。

（二）关于协议的效力问题

《股权转让协议》是三名申请人与被申请人在自愿平等前提下签订的，是各方的真实意思表示，签约的主体适格，内容没有违反法律、行政法规的强制性规定，依法应属有效，对当事人具有法律约束力，各方当事人应依约履行。

（三）关于解除协议及赔偿损失的请求应否支持的问题

三名申请人主张根据《股权转让协议》第九条10.1.3款、第十一条12.1款的约定解除协议，根据第九条10.2款、12.4款以及第十一条的12.5款约定，要求被申请人承担违约责任；同时三名申请人表示并未约定违约责任的标准，其主张的赔偿标准是以应付未付的股权转让尾款100万元为依据的。被申请人抗辩称付款条件未成就，不应支付款项。对此，仲裁庭认为，被申请人已经于2021年8月在双方沟通会上同意支付股权转让尾款，因此，三名申请人有权要求被申请人支付该尾款，被申请人至今未支付股权转让尾款，显然已经构成违约。

根据《股权转让协议》第十一条12.4款约定，如被申请人逾期超过15日未支付股权转让尾款，三名申请人有权书面催告其3日内付清，如被申请人仍未支付，则三名申请人有权解除协议，并追究被申请人的违约责任。三名申请人认为根据协议该条款的约定，乙方（申请人）有权解除合同。关于该项

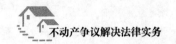

主张，《股权转让协议》第十条约定："10.1 如果发生下列任一事件，守约方经书面通知另一方后，可解除本协议：……10.1.3 当事人一方迟延履行义务或者有其他违约行为致使不能实现合同目的……10.3.1 当事人一方迟延履行义务或者有其他违约行为致使不能实现合同目的"，第十一条12.1款约定："……如果一方在履行期限届满前已经明确表示（通过口头、书面或行为）其将不履行本协议下的主要义务，或违约方的违约行为（包括因不可抗力造成）已经致使各方不能实现本协议的基本目的，则守约一方有权终止本协议"。

仲裁庭认为，单从上述10.1款约定来看，任何一方只要有任何违约行为，不论违约程度轻重、损失后果大小，守约方均有权解除协议。该条款实质着眼于只要发生了违约行为，则守约方即有权解除协议，如此一来，显然泛化了作为协议约定解除条件的违约行为，将所有违约行为不加区分同质化，若简单依此履行，必将造成解除协议过于随意的后果，增加了协议被解除的风险，不利于交易安全和稳定。且根据协议 10.3.1款及 12.1款，其约定的解除条件更倾向于协议基本目的无法实现这一要件，故当事人出现违约情形时，不能以此为由主张解除协议，而应当结合协议履行情况、违约程度等因素，从合理平衡双方利益的角度出发，慎重判断协议是否符合解除条件。

根据三名申请人的陈述，双方签订《股权转让协议》的目的是使项目得到更好的发展，双方股权交割以及股权转让款的支付是为了促进公司的新产品项目能够开展经营；而被申请人则认为《股权转让协议》的目的是股权的交割与登记，双方已经结付了90%的协议款项，且股权已完成交割，三名申请人已完成多项协议约定义务，被申请人亦已投入大量资金到公司，考虑到各方履行案涉协议的程度较深，解除协议不符合合同目的实现的目标。

综上所述，仲裁庭对三名申请人解除协议的主张不予支持。如前所述，仲裁庭对解除协议的主张不予支持，而三名申请人主张赔偿100万元及其滞纳金属于其在解除协议的情况下请求的损失，现仲裁庭不予支持解除协议，故该主张缺乏前提依据，但是三名申请人仍有协议的相应权利，将来有权视协议履行情况的变化而另寻法律途径解决。

（四）关于被申请人要求三名申请人赔偿违约金400万元的主张

被申请人主张，三名申请人违反了以下合同义务，构成根本违约：①在

2020年8月前完成T产品的研发和国检认证并取得施工资质和安全生产许可；②自股权交割完成之日起，三名申请人在目标公司供职时间不少于三年；③3年内完成不低于3亿元的X和T产品生产、销售额，净利润不低于35%。

仲裁庭意见如下：

1.关于取得相应资质许可的问题

未有证据显示被申请人曾向三名申请人就逾期未完成X产品的研发和国检认证并进行催告的行为；被申请人在履约过程中，一再表示同意支付相应股权转让款，而被申请人认为该股权转让款是以该项义务完成为支付前提的，该项义务履行的最后期限至今已近两年，在这两年间，被申请人与三名申请人一直处于可沟通状态，并未对此项义务进行催告，故对于被申请人的该项主张不予采纳。

2.关于三名申请人在目标公司供职时间是否已满三年的问题

被申请人主张申请人王某曾申请离职，且目前已不再打卡上班，怠于履行职责。对此，由于并无证据证明双方已解除劳动合同关系，也没有证据证明三名申请人违反劳动合同义务而致使被申请人有权依法解除劳动合同，故对于被申请人主张三名申请人因违反劳动义务构成违约的抗辩不予采纳。

3.关于三名申请人是否已为公司完成生产、销售额的问题

协议第二条第3.2款约定三名申请人该项义务是在"目标公司X和T产品实现量产后"完成，但被申请人于庭审中确认X产品尚未实现量产，故三名申请人履行该项义务的前提条件尚未成就，故对以此为由主张三名申请人构成违约的主张不予采纳。

综上所述，被申请人主张三名申请人构成根本违约缺乏事实和法律依据，仲裁庭不予支持。

（五）关于律师费、本案仲裁费的承担问题

各方的请求均没有得到仲裁庭的支持，故应当各自承担支出的律师费及仲裁费。

裁决结果，根据《仲裁法》第四十三条的规定，仲裁庭裁决如下：①对第一、第二、第三申请人的仲裁请求不予支持；②对被申请人的仲裁反请求

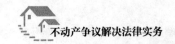

不予支持；③本案请求的仲裁费，由第一、第二、第三申请人自行承担，本案反请求仲裁费由被申请人自行承担。

一、律师评析

本案仲裁的结果实际都驳回了双方的仲裁请求，并没有解决双方争议的违约和损失赔偿、限期履行等问题，这与案件的特殊情况以及双方设定的仲裁请求事项有很大的关联。如果双方当事人不能达成和解，随着案情发展可能会产生第二次仲裁，根据"一事不再理"原则，当事人要选择新的仲裁事项。

对于本案的案情而言，本次企业收购的最重要的两个核心内容：其一，申请人方应负责完成X产品的国检认证，以及获取相关专利知识产权证并转让登记至公司名下，作为公司未来的核心技术资产。这是实现对目标公司核心专利技术的收购，以及要求申请人完成新产品的研发工作，达到收购之后新公司产品的升级，以新技术和新产品拓展市场目标的前提。这项收购目标的确定，无疑是十分正确的，但是存在的两个主要失误也非常明显。第一点，被申请人主张三名申请人违约，没有按照约定的期限完成专利技术移交，但是在双方的多次沟通记录中，又没有向申请人要求其及时转移专利变更登记，导致仲裁庭未支持被申请人因此要求违约赔偿的主张；第二点，正如上述仲裁认定中指出的，对于要求申请人完成新产品实现生产、销售额达到3亿元的业绩目标，在协议条款中设置了一个不必要的前提——"目标公司在X和T产品实现量产之后"，而对于实现量产，又没有约定申请人的义务和期限，导致上述3亿元的业绩目标根本无法操作。因此，在实际履行过程中缺乏必要的"催告"，以及在条款设置上的瑕疵，导致被申请人的权利主张得不到仲裁庭的支持。上述两方面的经验教训，值得我们吸取和深思。其二，三名申请人作为原股东，又是企业的核心技术人员、管理团队成员，《股权转让协议》明确约定了其供职期限，目的是充分发挥其专业技术、管理和业务开发等重要作用，带领公司创造新技术、新产品，组建经营团队，在新技术产品的基础之上，实现公司产品的量产化目标，并完成公司设立的业绩目标。这是本次收购的目标之一，但上述《股权转让协议》显然也存在一个重大的缺陷，即没有明确约定三名申请人任职的职务、岗位工作职责、具体的工作考核目标，也没有签订劳动合同等文件，导致三名申请人长期不到公司上班，不履行职务，未创造劳动价值，公司各项工作无法进行，原企业人员大量流失，新产品无法达到量产化目标，公司几乎处于瘫痪状态，进而造成公司和收购方产生重大的经济损失。因此，如果同时要实现对公司原人力资源的收购，必须与原企业人员重新签订劳动合同，明确原企业人员的岗位职责和考核具体要件等内容，无约束则无规矩，否则将无法约束原企业人员勤勉尽责，就无法实现收购的目标。由于收购方在收购过程中出现的诸多非专业的行为，导致收购项目未达到收购目标，反而造成重大的损失。因此，企业的收购兼并是一项十分专业的工作，决策者千万不要为了省钱，不聘请专业机构进行尽职调查和法律分析，而是在收购合同和相关文件上，采取从网上下载版本"照葫芦画瓢"等方式，这种做法有可能会得不偿失。

从本宗收购兼并案例中，我们可以体会到企业的收购兼并，不仅要完成目标企业"物"的收购，"物"包括动产、不动产，也包括专利、版权、专有技术等无形的知识产权，以及企业资质、证明、权利资格等无形权益，还要实现对目标企业原人力资源"人"的收购。要实现"物"应收尽收，"人"不仅要纳入新公司，而且要充分约束并激励其发挥人力资源作用。如果在一项收购中，"物"没有收购完整，"人"也没能发挥作用，那么这项收购无疑是失败的。在上述案例中，我们可以发现在"物"的收购方面，协议约定开发的新产品没有研发成功，有的核心专利技术没有获得并完成转让，亦即没有获得完整的"物"；在"人"的收购方面，不仅没有实现人力资源的应有效用，发挥其研发、管理和业务的核心作用，反而双方因股权转让的矛盾而产生对抗，造成"人"长期既不出工也不出力，甚至导致公司其他老员工消极应付、怠工或辞职，造成公司内部管理工作松散懈怠、一盘散沙，而且在外不断地散播不利于企业的言论，严重损害企业的商业信誉，公司业绩不仅没有提高，反而不断下滑至严重亏损，公司几近瘫痪。因此，本案的收购在"物""人"的方面都存在不足，造成收购项目的失败。在企业收购兼并中，尤其是原企业员工留用的，不仅要关注"物"的完整性，还要特别关注如何发挥人力资源效能，如何保障人力资源充分发挥作用。

本案还有两点经验值得我们注意：其一，仲裁庭认定了被申请人未严格按

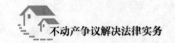

合同约定支付股权转让款，构成违约，但是根据案情，被申请人支付了大部分股权转让款，被申请人的违约行为并不足以造成不能达到合同目的的后果，终止协议显然不符合继续交易的目的。因此，仲裁庭未支持申请人解除协议的仲裁请求，并且同时指出由于协议并没有约定具体的违约标准，申请人也未能证明损失的存在，所以对于申请人要求支付违约金不予支持。从这一裁决来看，协议约定具体的违约标准，是追索违约金的基础，因此，我们在草拟合同之时，要对违约金有明确的约定，这一点值得律师们注意。其二，被申请人提出申请人没有按照约定负责完成新产品的国检认证，但被申请人从未进行催告；被申请人提出三名申请人违反劳动义务，但是被申请人并未提出解除劳动合同，也没有申请劳动仲裁。因此，对于申请人未完成业绩任务，由于前置条件的"量产"没实现，无法认定其是否违反协议义务。从以上两点可知，收购合同越细致越好，我们在进行收购兼并项目的时候，对于收购合同条款的约定要具体，尤其在收购合同的履行环节、违约责任方面，应尽量做到详细并可执行。

二、相关问题与分析

本案是一宗收购兼并不太成功的案例，在此也提醒大家注意，在收购兼并工作中必须做好两个方面的前期准备。一方面是"硬件"工作，要详尽做好企业和资产的调查工作；另一方面是"软件"工作，要做好企业文化因素的研究分析工作，要研究企业的人员组成、企业文化和制度等"软件"因素。本案在"硬件"方面的准备工作做得十分成功，但是在"软件"方面做得比较欠缺。对企业资产的收购，是比较直观和直接的，不论是有形的不动产和动产，还是无形的商标、品牌、专利、专有技术等知识产权，都是比较容易实现收购目标的。但是如果收购项目约定原企业员工或原企业股东继续留用，如何保证原股东、技术人员和管理人员的勤勉尽责，是一个值得深入研究的问题。笔者认为，对目标企业原人力资源进行收购，并设有业绩对赌协议的，需要注意以下三个方面。

（一）需要考虑收购之后企业人文制度建设

在收购之前，要认真研究企业职员构成和企业文化、制度，考虑原有股东、员工对纳入新企业的认同感和归属感，研究核心员工的利益诉求、性格特征、业务能力等，关注和研究企业人力资源的约束和激励机制，研究如何发挥人力资源的最大效能。

（二）对于留用原股东任职的问题

一方面原股东是股权转让合同的相对方，是当事人，是利害关联方；另一方面原股东又在原企业任职，形成劳动合同关系。两种法律关系交叉，形成双重的利害关系，如果股权转让合同产生分歧，可能导致原股东拒不履行劳动合同，甚至故意违反劳动合同，损害公司利益。因此，必须将双方的股权转让关系与劳动合同关系独立分开，避免利益牵连。

（三）对赌协议内容要专业

业绩对赌协议，建议由专业律师进行草拟和审核，尽量周密且具可操作性，可以作为股权转让合同的补充协议或附件。本案协议中约定"企业实现量产之后，乙方须带领企业三年内达到3亿元业绩"，但是没有约定负责实现量产的主体，没有约定量产指标、时限，导致公司一直未达到量产的目标，也不知追究哪一方责任，无法计算量产后三年的业绩。

企业收购兼并是一项复杂的综合性工程，不是简单地将目标企业的资产和人员转移过来，还要考虑企业兼并整合之后，新旧企业在企业文化、企业制度、企业管理、劳动制度激励等各方面的兼容，一定要考虑企业的人文融合工作，通过兼并整合激发"人才"更强大的创造力，才能达到收购目标。笔者总结的经验体会是："财物"收购易，而"人心"聚合难，建议大家在进行企业收购兼并项目之时，注重设定"人财兼收"的双重目标和具体应对措施，才能做好收购工作。

三、规范指引

■《民法典》

第四百六十五条第二款　依法成立的合同，仅对当事人具有法律约束力，但是法律另有规定的除外。

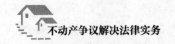

第五百零九条第一款　当事人应当按照约定全面履行自己的义务。

■《最高人民法院关于适用〈中华人民共和国民法典〉时间效力的若干规定》

第二十条　民法典施行前成立的合同，依照法律规定或者当事人约定该合同的履行持续至民法典施行后，因民法典施行前履行合同发生争议的，适用当时的法律、司法解释的规定；因民法典施行后履行合同发生争议的，适用民法典第三编第四章和第五章的相关规定。

■《全国法院民商事审判工作会议纪要》（法〔2019〕254号）

二、关于公司纠纷案件的审理

会议认为，审理好公司纠纷案件，对于保护交易安全和投资安全，激发经济活力，增强投资创业信心，具有重要意义。要依法协调好公司债权人、股东、公司等各种利益主体之间的关系，处理好公司外部与内部的关系，解决好公司自治与司法介入的关系。

（一）关于"对赌协议"的效力及履行

实践中俗称的"对赌协议"，又称估值调整协议，是指投资方与融资方在达成股权性融资协议时，为解决交易双方对目标公司未来发展的不确定性、信息不对称以及代理成本而设计的包含了股权回购、金钱补偿等对未来目标公司的估值进行调整的协议。从订立"对赌协议"的主体来看，有投资方与目标公司的股东或者实际控制人"对赌"、投资方与目标公司"对赌"、投资方与目标公司的股东、目标公司"对赌"等形式。人民法院在审理"对赌协议"纠纷案件时，不仅应当适用合同法的相关规定，还应当适用公司法的相关规定；既要坚持鼓励投资方对实体企业特别是科技创新企业投资原则，从而在一定程度上缓解企业融资难问题，又要贯彻资本维持原则和保护债权人合法权益原则，依法平衡投资方、公司债权人、公司之间的利益。对于投资方与目标公司的股东或者实际控制人订立的"对赌协议"，如无其他无效事由，认定有效并支持实际履行，实践中并无争议。但投资方与目标公司订立的"对赌协议"是否有效以及能否实际履行，存在争议。对此，应当把握如下处理规则：

5.【与目标公司"对赌"】投资方与目标公司订立的"对赌协议"在不存在法定无效事由的情况下，目标公司仅以存在股权回购或者金钱补偿约定为由，主张"对赌协议"无效的，人民法院不予支持，但投资方主张实际履行的，人民法院应当审查是否符合公司法关于"股东不得抽逃出资"及股份回购的强制性规定，判决是否支持其诉讼请求。

投资方请求目标公司回购股权的，人民法院应当依据《公司法》第35条关于"股东不得抽逃出资"或者第142条关于股份回购的强制性规定进行审查。经审查，目标公司未完成减资程序的，人民法院应当驳回其诉讼请求。

投资方请求目标公司承担金钱补偿义务的，人民法院应当依据《公司法》第35条关于"股东不得抽逃出资"和第166条关于利润分配的强制性规定进行审查。经审查，目标公司没有利润或者虽有利润但不足以补偿投资方的，人民法院应当驳回或者部分支持其诉讼请求。今后目标公司有利润时，投资方还可以依据该事实另行提起诉讼。

附：律师优秀代理词精选

代理词（节选）

根据庭审的情况，现结合查明的事实与法律规定发表如下代理意见。

一、关于《股权转让协议》合同目的的问题

根据《股权转让协议》的约定，被申请人（反申请人）以1000万元的价格收购申请人（被反申请人）持有的目标公司的股权，乙方（申请人）承诺将在协议约定的期限内，为目标公司取得X和T新产品的施工资质、安全生产许可，为目标公司完成新产品的设计、研发及国检鉴定通过工作，在新产品实现量产后三年内为目标公司完成不低于3亿元的生产、销售额，并且净利润不低于35%，申请人王某等须在目标公司供职不少于三年，以完成上述业绩。

《股权转让协议》第3.2条明确约定："各方理解并同意，本次股权转让定价基于乙方（申请人）向甲方作出的如下承诺……各方确认，本次股权转让

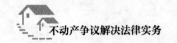

之交易目的，包含股权交割和前述乙方承诺。"

可见，在案涉《股权转让协议》中，包含了商业对赌协议，即公司股权"估值调整机制"，其核心要义为：被申请人（反申请人）高价收购目标公司股权，前提是申请人（被反申请人）承诺可以为目标公司实现一定业绩和作出其他保证，被申请人（反申请人）作为股权受让方、目标公司投资方，依约支付股权转让款，为目标公司的经营提供资金支持；如果申请人（被反申请人）未履行承诺或业绩不达标，则应当给予作为投资人的被申请人（反申请人）一定补偿，即相当于对原来的股权估值进行了合理调整。案涉《股权转让协议》正是这样的对赌协议模式。本案中，基于协议的约定，被申请人（反申请人）已支付了大部分股权转让价款（总额1000万元，已支付900万元），并且向目标公司投入了大量资金，用于购买设备和原材料及支付人工费、销售费、管理费等。同样，申请人（被反申请人）所承诺的经营业绩指标承诺和履职期的约定为该协议的核心条款，应由申请人（被反申请人）严格履行。然而，申请人（被反申请人）却未能履行大部分义务，而且业绩指标远未实现。

综上所述，从合同目的角度来看，本案并不存在因被申请人（反申请人）导致合同目的无法实现的情形，被申请人（反申请人）已履行了协议约定的各项核心义务，为目标公司的经营提供了大量支持，投入了大量资金。所以在申请人（被反申请人）未能履行其核心义务、实现业绩指标的情况下，单方面要求解除合同的请求不应支持。

二、关于被申请人是否构成违约的问题

被申请人（反申请人）已履行协议项下绝大部分的义务，少部分款项尚未支付系基于合理的正当理由，不构成违约。

被申请人（反申请人）与申请人（被反申请人）均已确认，被申请人（反申请人）已支付该协议项下的股权转让款900万元，被申请人（反申请人）已履行绝大部分协议义务。

目前尚有小部分未履行的协议义务的原因是申请人（被反申请人）尚未协助目标公司取得X和T产品的施工资质认证并取得资质证书及安全生产许可证书，致第二笔股权转让款付款条件未能达成，并且，协议第3.2条明确约定：

（1）乙方将在2020年4月前完成目标公司X产品的设计、研发及国检认证工作，并为目标公司取得施工资质和安全生产许可；在2020年8月前，完成目标公司T产品的研发和国检认证工作，并为目标公司取得施工资质和安全生产许可。

（2）目标公司X和T产品实现量产后，乙方在三年内为目标公司完成不低于3亿元的生产、销售的业绩，并且净利润不低于35%。

……

（4）自股权交割完成之日起，乙方在目标公司供职时间不少于3年。

以上协议约定义务，申请人（被反申请人）均未按约定完成：①未在2020年4月前完成目标公司X产品的设计、研发及国检认证工作；②目前一直未完成目标公司X产品的研发和国检认证，未取得安全生产许可；③申请人王某等人单方面提出辞职，明显怠于履行工作职责，并且消极怠工及积极对抗公司的安排和运作，违反劳动义务，申请人（被反申请人）明显存在重大违约行为。

退一步讲，即便最后一笔股权转让款达到了支付条件，被申请人（反申请人）亦已多次向申请人（被反申请人）明确，若达到股权转让款的支付条件，剩余的股权转让款将以协议约定的方式，用等值X和T产品支付，被申请人（反申请人）多次通知了申请人（被反申请人）可以以新产品方式支付。

被申请人（反申请人）已充分履行协议项下的义务，并无违约行为，申请人（被反申请人）要求向其赔偿股权转让款损失及逾期支付股权转让款所产生的滞纳金没有依据，不应得到支持。

三、关于申请人是否存在违约的问题

如前所述，申请人（被反申请人）未能履行协议主要义务，已构成根本违约。

（一）申请人（被反申请人）至今未取得X产品的国家检验认证和生产许可

就X产品的研发和国检认证、施工资质和安全生产许可的取得的义务，申请人（被反申请人）认为其研发的XT组合产品与X产品为同一种产品，其取得的《XT组合型产品国家检验报告》即为协议中约定的X产品的国检认

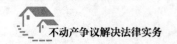

证，纯系指鹿为马、偷换概念。

第一，申请人（被反申请人）认为"行业内一般将X合金材料占比超过50%的产品称为X产品"（见申请人《情况说明》第3页），此陈述与该行业的实际情况不符，没有任何依据支持，不能证明申请人（被反申请人）研发的XT组合产品即为协议所指纯X产品。

第二，产品的结构件包括导轨、导向装置、水平桁架、机位支撑件，X合金产品是以X合金为结构件的X合金建筑产品，即X合金产品主要部分、核心结构需采用X合金材料，而XT组合产品则只有部分部件采用X合金材质，二者显然是不同类型的产品（见被申请人《情况说明》）。另外，仅从产品的名称亦能看出二者的基本区别。

第三，X合金产品采用6061-T6牌号的X合金材料（见被申请人提交的《情况说明》及附件4、附件5，6061-T6牌号的X合金材料为铝、镁、硅合金，其中硅元素含量为0.4%~0.8%，镁元素含量为0.8%~1.2%），具有较强的抗腐蚀性、可焊接性，而申请人（被反申请人）提供的《XT组合型产品国家检验报告》第4页结构应力检验中的说明部分已明确，该XT产品的竖向主框架内立杆的材料为Q235（普通碳素结构钢，也称A3钢），竖向主框架外立杆、脚手板、辅助立杆、水平支撑桁架斜腹杆等部分材料均为6005-T6（X合金，其中硅元素含量为0.6%~0.9%，镁元素含量为0.4%~0.6%），与行业内认可的X合金产品的材料有明显的不同。

因此，申请人（被反申请人）提交的《XT组合型产品国家检验报告》不能证明申请人（被反申请人）已履行其协助目标公司取得X产品的国家检验报告、生产许可的义务。由此可见，协议项下剩余股权转让款的支付条件尚未达成，申请人（被反申请人）构成了违约。

（二）申请人（被反申请人）未完成业绩指标，导致目标公司亏损严重，构成违约

第一，如前所述，申请人（被反申请人）在《股权转让协议》中承诺，目标公司新产品实现量产后，申请人（被反申请人）在三年内为目标公司完成不低于3亿元的生产、销售业绩，并且净利润不低于35%。然而，X和T产品因申请人（被反申请人）未能成功研发，目标公司尚未取得生产资质，无法实现量产，可见申请人（被反申请人）并未完成业绩指标。

第二，退一步讲，若目标公司的收购完成后，申请人（被反申请人）制作的《产品项目近期经营规划和目标》[见申请人证据材料目录（补充）证据二]确为申请人（被反申请人）与被申请人（反申请人）所确认，计划于2020年5月末完成全T产品的鉴定工作，10月开始筹建X生产线，2020年内完成三千吨T产品生产，完成X产品的技改申报，而事实上，非但未能完成《股权转让协议》中的业绩指标，更未能进行上述生产、销售工作的安排。

第三，申请人（被反申请人）作为目标公司的高级管理人员，对公司负有管理、尽责、勤勉的义务，在维持公司经营稳定的情况下，应该充分履行协议约定的经营业绩指标义务。从目前申请人（被反申请人）承接的三个业绩项目可见，这些项目无一赚钱，还面临回款困难，甚至已形成坏账的困境，致使目标公司亏损严重。事实上，如前所述，被申请人（反申请人）已向目标公司投入资金三千余万元，用于购买设备、原材料，支付人工费、管理费等。

（三）申请人在履职期内提出离职，拒不履行协议的主要义务，构成违约

作为目标公司业务的核心成员，申请人王某等在履职期间提出辞职，这显然违反了协议对于被反申请人于目标公司服务时间的要求，已构成根本违约。

申请人（被反申请人）的上述行为已明显构成根本违约，被申请人（反申请人）有权依照协议约定，要求申请人（被反申请人）承担违约责任，并支付违约赔偿金。

四、申请人请求解除《股权转让协议》既无法律依据，也无合同依据

第一，申请人（反被申请人）已收到了绝大部分的股权转让款，还从目标公司领取了超过100万元的薪资，其绝大部分的合同目的都已实现。申请人（被反申请人）对被申请人（反申请人）的核心义务却尚未履行，甚至还存在根本违约的情况。若提前终止协议，无异于使申请人（被反申请人）从其未履行完毕的协议义务中抽身而出，由被申请人（反申请人）全数承担因申请人（反被申请人）未履行协议义务所导致的投资损失，有违公平原则。

第二，截至目前，申请人（反被申请人）为目标公司申请的专利并未转化为任何直接利益，反而目标公司因销售和管理情况存在大量问题而处于严

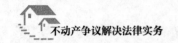

重亏损状态，几近停产停业，被申请人（反申请人）并未从该股权交易中获取所谓的巨大利益。

第三，该协议仍需继续履行。首先，协议内容并未因被申请人（反申请人）无法继续履行。如前所述，被申请人（反申请人）已按照投资规划，通过关联公司对目标公司投入数千万元，支持新产品业务的开展；对于目标公司的经营与管理，王某等三名申请人（被反申请人）作为目标公司的法定代表人和执行董事，有权对目标公司产品的生产、销售、经营负责，对目标公司新产品业务的经营与管理有充分的决策权；被申请人（反申请人）作为目标公司的大股东，没有给申请人（被反申请人）开展新产品的业务设置任何障碍、影响目标公司盈利的动机，更未强迫申请人（被反申请人）签署相关项目的债务加入书。其次，被申请人（反申请人）认可申请人（被反申请人）专业能力和科研水平，且被申请人（反申请人）对目标公司投入已达数千万元并仍在继续投入，因此，上述协议仍可继续履行，而且股权交易实际大部分已经履行完毕，不能予以解除。至于申请人（被反申请人）未达到业绩目标及其他违约行为，可以追究其违约责任进行处理。

申请人（被反申请人）作为违约方，不具有法定或协议约定的解除权，在协议仍可以继续履行，合同目的仍能够实现的情况下，若提前终止协议，将导致违约方在大部分地实现其合同目的后毫无代价地"解套"，而守约方被申请人（反申请人）在支付了大部分的合同对价后还要承担数千万元的投资损失而造成无法挽回的后果，既不合理，也不公平，更不符合《九民纪要》《民法典》关于维持和促进交易的法律原则。

综上所述，被申请人（反申请人）基于申请人（被反申请人）的专业能力和业绩承诺，才收购了申请人（被反申请人）持有的目标公司的股权并依约支付了大部分股权转让款，收购该司股权与公司业绩、申请人的尽职义务等存在直接的关联关系，且被申请人（反申请人）已持续投入数千万元的经营成本以支持公司和申请人（被反申请人）开发新产品等公司业务。而申请人（被反申请人）在取得绝大部分股权转让款后不但未能尽职尽责地履行协议义务，违反了协议的约定，还未达到业绩目标，采取离职、旷工等违约行为，说明其意图并非真心实意履行协议，其主张提前终止协议，违背了签订协议的初心，更违背了诚实信用原则。

在此，被申请人（反申请人）恳请仲裁庭以事实为基础，以法律为准绳，判令违约者承担责任并继续履行协议义务，并且根据协议约定对其处以违约金，以责令其继续履行协议，维护契约原则，彰显社会主义法治精神。

以上代理意见，恳请仲裁庭采纳！

第十二章　不动产抵押合同争议

19　不动产作为抵押物，如果没有办理抵押登记，抵押合同是否生效，抵押权人是否有权要求抵押人承担违约赔偿责任？

案例导读

在实务中，虽然合同中约定了抵押条款或者签订了抵押合同，但是由于抵押物存在瑕疵，办理不了抵押登记，或者抵押人不配合，导致拖延没有办理抵押登记的情况比较常见。那么如果出现上述情况，抵押权的权益能否得到保障呢？根据《民法典》及《最高人民法院关于适用〈中华人民共和国民法典〉有关担保制度的解释》中关于担保、抵押的规定，以不动产提供抵押担保，如果抵押人未依抵押合同约定办理抵押登记的，不影响抵押合同的效力；如果抵押人违约的，债权人依据抵押合同主张抵押人在抵押物的价值范围内承担违约赔偿责任的，人民法院应予以支持。抵押权人对未能办理抵押登记有过错的，相应减轻抵押人责任。

典型案例1：某银行诉某公司、陈某借款合同纠纷再审案

再审申请人：某银行

再审被申请人：某公司、陈某

2013年12月某银行与某公司签订《综合授信合同》，约定某银行为某公

司提供1亿元的授信额度，额度使用期限自2013年12月起至2014年12月止。

为担保该合同，某银行于同日与该公司的实际控制人陈某签订了《贷款抵押合同》，该合同约定：陈某为上述期间的贷款本息、实现债权费用在各自保证限额内向某银行提供抵押，抵押物为陈某位于某镇某村的村委办公楼旁的1栋5层的商业综合楼，以及邻近的一栋3层村民住宅楼房（以下简称"抵押物"），上述抵押物均未取得不动产登记证书，此后双方也没有办妥抵押登记手续。

上述合同签订之后，某银行依约向某公司发放了×××万元贷款。某公司自2014年8月21日起未能按期还本付息。

为此，某银行向一审法院诉讼，要求某公司还本付息，陈某就某公司不能清偿某银行债务的金额，在抵押物价值范围内，承担连带赔偿责任。

一审法院经审理之后，认为陈某提供的抵押物没有办理抵押登记，而且某银行作为专业机构，在某市房产管理局发出的《关于明确房地产抵押登记有关事项的函》中明确警示，该市未办理不动产权证书的房地产，不予办理抵押登记手续，提示为了减少金融机构信贷风险和信贷矛盾纠纷，建议各金融机构在日常办理房地产抵押贷款申请时，应认真审查抵押房地产的房屋所有权和土地使用权权利主体是否一致，是否有不动产权证书，再决定是否发放贷款。因此，一审法院认为陈某对其提供的抵押物未办妥抵押手续，不应承担责任，支持了某银行的其他诉讼请求，但对其要求陈某承担抵押物价值范围内连带赔偿责任予以驳回。

某银行不服一审判决，提起上诉，二审法院驳回上诉，维持原判。

某银行不服提出再审。

再审法院另查明：某市房产管理局于2011年6月29日向某市各金融机构发出《关于明确房地产抵押登记有关事项的函》，内容为"某市各金融机构：由于历史遗留问题，我市存在一些土地使用权人与房屋产权人不一致的房屋。2008年，建设部出台了《房屋登记办法》（建设部令第168号），其中第八条明确规定'办理房屋登记，应当遵循房屋所有权和房屋占用范围内的土地使用权权利主体一致的原则'。因此，上述房屋在申请所有权转移登记时，须先使房屋所有权与土地使用权权利主体一致后才能办理。为了避免抵押权人在实现该类房屋抵押权时，因无法在房管部门办理房屋所有权转移登记而导致

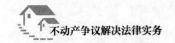

合法利益无法得到保障，根据《物权法》《房屋登记办法》等相关规定，我局进一步明确房地产抵押登记的有关事项，现函告如下：一、土地使用权人与房屋产权人不一致的房屋需办理抵押登记的，必须在房屋所有权与土地使用权权利主体取得一致后才能办理。二、目前我市个别金融机构由于实行先放款再到房地产管理部门申请办理抵押登记，产生了一些不必要的矛盾纠纷。为了减少金融机构信贷风险和信贷矛盾纠纷，我局建议各金融机构在日常办理房地产抵押贷款申请时，应认真审查抵押房地产的房屋所有权和土地使用权权利主体是否一致，再决定是否发放该笔贷款。三、为了更好地保障当事人利益，我局将从2011年8月1日起，对所有以自建房屋申请办理抵押登记的业务，要求同时提交土地使用权证。"

根据各方当事人的诉辩意见，本案再审争议焦点为：陈某是否应在抵押合同中提供抵押（但未办理抵押登记）的两处案涉房产的价值范围内，就本案某公司所负某银行不能清偿的债务金额，向某银行承担连带赔偿责任。

再审法院认为，《物权法》第十五条规定："当事人之间订立有关设立、变更、转让和消灭不动产物权的合同，除法律另有规定或者合同另有约定外，自合同成立时生效；未办理物权登记的，不影响合同效力。"本案中，某银行分别与陈某等五人签订《最高额抵押合同》，约定将位于某镇某村的一栋房产及位于该村村委办公楼旁的一栋综合楼，以及附近3栋3~5层村民住宅楼房价值范围内的，为案涉债务提供担保。上述合同内容系双方当事人的真实意思表示，内容不违反法律、行政法规的强制性规定，应为合法有效。虽然前述抵押物未办理抵押登记，但根据《物权法》第十五条之规定，该事实并不影响抵押合同的效力。

依法成立的合同，对当事人具有法律约束力，当事人应当按照合同约定履行各自义务，不履行合同义务或履行合同义务不符合约定的，应依据合同约定或法律规定承担相应责任。案涉《贷款抵押合同》第六条"甲方声明与保证"约定："6.2甲方对本合同项下的抵押物拥有完全的、有效的、合法的所有权或处分权，需依法取得权属证明的抵押物已依法获发全部权属证明文件，且抵押物不存在任何争议或任何权属瑕疵……6.4设立本抵押不会受到任何限制或不会造成任何不合法的情形。"第十二条"违约责任"约定："12.1本合同生效后，甲乙双方均应履行本合同约定的义务，任何一方不履行或不完全履行本合同约定的义务的，应当承担相应的违约责任，并赔偿由此给对方造成的损失。12.2甲方在本合同第六条所作声明与保证不真实、不准确、不完整或故意使人误解，给乙方造成损失的，应予赔偿。"根据上述约定，陈某应确保案涉房产能够依法办理抵押登记，否则应承担相应的违约责任。本案中，陈某尚未取得案涉房屋所占土地使用权证，因房地权属不一致，案涉房屋未能办理抵押登记，抵押权未依法设立，陈某构成违约，应赔偿由此给某银行造成的损失。原审法院认定不当，予以纠正。

关于某银行的损失认定问题。《合同法》第一百一十三条第一款规定："当事人一方不履行合同义务或者履行合同义务不符合约定，给对方造成损失的，损失赔偿额应当相当于因违约所造成的损失，包括合同履行后可以获得的利益，但不得超过违反合同一方订立合同时预见到或者应当预见到的因违反合同可能造成的损失。"案涉《贷款抵押合同》第6.6条约定："甲方承诺：当主合同债务人不履行到期债务或发生约定的实现担保物权的情形，无论乙方对主合同项下的债权是否拥有其他担保（包括但不限于主合同债务人自己提供物的担保、保证、抵押、质押、保函、备用信用证等担保方式），乙方有权直接请求甲方在其担保范围内承担担保责任，无须行使其他权利（包括但不限于先行处置主合同债务人提供的物的担保）。"第8.1条约定："按照本合同第二条第2.2款确定的债务履行期限届满之日债务人未按主合同约定履行全部或部分债务的，乙方有权按本合同的约定处分抵押物。"在案涉抵押合同正常履行的情况下，当主债务人不履行到期债务时，某银行可直接请求就抵押物优先受偿。本案抵押权因未办理登记而未设立，某银行无法实现抵押权，损失客观存在，其损失范围相当于在抵押财产价值范围内某公司未清偿债务数额部分。

同时，根据本案查明的事实，某银行对案涉《贷款抵押合同》无法履行亦存在过错。某市房产管理局已于2011年明确函告辖区各金融机构，房地权属不一致的房屋不能再办理抵押登记。据此可以认定，某银行在2013年签订案涉《贷款抵押合同》时对案涉房屋无法办理抵押登记的情况应当知情或者应当能够预见。作为以信贷业务为主营业务的专业金融机构，应比一般债权人具备更高的审核能力。相对于此前曾就案涉抵押物办理过抵押登记的陈某来说，某银行具有更高的判断能力，负有更高的审查义务，其未尽到合理的

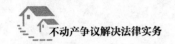

审查和注意义务，对抵押权不能设立亦存在过错。同时，根据《合同法》第一百一十九条"当事人一方违约后，对方应当采取适当措施防止损失的扩大；没有采取适当措施致使损失扩大的，不得就扩大的损失要求赔偿"的规定，某银行在明知案涉房屋无法办理抵押登记后，没有采取措施防止损失扩大，可以适当减轻陈某的赔偿责任。

综合考虑双方当事人的过错程度以及本案的具体情况，再审法院酌情认定陈某以抵押财产价值为限，在某公司尚未清偿债务的二分之一范围内，向某银行承担连带赔偿责任。

一、律师评析

陈某抵押房屋因政策变化，导致不能办理抵押登记，是否构成违约，其是否在提供抵押物（未办理抵押登记房产）的价值范围内承担连带赔偿责任？

本案是被告陈某提供的抵押房产不能办理抵押登记，一审法院认为被告此前就将该房屋作过抵押登记，主观上不存在过错责任，从而认定其不应在上述房产抵押价值范围内承担违约赔偿责任。原告对此不服，经过二审和再审程序，在再审程序中，再审法院认为虽然抵押权因不能办理登记而未设立，但是不影响合同的效力，根据合同约定，陈某负有提供合格抵押物的义务，否则由此导致的损失应承担连带赔偿责任。再审申请人某银行作为金融机构，其在当地政府相关部门已经出台新的政策（某市房产管理局于2011年6月29日向某市各金融机构发出《关于明确房地产抵押登记有关事项的函》），仍在未办理抵押登记的情况下发放贷款，其对抵押物是否能办理抵押登记，应具有更高的判断能力，负有更高的审查义务。因此，某银行未尽到合理的审查和注意义务，对抵押权不能设立亦存在过错，判决陈某在未办理抵押登记房屋的价值内承担1/2债务赔偿责任。

本案作为典型的不动产抵押合同纠纷案件，在司法实务中是比较普遍的，不论是金融机构的放贷，还是民间借贷合同，都存在以房地产作为抵押的情形。如果作为抵押物的房屋或者土地，没有取得合法的不动产权证书，或者特殊不动产权权属的抵押物，需要经过法定程序方可设立，在这种情况下，没有经过法定程序，即使当事人双方签订了抵押合同，仍然无法进行抵押权登记。依据《民法典》第二百一十五条规定，当事人之间订立有关设立、变更、转让和消灭不动产物权的合同，除法律另有规定或者当事人另有约定外，自合同成立时生效；未办理物权登记的，不影响合同效力。不动产抵押必须经过登记，方可设立抵押权；如果没有经过合法登记，则对该物的抵押权就没有设立，在众多的债务清偿中就不能享有优先权。但是，不享有抵押权，也不影响抵押条款或合同的法律效力。其一，关于抵押人是否构成违约的问题。依据《民法典》上述规定和当事人合同的约定，以及案涉《贷款抵押合同》第六条"甲方声明与保证"约定："6.2甲方对本合同项下的抵押物拥有完全的、有效的、合法的所有权或处分权，需依法取得权属证明的抵押物已依法获发全部权属证明文件，且抵押物不存在任何争议或任何权属瑕疵……6.4设立本抵押不会受到任何限制或不会造成任何不合法的情形。"第十二条"违约责任"约定："12.1本合同生效后，甲乙双方均应履行本合同约定的义务，任何一方不履行或不完全履行本合同约定的义务的，应当承担相应的违约责任，并赔偿由此给对方造成的损失。12.2甲方在本合同第六条所作声明与保证不真实、不准确、不完整或故意使人误解，给乙方造成损失的，应予赔偿。"本案中债务人提供抵押的房屋系农村房屋，而且没有办理合法有效的房地产权证书，是直接导致抵押权不能设立的原因。而上述合同条款已经明确约定了抵押人有提供合格抵押物的义务，虽然一审和二审法院均认为抵押人主观上没有违约的故意，但再审法院根据合同约定，以及某市房产管理局于2011年6月29日发布的《关于明确房地产抵押登记有关事项的函》内容，认定抵押人陈某构成违约。由此也引发另一个思考，在合同关系中，对于违约行为是否要具备主观上的故意或重大过失的条件。《民法典》第五百七十七条规定："当事人一方不履行合同义务或者履行合同义务不符合约定的，应当承担继续履行、采取补救措施或者赔偿损失等违约责任。"第五百九十条规定："当事人一方因不可抗力不能履行合同的，根据不可抗力的影响，部分或者全部免除责任，但是法律另有规定的除外。"据此，构成合同违约责任，并不需要考虑当事人的主观意识状态，只要其履行行为不符合合同的约定，没有法律规定的不可抗力等情形，即构成了违约情况，至于其是否存在主观故意的态度，属于法官酌情调节处理的范畴。其二，关于违约责

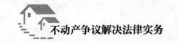

任的损失赔偿问题。再审法院认为，某银行具有更高的判断能力，负有更高的审查义务，因为当地政府机构早已经发布新的政策规定，其仍未尽到合理的审查和注意义务，对抵押权不能设立亦存在过错，并因此认定某银行在知晓案涉房屋无法办理抵押登记后，没有采取降低授信额度、要求提供补充担保等措施防止损失扩大，据此可以适当减轻陈某的赔偿责任。根据《民法典》第五百九十一条（《合同法》第一百一十九条），当事人一方违约后，对方应当采取适当措施防止损失的扩大；没有采取适当措施致使损失扩大的，不得就扩大的损失请求赔偿。再审法院酌情认定陈某以抵押财产价值为限，在某公司尚未清偿债务的二分之一范围内，承担连带赔偿责任。在合同关系中，违约行为不应适用民事过错责任，而应以是否符合合同的约定和法律规定来审视，但是对于违约行为造成的损失，是否适用过错的责任以减轻违约方的赔偿责任呢？《民法典》第五百九十二条规定："当事人都违反合同的，应当各自承担相应的责任。当事人一方违约造成对方损失，对方对损失的发生有过错的，可以减少相应的损失赔偿额。"笔者认为，对于合同纠纷，违约不以过错来衡量，损失赔偿可以根据过错来调整。

二、相关问题与分析

根据本案的经验，笔者提示律师还有其他从业人员应注意，在不动产抵押业务的办理过程中，根据我国不动产权属登记主义的指导原则，抵押只能在完成抵押登记之后，方可设立抵押权，否则抵押权不成立，但是抵押合同仍然是有效的，双方应当按照合同约定履行权利并承担相应的义务和责任。因此，在办理不动产抵押登记之时，需要审查不动产是否是合适的标的物，是否具备办理不动产抵押登记手续的条件，且必须符合办理不动产抵押的程序。例如，根据《公司法》（2005年修正）第十六条规定："公司向其他企业投资或者为他人提供担保，依照公司章程的规定，由董事会或者股东会、股东大会决议；公司章程对投资或者担保的总额及单项投资或者担保的数额有限额规定的，不得超过规定的限额。公司为公司股东或者实际控制人提供担保的，必须经股东会或者股东大会决议。"那么，如果是提供公司的不动产财物作为抵押的，严格来讲，为了避免争议，也需要按照上述程序进行。根据

《最高人民法院关于适用〈中华人民共和国民法典〉有关担保制度的解释》第八条，有下列情形之一，公司以其未依照公司法关于公司对外担保的规定作出决议为由主张不承担担保责任的，人民法院不予支持：（一）金融机构开立保函或者担保公司提供担保；（二）公司为其全资子公司开展经营活动提供担保；（三）担保合同系由单独或者共同持有公司三分之二以上对担保事项有表决权的股东签字同意。上市公司对外提供担保，不适用前款第二项、第三项的规定。只要具备上述规定的情况，即使作为抵押人公司提供抗辩，亦不会被法院支持。另外，如果没有办理抵押登记，导致无法实现抵押权的，要注意仍有权根据抵押合同的约定，向抵押人追索损害赔偿责任，并注意尽量避免抵押权人一方的过错责任，减少损失程度。同时，在抵押合同中也可以明确约定，如果因抵押人导致未成功办妥抵押登记手续，造成的损失全部由抵押人赔偿。笔者认为，保证、抵押、质押、留置等担保业务是十分专业和复杂的。关于抵押，除了有形的不动产抵押之外，还存在无形资产的抵押，比如公司股权、知识产权、商标、专利技术等，根据相应的法律规定，亦需要依法办理抵押登记手续方可设立抵押权。因此，在涉及担保业务之时，需要格外注意合同条款和相关担保法律的具体规定。另外，在此还特别提醒，除了担保的形式，担保的期限也值得特别注意，如果担保的期限约定不清或者没有约定，逾期担保人不承担担保责任，将可能导致债权无法实现，给债权人造成重大损失，对此律师和其他从业者需特别谨慎。

三、规范指引

■《民法典》

第二百一十五条　当事人之间订立有关设立、变更、转让和消灭不动产物权的合同，除法律另有规定或者当事人另有约定外，自合同成立时生效；未办理物权登记的，不影响合同效力。

第五百八十四条　当事人一方不履行合同义务或者履行合同义务不符合约定，造成对方损失的，损失赔偿额应当相当于因违约所造成的损失，包括合同履行后可以获得的利益，但是，不得超过违约一方订立合同时预见到或者应当预见到的因违约可能造成的损失。

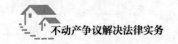

第五百九十一条第一款 当事人一方违约后，对方应当采取适当措施防止损失的扩大；没有采取适当措施致使损失扩大的，不得就扩大的损失请求赔偿。

第五百九十二条 当事人都违反合同的，应当各自承担相应的责任。

当事人一方违约造成对方损失，对方损失的发生有过错的，可以减少相应的损失赔偿额。

■《最高人民法院关于适用〈中华人民共和国民法典〉有关担保制度的解释》

第八条 有下列情形之一，公司以其未依照公司法关于公司对外担保的规定作出决议为由主张不承担担保责任的，人民法院不予支持：

（一）金融机构开立保函或者担保公司提供担保；

（二）公司为其全资子公司开展经营活动提供担保；

（三）担保合同系由单独或者共同持有公司三分之二以上对担保事项有表决权的股东签字同意。

上市公司对外提供担保，不适用前款第二项、第三项的规定。

第十七条 主合同有效而第三人提供的担保合同无效，人民法院应当区分不同情形确定担保人的赔偿责任：

（一）债权人与担保人均有过错的，担保人承担的赔偿责任不应超过债务人不能清偿部分的二分之一；

（二）担保人有过错而债权人无过错的，担保人对债务人不能清偿的部分承担赔偿责任；

（三）债权人有过错而担保人无过错的，担保人不承担赔偿责任。

主合同无效导致第三人提供的担保合同无效，担保人无过错的，不承担赔偿责任；担保人有过错的，其承担的赔偿责任不应超过债务人不能清偿部分的三分之一。

第四十六条 不动产抵押合同生效后未办理抵押登记手续，债权人请求抵押人办理抵押登记手续的，人民法院应予支持。

抵押财产因不可归责于抵押人自身的原因灭失或者被征收等导致不能办理抵押登记，债权人请求抵押人在约定的担保范围内承担责任的，人民法院不予支持；但是抵押人已经获得保险金、赔偿金或者补偿金等，债权人请求抵押人在其所获金额范围内承担赔偿责任的，人民法院依法予以支持。

因抵押人转让抵押财产或者其他可归责于抵押人自身的原因导致不能办理抵押登记，债权人请求抵押人在约定的担保范围内承担责任的，人民法院依法予以支持，但是不得超过抵押权能够设立时抵押人应当承担的责任范围。

第四十九条　以违法的建筑物抵押的，抵押合同无效，但是一审法庭辩论终结前已经办理合法手续的除外。抵押合同无效的法律后果，依照本解释第十七条的有关规定处理。

当事人以建设用地使用权依法设立抵押，抵押人以土地上存在违法的建筑物为由主张抵押合同无效的，人民法院不予支持。

■《公司法》（2023年修订）

第十五条　公司向其他企业投资或者为他人提供担保，按照公司章程的规定由董事会或者股东会决议；公司章程对投资或者担保的总额及单项投资或者担保的数额有限额规定的，不得超过规定的限额。

公司为公司股东或者实际控制人提供担保的，应当经股东会决议。

前款规定的股东或者受前款规定的实际控制人支配的股东，不得参加前款规定事项的表决。该项表决由出席会议的其他股东所持表决权的过半数通过。

第十三章　不动产征用、征收纠纷

20　在集体所有土地和房屋拆迁案件中，应如何审视征收拆迁程序的合法性和补偿的合理性？

 **案例导读**

　　农村集体土地和房屋的征用拆迁项目，必须符合公共利益的需要，且符合法律规定的范围，遵守法律规定的程序，依法及时足额支付土地补偿费、安置补助费以及农村村民住宅、其他地上附着物和青苗等的补偿费用，并安排被征地农民的社会保障费用，方能施行具体的拆迁工作。依据《土地管理法实施条例》的相关规定，省、自治区、直辖市应当制定公布区片综合地价，确定征收农用地的土地补偿费、安置补助费标准，并制定土地补偿费、安置补助费分配办法。集体土地征收的公布区片综合地价、补偿标准及分配办法，由省、自治区、直辖市人民政府颁布，而具体的征收补偿办法、细则，则由市级地方人民政府制定。例如，广州市颁布实施了《广州市农民集体所有土地征收补偿试行办法》，对于集体土地和房屋征收拆迁项目的合法性判断，不仅要严格依据国家颁布的《土地管理法》《土地管理法实施条例》，还要结合相关地方政府颁布的具体补偿标准和办法，来审视具体的集体土地征收拆迁案件是否符合法律规定的程序，是否符合法律规定的补偿内容和标准，而且要结合具体的案情，分析案件是否具有公平性、合理性。

典型案例1：某民办学校征收拆迁法律服务项目

委托人：A中学

被委托人：某律师事务所

A中学是一所经某市教育局批准设立的民办中学，办学有近十年，在该市教育界享有较高的知名度，每年经营收入也十分丰厚。A中学占地面积50余亩，经实测，总建筑面积约为2万平方米，有完备的教学楼、综合楼、图书馆、师生食堂、学生公寓、实验楼、操场等主要教学建筑物及配套设备设施。A中学所占的建设用地，是该校向某村租用的集体建设用地，合同租期四十年，自通知拆迁之日起计尚余三十年租期。双方在租赁合同中明确约定，如遇政府征用拆迁，A中学在租用土地上所建设的建筑物、配套的设施和设备等所获拆迁补偿，均属于A中学，学校有权直接与拆迁方谈判并争取相关权益。

2018年该市实施某大型基础设施工程项目规划建设，需要对A中学所在区域进行征地拆迁。为了加快未来征地拆迁的进度和减少未来工作的难度，该市负责征地拆迁的指挥办（以下简称"拆迁方"）在一边办理征收申报手续的同时，一边对拟征地所在区域的情况进行摸底调查，与村集体、村民及相关权属人协商谈判，提前介入征地拆迁工作。为此，拆迁方书面通知A中学，因该项目建设的需要，A中学已经纳入拟征地拆迁的范围，要求该校立即停止招生，做好教师和学生的分流工作，尔后该市教育部门直接书面通知A中学停止办学。为配合当地政府的建设大局，A中学还是十分配合拆迁方的通知要求，并根据其要求，在限定的范围内完成了全部教职工的解聘和补偿工作，学生分流也进行了有序的安排。但是，拆迁方与A中学在长达两年多时间里，经过多次商谈，就拆迁补偿的方案始终未达成一致意见，后期由于该建设工程项目进程拖延，谈判也慢慢放缓，拆迁方最后停止了对A中学的补偿谈判工作，导致A中学的拆迁变成了一个"烂尾"局面。由于学校周边的交通道路、基础设施及所处环境已经大部分拆除，A中学的建筑物和设施也无法再利用，导致A中学的经济损失持续扩大。为此，A中学不断向拆迁方和

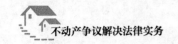

相关政府部门申诉，要求依法进行及时、合法及合理的经济补偿，但始终没有得到妥善解决。

A中学认为，学校建设用地系集体建设用地，根据"房地一体"的基本原则，应适用征用农村集体土地和房屋的相关法规和政策。根据《土地管理法》及其实施条例，《广东省实施〈中华人民共和国土地管理法〉办法》《广州市农民集体所有土地征收补偿试行办法》等相关规定，被征收房屋权利人可以选择复建安置、产权调换、货币补偿的补偿安置方式。被征收房屋权利人不选择复建安置或者产权调换的，按照被征收房屋的重置价加区位补偿价给予货币补偿。依据上述法律规定，A中学认为当地政府如果有条件，应优先考虑对A中学进行复建安置，保护A中学近十年积累的师资力量和教育资源，如果拆迁方客观上确实不能提供复建安置，则应按照"房屋重置价"进行拆迁补偿。由于拆迁方在未依法获得征地拆迁相关审批手续的情况下，就通过教育行政部门停止A中学的办学资格，故需要对A中学的预期继续办学的经营损失、学校品牌及其他无形资产等损失给予合理补偿。而评估机构作出的建筑物评估价值，与A中学要求的补偿金额相距甚远，也不能对停止办学造成的相关损失进行合理补偿。因此，双方始终未能达成拆迁补偿协议，拆迁方和被拆迁方的僵持状态延续数年，至今无法得到合理妥善解决。

为此，A中学特委托某律师事务所提供上述案件的法律分析意见。该律师事务所的承办律师认为，拆迁方在未依法获得征地拆迁的合法手续时，就开展对A中学征地拆迁的谈判工作，本身没有过错，但是拆迁方擅自通知当地教育部门，停止A中学的办学资格，要求A中学遣散教职员工和进行学生分流，直接以行政命令的方式永久性地终止了A中学正常的教育工作，因此，拆迁方及当地教育部门的行为系非法的行政行为，损害了行政相对人A中学的合法权益。A中学依据行政复议或行政诉讼的相关法律规定，有权依法提出行政复议或行政诉讼，要求拆迁方进行行政损害赔偿。

一、律师评析

委托方关注的焦点问题主要有三个：本案征地拆迁的程序是否合法，对A中学的征地补偿标准是否合理，A中学应采取什么样的法律救济途径。

（一）关于征地拆迁的程序是否合法的问题

本案征地拆迁的程序存在不合法之处，甚至可以说还没有进入正式的征地拆迁程序。需要指出的是，拆迁方在没有获得相关审批机关的征地批准手续，没有进行征地公告，没有作出征收决定的情况下，就通知 A 中学停止办学，解散教师团队和分流学生，甚至通知教育部门停止了 A 中学的办学资格，这在程序上显然是不合法的，严重损害了 A 中学的合法权益。本案是拟对集体建设用地及房屋进行征收，根据《土地管理法》的相关规定，征收农村集体土地的，必须出于公共利益的需要，依照法定程序获得批准后，由县级以上地方人民政府予以公告并组织实施。县级以上地方人民政府拟申请征收农村集体土地的，还有复杂的法律程序和工作需要进行。比如，应当开展拟征收土地现状调查和社会稳定风险评估，并将征收范围、土地现状、征收目的、补偿标准、安置方式和社会保障等在拟征收土地所在的乡（镇）和村、村民小组范围内公告至少三十日，听取被征地的农村集体经济组织及其成员、村民委员会和其他利害关系人的意见。本案中 A 中学就具有"利害关系人"的主体身份，如果多数被征地的农村集体经济组织成员认为征地补偿安置方案不符合法律规定，还应当组织召开听证会，并根据听证会的情况修改方案。拟征收土地的所有权人、使用权人等应当在公告规定期限内，持不动产权属证书等证明材料办理补偿登记。县级以上地方人民政府应当组织有关部门测算并落实有关费用，保证足额到位，与拟征收土地的所有权人、使用权人就补偿、安置等签订协议；个别确实难以达成协议的，应当在申请征收土地时如实说明。相关前期工作完成后，县级以上地方人民政府方可申请征收土地。

但是本案拆迁方并没有发布征地预公告，被拆迁人甚至不知道拆迁方提出的补偿方案是否经过有关政府机关的审批，并且历经数年都没有发布正式的征地拆迁公告等行政审批文件。因此，本案从拆迁补偿程序上看，是不合法行政行为，征地拆迁部门没有经过正式、合法的程序就通知该学校停止办学，这显然与法律要求是不符合的，是违法"抄近道""走小路"，企图提前介入开始实际征地拆迁谈判，当然双方自愿协商谈判是没问题的，但行政机关还没有作出征收决定，就强行通知学校停止办学，就构成了非法。本案也提示负责征地拆迁的行政机关，在没有取得合法审批手续之前，在没有取得

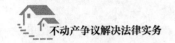

权利人书面同意的前提下，是不能提前实施具体拆迁行为的，否则就有构成严重违法的风险。根据《土地管理法》相关规定，征收土地应当依法、及时、足额支付土地补偿费、安置补助费以及农村村民住宅、其他地上附着物和青苗等的补偿费用，并安排被征地农民的社会保障费用。对其中的农村村民住宅，应当按照先补偿后搬迁、居住条件有改善的原则，尊重农村村民意愿，采取重新安排宅基地建房、提供安置房或者货币补偿等方式给予公平、合理的补偿，并对因征收造成的搬迁、临时安置等费用予以补偿，保障农村村民居住的权利和合法的住房财产权益。本案A中学属于集体土地上的房屋，依照上述法律规定，应根据"先补偿后搬迁"的原则，只有达成补偿协议并付清补偿款之后，才能要求该校停止办学或搬迁。因此，拆迁方在程序上显然违法。

（二）关于征地补偿标准是否合理的问题

根据《土地管理法》相关规定，征收农村土地应当给予公平、合理的补偿，保障被征地农民原有生活水平不降低、长远生计有保障。征收土地应当依法、及时、足额支付土地补偿费、安置补助费以及农村村民住宅、其他地上附着物和青苗等的补偿费用，并安排被征地农民的社会保障费用。对于村民住宅应当按照先补偿后搬迁、居住条件有改善的原则，尊重农村村民意愿，采取重新安排宅基地建房、提供安置房或者货币补偿等方式给予公平、合理的补偿，并对因征收造成的搬迁、临时安置等费用予以补偿，保障农村村民居住的权利和合法的住房财产权益。依照上述法律规定和原则，本案的拟征收标的虽然不属于农村住宅，而是在农村集体建设用地上建设的教育建筑物和设施，实践中对于集体土地上非住宅的建筑物一般不予重建安置，但是本案情况还是比较特殊的，行政命令导致该学校永久停办，如果只是对学校的有形资产实际价值进行评估，对学校停办造成的无形资产损失完全视而不见，这不仅与《土地管理法》彰显的精神和原则相违背，也有失公允，难以让人信服。

由于拆迁方不能提供异地安置，A中学无法继续办学，因此只能选择货币补偿。依照该地区发布的集体土地房屋拆迁标准，双方共同聘请房地产评估事务所进行评估，评估的范围是该学校固定设施的现值，主要包括地基的建设成本，地上的教学楼、宿舍楼、体育运动场及固定配套设施上的建筑物和不可移动的固定设施。拆迁方对于 A 中学永久性的终止办学，导致 A 中学多年积累的品牌、资源和预期经营所得，以及无形的资产和价值、投入未予任何补偿和考虑，A 中学当然无法接受。从学校的角度考虑，A 中学是一所有办学教育资质、有丰富的管理和教育经验、有长期积累的师资力量和丰富生源的，处于正常经营、有生命力的教育实体，但是补偿就像对没有生命和灵魂的廉价躯壳进行补偿。后来该工程项目因其他原因长期搁置，最终也没有发布正式的征收拆迁公告，导致该校停学并长期荒废，造成巨大的无可挽回的损失，拆迁方显然构成行政行为违法。笔者认为，如果拆迁方可以参照《国有土地上房屋征收与补偿条例》，给予该校重建安置的选择权，或者对无形的资产给予合理的补偿，那么不仅可迅速达到拆迁目的，也可保护该校的无形资产，这也是对当地的教育资源和民营市场经济的营商保护。

（三）关于被拆迁方权益的法律救济途径的问题

根据《土地管理法实施条例》的相关规定，县级以上地方人民政府根据法律、法规规定和听证会等情况确定征地补偿安置方案后，应当组织有关部门与拟征收土地的所有权人、使用权人签订征地补偿安置协议。本案当地拆迁部门没有就所征地项目发布征地拆迁的预公告，没有经过合法审批和听证程序，没有发布正式的征地公告，没有作出征收补偿决定，而是因 A 中学处于该大型工程的建设规划区域之内，为提前清空平整该区域的建筑和房屋，提前介入进行前期协议征地的行为，但由于最后没有正式进入征地拆迁程序，导致拆迁方行为明显违法，相关教育部门违法通知 A 中学停止办学、遣散教职工及分流学生等行为，构成行政违法。因此，本案也可认定为非法行政行为造成行政相对人的损害赔偿纠纷。行政相对人可以依据《行政诉讼法》的相关规定，提起行政诉讼或者申请复议，要求确认行政部门的行为违法，并要求对其违法行为造成的损害进行国家赔偿。对于已经进入了征地拆迁程序的维权，如果是征收国有土地的，应根据《国有土地上房屋征收与补偿条例》相关规定，被征收人对补偿决定不服的，可以依法申请行政复议，也可以依法提起行政诉讼；如果是征收农村集体土地和房屋的，农村集体经济组织、农民及其他权利人在法定期限，可以申请行政复议或者提起行政诉讼。在依

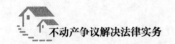

法实施征地补偿安置后，被征地的农村集体经济组织、农民及其他权利人在法定期限内不申请行政复议或者不提起行政诉讼，在责令限期交付土地通知书规定的期限内不交付土地的，由土地行政主管部门向有管辖权的人民法院申请强制执行。

因此，本案中A中学可以直接提出行政复议或行政诉讼，要求相关政府部门对非法行政行为造成的损失承担相应的法律责任，并要求恢复其办学资格。

二、相关问题与分析

无论对于拆迁方还是被拆迁方，或者律师、法官等法律工作者，在处理征地拆迁事务时，要注意国有土地与集体土地适用法律上的区别，要重视对征地拆迁行为合法性的审查，只有在保持程序合法的基础上，才能追求实体性内容的合法性、合理性，并且征地拆迁的法律程序本身就十分复杂。以下是笔者整理集体土地征地拆迁中程序性要点问题和征地流程，以供参考。

（一）征地须符合公共利益的需要，所指公共利益包括哪些方面

1.根据《土地管理法》第二条规定，国家为了公共利益的需要，可以依法对土地实行征收或者征用并给予补偿。

2.根据《国有土地上房屋征收与补偿条例》第二条规定，为了公共利益的需要，征收国有土地上单位、个人的房屋，应当对被征收房屋所有权人给予公平补偿。第八条规定，为了保障国家安全、促进国民经济和社会发展等公共利益的需要，有六种情形之一（国防外交、基础设施、科教文卫、安居工程、旧城改建、其他公共利益需要），确需征收房屋的，由市、县级人民政府作出房屋征收决定。

（二）征收国有土地与集体土地，法律适用有何区别

1.对国有土地上房屋征地和补偿，适用《国有土地上房屋征收与补偿条例》。被征收房屋价值是指被征收房屋及其占用范围内的土地使用权在正常交

易情况下，由熟悉情况的交易双方以公平交易方式在评估时点自愿进行交易的金额，但不考虑被征收房屋租赁、抵押、查封等因素的影响。一般较大的市、区都会颁发具体的执行办法，如《广州市国有土地上房屋征收与补偿实施办法》《佛山市国有土地上房屋征收与补偿办法》。

2.对集体土地及地上房屋的征收和补偿，依据《土地管理法》《土地管理法实施条例》以及省、市颁发的具体办法，如《广东省实施〈中华人民共和国土地管理法〉办法》《广州市农民集体所有土地征收补偿试行办法》。

另外，对棚户区、城中村、老旧小区等更新改造，一般适用"城市更新""三旧"改造法规政策，如广州市2015年发布了《广州市城市更新办法》、广东省2021年实施了《广东省旧城镇旧厂房旧村庄改造管理办法》。

（三）国有土地和集体土地，审批实施单位有何区别

1.征地拆迁的批准机关有何区别

（1）依据《土地管理法》第四十六条规定，集体土地及地上房屋的征收拆迁，批准机关是省级以上人民政府。

（2）依据《国有土地上房屋征收与补偿条例》第四条、第八条规定，国有土地上房屋征收拆迁，批准机关是市、县级人民政府。

2.征地拆迁的实施机关有何区别

依据《土地管理法》第四十七条，集体土地及地上房屋的征收拆迁，实施机关是县级以上人民政府。另外，依据《土地管理法实施条例》第六十二条及《国有土地上房屋征收与补偿条例》第二十八条，强制拆迁的实施主体是人民法院。

（四）集体土地征地拆迁的具体流程是如何规定的

对农村集体土地的征地拆迁，可以分为三个主要的阶段：第一个阶段是地政部门作出征地拆迁决定的程序；第二个阶段是与被拆迁人进行补偿协议签订的程序；第三个阶段是执行拆除搬迁的程序。如果农村集体经济组织、村民或权益人对公布的征地补偿的安置方案不服，可以提出听证的申请；对于作出的补偿安置决定不服的，可在法定期限内提出行政复议或行政诉讼；如遇违法强拆，当事人有权提出行政诉讼或申诉控告。下面介绍集体土地征

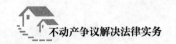

地拆迁流程。

1.公布征收土地预公告

根据政府的决策或建设项目的用地需要，且县级以上地方人民政府认为其符合《土地管理法》第四十五条规定的，为了公共利益的需要，有该条规定的六种情形之一的，确需征收农民集体所有土地的，应当发布征收土地预公告，方可启动土地征收的程序。

自征收土地预公告发布之日起，任何人不得在拟征收范围内抢栽、抢建，并且暂停办理不动产变更登记手续、户口迁移手续等工作。

2.开展土地现状调查和社会稳定风险评估

相关政府部门应当对拟征收土地范围的现状做好调查登记，并与当地农村集体经济组织、村民及产权人等共同进行确认。

县级以上地方人民政府对拟征收土地开展社会稳定风险评估，评估结果是申请征收土地的重要依据。

3.拟定和审批征地补偿安置方案

征地补偿安置方案应当包括征收范围、土地现状、征收目的、补偿方式和标准、安置对象、安置方式、社会保障等内容，适用《土地管理法》第四十八条规定，"征收土地应当给予公平、合理的补偿，保障被征地农民原有生活水平不降低、长远生计有保障"。

4.发布征地补偿安置方案公告

征地补偿安置方案拟定后，县级以上地方人民政府应当在拟征收土地所在的乡（镇）和村、村民小组范围内发布公告，听取被征地的农村集体经济组织及其成员、村民委员会和其他利害关系人的意见，公告时间不少于三十日。

征地补偿安置方案公告应当同时载明办理补偿登记的方式和期限、异议反馈渠道等内容。

5.农村集体经济组织有权要求组织听证

《土地管理法》第四十七条第三款规定："多数被征地的农村集体经济组织成员认为征地补偿安置方案不符合法律、法规规定的，县级以上地方人民政府应当组织召开听证会，并根据法律、法规的规定和听证会情况修改方案。"因此，被征地一方或相关利害人应重视法律赋予的听证权利。

6.组织办理征地补偿登记

拟征收土地的所有权人、使用权人应当在公告规定期限内，持不动产权属证明材料办理补偿登记，对于持不同意见或者存在权属争议的，应登记备案。

7.组织签订征地补偿安置协议

县级以上地方人民政府根据法律、法规规定和听证会等情况确定征地补偿安置方案后，应当组织有关部门与拟征收土地的所有权人、使用权人签订征地补偿安置协议。

8.向有批准权的人民政府申请土地征收审批

征地补偿款必须先行到位，县级以上地方人民政府应当及时落实土地补偿费、安置补助费、农村村民住宅以及其他地上附着物和青苗等的补偿费用、社会保障费用等，保证足额到位，专款专用，费用未足额到位的，不得批准征收土地。

县级以上地方人民政府完成相关征地前期工作后，方可申请征收土地，依照《土地管理法》的规定报有批准权的人民政府批准。

9.发布正式的土地征收公告

征收土地申请经依法批准后，县级以上地方人民政府应在拟征收土地所在的乡（镇）和村、村民小组范围内发布征收土地公告，公布征收范围、征收时间等具体工作安排。

10.作出征地补偿安置决定并组织实施

《土地管理法》第四十七条第一款规定："国家征收土地的，依照法定程序批准后，由县级以上地方人民政府予以公告并组织实施。"对于达不成补偿协议的，应及时作出征地补偿安置决定，并应书面告知被征收一方的权利救济程序。

11.搬迁、拆除的程序

根据《土地管理法》第四十八条第四款规定，"对其中的农村村民住宅，应当按照先补偿后搬迁、居住条件有改善的原则"，对于农村住宅房屋的拆迁，应遵守"先补偿后搬迁"的原则，没有落实补偿，不得要求搬迁，也不得进行强制拆迁。

被拆迁人在下达的补偿决定规定期限内不复议不诉讼又不搬迁的，拆迁

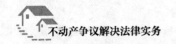

方有权申请人民法院强制执行，不得自行或委托建设单位实施强拆。

12.征地拆迁的法律维权途径

农村集体经济组织在征地拆迁过程中享有听证权、提起行政复议或行政诉讼的权利：多数被征地的农村集体经济组织成员认为征地补偿安置方案不符合法律、法规规定的，有权要求举行听证；村集体、村民或权益人不服具体的征收补偿决定的，依法可以提出行政复议或行政诉讼。

三、规范指引

■《土地管理法》

第四条第四款　使用土地的单位和个人必须严格按照土地利用总体规划确定的用途使用土地。

第二十条第五款　土地利用总体规划一经批准，必须严格执行。

第四十五条　为了公共利益的需要，有下列情形之一，确需征收农民集体所有的土地的，可以依法实施征收：

（一）军事和外交需要用地的；

（二）由政府组织实施的能源、交通、水利、通信、邮政等基础设施建设需要用地的；

（三）由政府组织实施的科技、教育、文化、卫生、体育、生态环境和资源保护、防灾减灾、文物保护、社区综合服务、社会福利、市政公用、优抚安置、英烈保护等公共事业需要用地的；

（四）由政府组织实施的扶贫搬迁、保障性安居工程建设需要用地的；

（五）在土地利用总体规划确定的城镇建设用地范围内，经省级以上人民政府批准由县级以上地方人民政府组织实施的成片开发建设需要用地的；

（六）法律规定为公共利益需要可以征收农民集体所有的土地的其他情形。

前款规定的建设活动，应当符合国民经济和社会发展规划、土地利用总体规划、城乡规划和专项规划；第（四）项、第（五）项规定的建设活动，还应当纳入国民经济和社会发展年度计划；第（五）项规定的成片开发并应当符合国务院自然资源主管部门规定的标准。

第四十六条　征收下列土地的，由国务院批准：

（一）永久基本农田；

（二）永久基本农田以外的耕地超过三十五公顷的；

（三）其他土地超过七十公顷的。

征收前款规定以外的土地的，由省、自治区、直辖市人民政府批准。

征收农用地的，应当依照本法第四十四条的规定先行办理农用地转用审批。其中，经国务院批准农用地转用的，同时办理征地审批手续，不再另行办理征地审批；经省、自治区、直辖市人民政府在征地批准权限内批准农用地转用的，同时办理征地审批手续，不再另行办理征地审批，超过征地批准权限的，应当依照本条第一款的规定另行办理征地审批。

第四十七条　国家征收土地的，依照法定程序批准后，由县级以上地方人民政府予以公告并组织实施。

县级以上地方人民政府拟申请征收土地的，应当开展拟征收土地现状调查和社会稳定风险评估，并将征收范围、土地现状、征收目的、补偿标准、安置方式和社会保障等在拟征收土地所在的乡（镇）和村、村民小组范围内公告至少三十日，听取被征地的农村集体经济组织及其成员、村民委员会和其他利害关系人的意见。

多数被征地的农村集体经济组织成员认为征地补偿安置方案不符合法律、法规规定的，县级以上地方人民政府应当组织召开听证会，并根据法律、法规的规定和听证会情况修改方案。

拟征收土地的所有权人、使用权人应当在公告规定期限内，持不动产权属证明材料办理补偿登记。县级以上地方人民政府应当组织有关部门测算并落实有关费用，保证足额到位，与拟征收土地的所有权人、使用权人就补偿、安置等签订协议；个别确实难以达成协议的，应当在申请征收土地时如实说明。

相关前期工作完成后，县级以上地方人民政府方可申请征收土地。

第四十八条　征收土地应当给予公平、合理的补偿，保障被征地农民原有生活水平不降低、长远生计有保障。

征收土地应当依法及时足额支付土地补偿费、安置补助费以及农村村民住宅、其他地上附着物和青苗等的补偿费用，并安排被征地农民的社会保障费用。

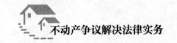
征收农用地的土地补偿费、安置补助费标准由省、自治区、直辖市通过制定公布区片综合地价确定。制定区片综合地价应当综合考虑土地原用途、土地资源条件、土地产值、土地区位、土地供求关系、人口以及经济社会发展水平等因素，并至少每三年调整或者重新公布一次。

征收农用地以外的其他土地、地上附着物和青苗等的补偿标准，由省、自治区、直辖市制定。对其中的农村村民住宅，应当按照先补偿后搬迁、居住条件有改善的原则，尊重农村村民意愿，采取重新安排宅基地建房、提供安置房或者货币补偿等方式给予公平、合理的补偿，并对因征收造成的搬迁、临时安置等费用予以补偿，保障农村村民居住的权利和合法的住房财产权益。

县级以上地方人民政府应当将被征地农民纳入相应的养老等社会保障体系。被征地农民的社会保障费用主要用于符合条件的被征地农民的养老保险等社会保险缴费补贴。被征地农民社会保障费用的筹集、管理和使用办法，由省、自治区、直辖市制定。

■《土地管理法实施条例》

第二十六条第一款 需要征收土地，县级以上地方人民政府认为符合《土地管理法》第四十五条规定的，应当发布征收土地预公告，并开展拟征收土地现状调查和社会稳定风险评估。

第二十七条第一款 县级以上地方人民政府应当依据社会稳定风险评估结果，结合土地现状调查情况，组织自然资源、财政、农业农村、人力资源和社会保障等有关部门拟定征地补偿安置方案。

第二十八条 征地补偿安置方案拟定后，县级以上地方人民政府应当在拟征收土地所在的乡（镇）和村、村民小组范围内公告，公告时间不少于三十日。

征地补偿安置公告应当同时载明办理补偿登记的方式和期限、异议反馈渠道等内容。

多数被征地的农村集体经济组织成员认为拟定的征地补偿安置方案不符合法律、法规规定的，县级以上地方人民政府应当组织听证。

第二十九条 县级以上地方人民政府根据法律、法规规定和听证会等情况确定征地补偿安置方案后，应当组织有关部门与拟征收土地的所有权人、使用权人签订征地补偿安置协议。征地补偿安置协议示范文本由省、自治区、直辖市人民政府制定。

对个别确实难以达成征地补偿安置协议的，县级以上地方人民政府应当在申请征收土地时如实说明。

第三十条第一款　县级以上地方人民政府完成本条例规定的征地前期工作后，方可提出征收土地申请，依照《土地管理法》第四十六条的规定报有批准权的人民政府批准。

第三十一条　征收土地申请经依法批准后，县级以上地方人民政府应当自收到批准文件之日起十五个工作日内在拟征收土地所在的乡（镇）和村、村民小组范围内发布征收土地公告，公布征收范围、征收时间等具体工作安排，对个别未达成征地补偿安置协议的应当作出征地补偿安置决定，并依法组织实施。

■《国有土地上房屋征收与补偿条例》（2011年实施）

第二十三条　对因征收房屋造成停产停业损失的补偿，根据房屋被征收前的效益、停产停业期限等因素确定。具体办法由省、自治区、直辖市制定。

第二十六条　房屋征收部门与被征收人在征收补偿方案确定的签约期限内达不成补偿协议，或者被征收房屋所有权人不明确的，由房屋征收部门报请作出房屋征收决定的市、县级人民政府依照本条例的规定，按照征收补偿方案作出补偿决定，并在房屋征收范围内予以公告。

补偿决定应当公平，包括本条例第二十五条第一款规定的有关补偿协议的事项。

被征收人对补偿决定不服的，可以依法申请行政复议，也可以依法提起行政诉讼。

■《广州市农民集体所有土地征收补偿试行办法》

第十九条　对征地补偿、安置标准有争议的，由市、区人民政府协调，协调不成的，由批准征收土地的人民政府裁决。征地补偿、安置争议不影响征地方案的实施。

第二十一条　征收部门与被征地的农村集体经济组织、农民及其他权利

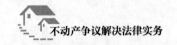

人应当按照征地补偿安置方案签订补偿安置协议。

协议应当载明补偿方式、补偿金额、安置地点、搬迁期限、临时安置过渡期限、违约责任等内容。

认为征收部门不依法履行、未按照约定履行或者违法变更、解除协议的，可以依法提起行政诉讼。

第二十三条　征地各项补偿安置费用应当按照《广东省征收农民集体所有土地各项补偿费管理办法》的规定管理和使用。

被征地农村集体经济组织应当建立财务公开制度，并设立征地补偿费专用账户，对征地补偿安置费用的收取、分配、使用等环节的事项应当按规定定期向村民公开，接受村民监督。市和区的农业、财政、民政等行政主管部门应当加强对农村集体经济组织内部征地补偿安置费用分配和使用的监督。

第二十七条　依法实施征地补偿安置后，被征地的农村集体经济组织、农民及其他权利人在法定期限内不申请行政复议或者不提起行政诉讼，在责令限期交付土地通知书规定的期限内不交付土地的，由土地行政主管部门依据《中华人民共和国土地管理法实施条例》第四十五条的规定，向有管辖权的人民法院申请强制执行。

第四十七条　对下列情形的房屋不予补偿：

（一）法律、法规等规定的违法建设房屋；

（二）超过批准使用期限的临时建设房屋；

（三）新房建成后应当拆除的旧房；

（四）征地预告发布后的抢建部分。

对2007年6月30日之前建设的违法建筑，若已完善历史用地手续且符合《广州市农村村民住宅建设用地管理规定》（市政府令〔2001〕第5号），经村集体批准使用宅基地的，对现状房屋不超过280平方米套内建筑面积按"拆一补一"复建安置，超出部分建筑面积不予复建安置，按被征收房屋重置价给予货币补偿；不具备复建安置条件的，按照本办法第四十五条实行货币补偿。属于未经村集体批准，私自占地建设的不予复建安置，按建安成本价给予货币补偿。

对2007年6月30日之后建设的违法建筑，不予补偿。

第四十八条　对非被征地农村集体经济组织成员建造或者购买房屋的补偿，除因征地由原农业户口转为城镇居民户口的人员外，按照本办法第四十三条第一款的规定确定补偿对象，由补偿对象与房屋建造或者购买人自行协商解决，协商不成的，可依法提起民事诉讼。

第四十九条　被征收房屋权利人对按照本办法货币补偿标准计算出来的补偿金额有异议的，可以向征收部门申请复核。

■《中华人民共和国城镇国有土地使用权出让和转让暂行条例》

第十一条　土地使用权出让合同应当按照平等、自愿、有偿的原则，由市、县人民政府土地管理部门与土地使用者签订。

第十四章 不动产执行纠纷与救济程序

21 在对不动产的执行程序中，发现涉及虚假诉讼的刑民交叉问题如何解决？

 **案例导读**

　　本案因为执行异议超过规定的时限，从法律层面讲，已经执行终结，依规人民法院不能受理，受理亦会被驳回申请，当事人的权利似乎无可救济，但是仔细研究发现，该案执行的依据即该案民事判决书，在形成过程中存在严重的问题，该案在审理过程中的各种表现形式都不合常理，让人对是否存在"虚假诉讼"产生合理怀疑。承办律师据此收集相关证据，研究相关法律依据，向受理执行监督的人民法院申请，对该案涉嫌虚假诉讼移送司法审查，从"虚假诉讼"方面寻找到了案件突破口。该案经司法移送至公安部门立案侦查，并且对被执行人数名直接负责的公司高层人员采取刑事强制措施，侦查终结之后移送检察院提起公诉，并最终由人民法院进行了审判。申诉人作为该案的被害人，提出了刑事附带民事诉讼，要求被告对原告的直接损失进行赔偿，使案件顺利进入了新的法律程序，但是本案系在经济合同纠纷案件中形成的刑事案件，所以构成刑民交叉的复杂情况。那么受害人的民事合同权益，能否在刑事程序中得到救济处理？

典型案例1：某市土地违法拍卖执行监督案

申诉人：A公司

被申诉人：B公司

2017年5月A公司与B公司签订《土地使用权转让合同书》，B公司向A公司有偿转让位于某市高新科技产业新区的一宗国有建设用地使用权（以下简称"案涉土地"）。合同签订之后，A公司按合同约定，向B公司付清了全部的土地转让价款，B公司亦将该国有土地使用权证、国有土地出让金合同、发票等原件交付给A公司。2017年8月某市规划资源局发出《关于统一征收某高新产业新区土地的通告》，通知停止办理该区不动产交易的登记和过户手续，双方无法办理过户手续，案涉土地一直登记在B公司名下，A公司对土地进行开发建设。

2019年6月C公司在某沿海城市的某区法院起诉B公司，要求B公司偿还借款本金2500万元及利息、违约金，B公司对C公司的诉讼请求未提出异议，后某区法院作出该案的民事判决书，判令B公司向C公司偿还2500万元本金及相应利息违约金，该案判决之后，双方均未上诉。后C公司申请强制执行，执行法院发现了B公司名下的案涉土地，但B公司隐瞒该宗土地已转让给A公司的事实，于是执行法院查封并拍卖了案涉土地，并由案外人D公司成功竞买。法院向该区规划资源局送达拍卖成交裁定和协助过户登记执行通知，作出《结案通知书》。后A公司发现某区国土资源局在网上公告注销的案涉土地使用权证的通告，得知自己购买的土地已被法院执行拍卖，于是开始寻求法律途径进行维权。

由于该案已处于执行程序的"结案"末端，此时A公司提出维权要求，一是需要纠正执行程序中对该宗土地的违法拍卖，二是确认其对案涉土地享有的购买人权属。但是目前情况对A公司十分不利，法院已经对该执行案件"结案"，认为该案已经执行完毕，如申请执行复议已超法定时限；另外，竞买人已经交清了土地拍卖款项，即将完成土地登记过户手续，可能会导致二

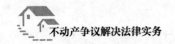

次流转或开发。虽然面临极为不利的维权局面，但是A公司仍坚持启动了下列法律维权程序。

1.申请执行异议程序

本案法院已经作出了《结案通知书》，理论上本案已经"执行终结"，根据《最高人民法院关于人民法院办理执行异议和复议案件若干问题的规定》（法释〔2015〕10号）第六条的规定，"当事人、利害关系人依照民事诉讼法第二百二十五条规定提出异议的，应当在执行程序终结之前提出，但对终结执行措施提出异议的除外。案外人依照民事诉讼法第二百二十七条规定提出异议的，应当在异议指向的执行标的执行终结之前提出；执行标的由当事人受让的，应当在执行程序终结之前提出"。在承办律师向A公司阐明上述诉讼风险之后，A公司仍坚持提出申请，后经向某区法院申请执行异议被驳回，中级人民法院仍维持裁定。本案虽存在巨大的诉讼风险，事实上最后也被两级法院驳回，但仍具有十分重要的意义，承办律师和当事人对案件事实和法律关系、维权艰难程度认识更为深刻，承办律师工作之初展现出的专业、勤奋和负责的精神，也赢得了当事人的认可和信任。

2.申请执行监督程序

A公司经与律师团队深入分析，认为某区法院执行的拍卖程序存在非法的情形，主要是对案涉土地价值评估明显偏低，执行依据存在虚假诉讼的问题，于是向某区法院又申请执行监督，该区法院经审理作出驳回A公司申诉的裁定。A公司继续向某中级人民法院申诉，又提交了相应的新的证据和严密可信的法律分析意见，该中级人民法院认为执行依据可能存在虚假诉讼的情形，遂将相关线索和案件材料移送某市公安机关依法处理，该案被立案侦查。该中院认为，案件事实的真实性影响着案件监督审查，本案因涉嫌虚假诉讼被某市公安局立案侦查，基本事实目前尚未查清，某区法院认定的事实可能存在错误，裁定撤销某区法院的执行裁定，发回重新审查。在提起申请监督的过程中，由于申请监督的事由前期缺乏充分的证据支持，律师和当事人对申请监督事由的主张能否得到支持都心存疑虑，尤其在该区法院裁定驳回之后，此案无疑面临巨大的诉讼风险。但是遇到如此困境，律师和当事人都未轻言放弃，并最终取得二审法院的支持。

3.刑事附带民事诉讼程序

后本案进入刑事诉讼程序，数名被告供述由于当前土地价值大幅上涨，B公司不甘心案涉土地多年前低价卖出，于是共谋采取了虚假诉讼行为，通过B公司与C公司共同捏造所谓的借款，进而又通过该民事诉讼判决的执行，以司法执行拍卖的方式将上述土地进行拍卖，并将拍卖所得款项，支付给了执行申请人B公司。基于虚假诉讼的案情已经大白，A公司为尽快实现对案涉土地的权益，防范案涉土地再次流转或开发，在刑事程序中申请公安机关对案涉土地进行查封，又在审判程序提起刑事附带民事诉讼，都因案情复杂而未得到支持。对此，承办律师就刑事程序寻求实现土地权益的方式，多次出具书面分析报告，指出由于刑事程序中的巨大诉讼风险，难以得到支持，因此A公司委托律师继续寻求民事诉讼程序维权。

4.民事诉讼程序

由于在上述程序中，A公司仍然没有实现对案涉土地的权益，也没有实现对案涉土地的查封，但是经过多条法律路径的申请和主张，成功发现了案件的重大突破口，即A公司已经在执行监督程序中发现了B公司与C公司串通进行虚假诉讼的行为，无疑该执行拍卖所依据的法律文书应被撤销，该拍卖行为也应被撤销，案涉土地应执行回转至B公司。即便如此，A公司仍然无法直接享有该土地权益，必须依据双方土地使用权转让合同关系，向B公司提出民事诉讼并采取财产保全，诉请B公司配合办理土地过户登记手续，或者请求法院将该宗土地确权至A公司，如果案涉土地在客观上和法律适用上已经无法办理执行回转，则A公司还需要起诉B公司赔偿并追索土地流转的款项。因此，可以说，A公司维权之路仍未结束，维权之路仍充满巨大的诉讼风险。

一、律师评析

本案过程十分复杂，因该执行案件已经结束，执行已经终结，再提出执行异议，已经超过法律规定的时限，因此只能另寻权利救济程序。A公司提起了执行监督程序，认为该案在执行程序的执行判决依据、执行拍卖的评估等方面存在违法情况，而在执行监督程序中，某区法院驳回A公司的申请，但是A公司不服，继而向某中级人民法院申诉。在向某中级人民法院的申诉

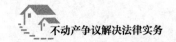

中，由于大量的证据显示，该案执行判决依据确实涉嫌虚假诉讼的事实，该院决定将案件移送至某市公安机关进行处理。至此，该案在维权处处受挫的情况下，出现了重大的转折和突破，即发现了该执行依据涉嫌虚假诉讼的非法情形，意味着该判决依据可能被撤销。如果该案判决依据被撤销，则依法就应执行回转，而该案执行的标的系国有建设用地的使用权，系特定的不动产，依法应"退还原物"，理论上是可以执行回转的。

关于执行异议与执行监督两种途径的思考和选择。其一，关于执行异议程序的坚持。该执行程序已经结案，根据《最高人民法院关于人民法院办理执行异议和复议案件若干问题的规定》第六条第二款规定，"案外人依照民事诉讼法第二百二十七条规定提出异议的，应当在异议指向的执行标的执行终结之前提出；执行标的由当事人受让的，应当在执行程序终结之前提出"。而在A公司发现国土资源局注销该土地权属证书的公告之前，法院于2018年3月29日向国土部门送达了拍卖成交确认裁定和协助过户登记执行通知书，案涉土地已经执行终结，提出执行异议将不会被受理，即便受理，亦应依法驳回。对此，承办律师与委托人深入分析，发现对于执行终结的"终结标准"在司法实务界、理论界存在不同看法，某些意见认为，执行终结须满足执行标的的权属变更登记完成的条件。如最高人民法院修改后民事诉讼法贯彻实施工作领导小组编著的《最高人民法院民事诉讼法司法解释理解与适用》（人民法院出版社2015年版）第1241页中写道："通过司法拍卖处分财产情况下，拍卖成交裁定作出后，权属变更登记完成前，执行程序尚未结束。此时尚需执行法院出具协助执行通知来办理权属变更登记，此时案外人就拍卖财产提出异议的，执行法院应予以审查。如发现案外人系真实权利人，执行法院可以在衡量各方利益的基础上，撤销拍卖，以保持当事人的权利平衡。"本案执行标的的权属变更登记尚未进行，不能认定为执行终结，因此执行异议程序还是有坚持的理论依据。其二，该执行依据、拍卖程序也存在可质疑的瑕疵。在法律救济的途径中，依法可以就执行程序的非法性提出执行监督程序，上述两种途径都存在较大被驳回的风险，为稳妥起见，选择采取两条法律措施同时进行的方式，并最终在执行监督程序中，发现了该执行判决依据存在虚假诉讼的重要线索，案件出现重大的转折。

关于后续的维权法律路径的建议。在上述刑事案件中，法院虽然未受理受害人A公司的刑事附带民事诉讼请求，但是该案的审理所确认的事实和判决虚假诉讼罪名成立的结果，确认了在案涉土地的执行程序中，该执行所依据的判决结果是虚假诉讼所形成的，是非法的判决结果，因此本案执行拍卖所依据的判决书则应当依法撤销。该判决书一旦被撤销，即使执行完毕，对于被执行的财产，法院也应当责令返还。依据《民事诉讼法》（2017年修正）第二百三十三条规定，"执行完毕后，据以执行的判决、裁定和其他法律文书确有错误，被人民法院撤销的，对已被执行的财产，人民法院应当作出裁定，责令取得财产的人返还；拒不返还的，强制执行"。《最高人民法院关于人民法院执行工作若干问题的规定（试行）》第65条规定："在执行中或执行完毕后，据以执行的法律文书被人民法院或其他有关机关撤销或变更的，原执行机构应当依照民事诉讼法第二百三十三条的规定，依当事人申请或依职权，按照新的生效法律文书，作出执行回转的裁定，责令原申请执行人返还已取得的财产及其孳息。拒不返还的，强制执行。执行回转应重新立案，适用执行程序的有关规定。"第66条规定："执行回转时，已执行的标的物系特定物的，应当退还原物。不能退还原物的，经双方当事人同意，可以折价赔偿……"但是，司法实践中也存在例外情形，《最高人民法院关于对第三人通过法院变卖程序取得的财产能否执行回转及相关法律问题的请示复函》中，青岛市中级人民法院错误地将案外人的土地使用权变卖给竞买人。最高人民法院答复认为：在该案中属于依法拍卖，故应保护竞买人。根据该案具体情况，土地不宜再执行回转，青岛市中级人民法院可据此促成案外人与竞买人和解。因此，假如本案竞买人D公司系善意第三人，其通过法院拍卖程序取得该土地的使用权，并且如果该使用权已经抵押给银行或者再次转让给第三方，能否实现执行回转，司法解释并没有明确指示，但只要该特定物存在，理论上应予回转。

　　笔者认为，对于后续的维权方案，A公司可以努力申请查封案涉土地、撤销拍卖及申请执行回转，维权路途虽然漫长，但相信法律是公正的，正义必将得到维护。复杂的案件往往存在复杂的法律关系，本案存在复杂的法律关系、多条法律救济路径，最终在执行监督程序中发现了虚假诉讼的刑事线索，取得了案件的重大突破。在复杂民事案件的维权路上，时刻面临程序的变化及诉讼结果的不确定性风险，那么代理律师该如何面对呢？

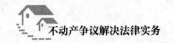

　　在金融投资领域，对项目评价所采用的数据大部分来自预测和估算，有一定程度的不确定性，因此，在研究影响投融资项目经济效果评价因素中，包含了对项目的不确定性指标进行分析，同样，复杂民事案件就像投资项目一样存在大量的不确定性因素。笔者认为，复杂民事案件的不确定性分析，应包括案件证据加适用法律的平衡性分析和案件引发的敏感性分析。平衡性分析是指案件在法律适用上和双方举证上，可以达到诉辩双方力量的攻守平衡状态，通俗而言，就是在诉讼结果上可以达到"不输也不赢"，做到了"以事实（证据）为依据，以法律为准绳"来裁决案件。敏感性分析，是指通过分析案件过程中的不确定性因素所发生的增减变化，对案件结果导向的影响和评判影响的程度，找出敏感因素。敏感因素是指影响案件进程和结果的因素，可能对案件产生显著影响，主要包括案件所在地区司法环境、法官专业素质、代理律师职业素养和专业程度、法官受到的案外关系影响、社会舆情影响、政治因素和政府原因等，案件受敏感因素的影响越大，诉讼的不确定性风险也就越大。

　　因此，面对复杂民事案件，除了要对案情、证据及法律关系适用的平衡性进行法律分析之外，还要对案情中存在的不确定的敏感因素进行分析。承办律师在接受代理之时，要评估两方面的风险：一是案件本身可能出现的诉讼风险，这需要根据律师的专业知识和经验，基于案情、证据及法律规定等要素分析判断，要充分分析案件存在的敏感因素可能对诉讼进程和结果造成的重大不利影响，这样可以使律师和当事人意识到未来重点应控制的敏感因素是什么。同时对于律师而言，要加深向专业化方向的发展，具备充足的专业知识和经验、敏锐的判断能力，保持始终向行业内的专家学习的态度。二是代理律师承办复杂民事案件，可能会面临的自身职业风险。实务中，由于导致复杂民事案件不确定的敏感因素普遍并且大量存在，案件的不确定性和风险太高，代理律师不能盲目向当事人打包票，承诺案件的进度和结果。即使承办之后，也要注意对复杂民事案件的诉讼敏感因素进行分析，注意诉讼风险。对此，建议承办律师与当事人共同分析案情、共同制定诉讼代理方案，以取得当事人的信任与认同。复杂民事案件最不应该避开当事人"闭门造车"或者"故弄玄虚"，否则假如案件不如当事人之意，就可能导致被当事人投诉的职业风险。

二、相关问题与分析

上述案件讨论涉及不动产案件受到违法执行的法律救济程序，笔者联想到最近代理的一宗关于建设工程合同纠纷撤销仲裁裁决的案件，该案也是对已经发生效力的仲裁结果不服，当事人认为该案的仲裁庭组成严重违法，裁决结果显失公平，严重损害了申请人的权益，需要采取法律措施予以救济。根据《仲裁法》相关规定，当事人提出证据证明裁决有下列情形之一的，可以向仲裁委员会所在地的中级人民法院申请撤销裁决。《仲裁法》第五十九条规定，当事人申请撤销裁决的，应当自收到裁决书之日起六个月内提出。第六十条规定，人民法院应当在受理撤销裁决申请之日起两个月内作出撤销裁决或者驳回申请的裁定。当事人委托笔者律师团队向某中级人民法院提出撤销仲裁的申请，该案经过开庭审理，该院仅以该仲裁案"并非存在《仲裁规则》《仲裁法》规定应当回避及披露的法定情形"为由，裁定驳回申请，申请人对此不服，委托笔者律师团队继续寻求法律救济的途径。仲裁程序是实行一裁终局的模式，程序快捷简单，相对诉讼程序有诸多的优势，但是需要提醒的是，仲裁结果的救济程序显然十分有限。根据《仲裁法》《民事诉讼法》的相关规定，商事仲裁实行"一裁终局"规则，当事人不可以就同一事由再提出上诉或其他仲裁。如果对于仲裁结果不服，只有两条救济途径：一是根据《仲裁法》第五十九条的规定，向仲裁委员会所在地的中级人民法院申请撤销仲裁；二是根据《最高人民法院关于适用〈中华人民共和国民事诉讼法〉的解释》第三百七十九条的规定，当事人认为发生法律效力的不予受理、驳回起诉的裁定错误的，可以申请再审。故，认为撤销仲裁裁决的民事裁定不属于上述法律规定可以申请再审的裁定范围，无法申请再审。根据《民事诉讼法》第二百七十四条第二款"……被申请人提出证据证明仲裁裁决有下列情形之一的，经人民法院组成合议庭审查核实，裁定不予执行：……"的规定，如果仲裁案件处于执行程序阶段，被申请人就有权利提出不予执行的申请，但该案未进入执行阶段。该案的中级人民法院驳回申请人的裁定之后，从法律程序上看，似乎已经山穷水尽。

在民事诉讼救济途径中，针对生效的法院裁判文书，通常有以下几种救济途径：向上一级法院申请再审，向作出生效裁判文书的法院进行申诉，向

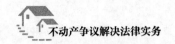

同级人民检察院申请抗诉或检察建议。那么，该院作出驳回某撤销仲裁裁决案，是否还可以适用其他法律救济途径，具体分析如下。

（一）能否向（上一级）某省高级人民法院申请再审

对于此类案件是否适用再审程序，法律条文、解释、批复持否定态度。

1.《最高人民法院关于适用〈中华人民共和国民事诉讼法〉的解释》第三百七十九条规定："当事人认为发生法律效力的不予受理、驳回起诉的裁定错误的，可以申请再审。"该解释中对可以申请再审的裁定的种类进行了列举，但驳回撤裁申请裁定书，并不属于上述条文的列举范畴。

2.《最高人民法院关于审理仲裁司法审查案件若干问题的规定》（法释〔2017〕22号）第二十条规定："人民法院在仲裁司法审查案件中作出的裁定，除不予受理、驳回申请、管辖权异议的裁定外，一经送达即发生法律效力。当事人申请复议、提出上诉或者申请再审的，人民法院不予受理，但法律和司法解释另有规定的除外。"该规定明确了驳回撤裁申请裁定书向法院申请再审，法院不予受理。

3.《最高人民法院关于对驳回申请撤销仲裁裁决的裁定能否申请再审问题的复函》（〔2003〕民立他字第71号）内容如下：

"北京市高级人民法院：

你院2003年9月19日京高法〔2003〕286号《北京市高级人民法院关于对驳回申请撤销仲裁裁决的裁定能否申请再审问题的请示》收悉。经研究，答复如下：

同意你院的第一种意见。当事人对人民法院驳回申请撤销仲裁裁决的裁定不服申请再审的，不属于申请再审案件受理范围，人民法院不予受理。"

4.《最高人民法院关于当事人对人民法院撤销仲裁裁决的裁定不服申请再审人民法院是否受理问题的批复》（法释〔1999〕6号）内容如下：

"陕西省高级人民法院：

你院陕高法〔1998〕78号《关于当事人对人民法院撤销仲裁裁决的裁定不服申请再审是否应当受理的请示》收悉。经研究，答复如下：

根据《中华人民共和国仲裁法》第九条规定的精神，当事人对人民法院撤销仲裁裁决的裁定不服申请再审的，人民法院不予受理。"

（二）能否向（同级）某市人民检察院申请监督

对于此类案件能否向检察院申请抗诉或者检察建议，需要对这个问题进行拆分，一是针对此类生效裁定当事人能否向人民检察院申请监督，二是检察院受理监督申请后将作出何种处理，三是假如检察院受理后，法院应当如何处理。

1.当事人能否向人民检察院申请监督的问题

（1）《人民检察院民事诉讼监督规则》（以下简称《监督规则》）第十九条规定："有下列情形之一的，当事人可以向人民检察院申请监督：（一）已经发生法律效力的民事判决、裁定、调解书符合《中华人民共和国民事诉讼法》第二百零九条第一款规定的；（二）认为民事审判程序中审判人员存在违法行为的；（三）认为民事执行活动存在违法情形的。"其中，该条文第一款中所称的"《中华人民共和国民事诉讼法》第二百零九条第一款"规定："有下列情形之一的，当事人可以向人民检察院申请检察建议或者抗诉：（一）人民法院驳回再审申请的。"

（2）《监督规则》第二十七条对此进行了反向列举，"当事人根据《中华人民共和国民事诉讼法》第二百零九条第一款的规定向人民检察院申请监督，有下列情形之一的，人民检察院不予受理：（一）当事人未向人民法院申请再审的"。

从上述规定可知，再审程序是检察院监督程序的前置程序，如未经该前置程序，检察院将不予受理当事人的监督申请。如有证据证明审判人员存在违法行为，如贪污受贿、徇私枉法的，可适用《监督规则》相关规定。

2.检察院受理监督申请后将作出哪些处理的问题

《监督规则》第五十条规定："人民检察院对审查终结的案件，应当区分情况作出下列决定：（一）提出再审检察建议；（二）提请抗诉或者提请其他监督；（三）提出抗诉；（四）提出检察建议；（五）终结审查；（六）不支持监督申请；（七）复查维持。"从上述规定可知，检察院作出抗诉或检察建议的决定，是基于已经受理案件并予以立案审查终结的，因此对于该案救济而言，前提是检察院受理了案件并立案审查。

3.假如检察院受理了监督申请，法院应当如何处理的问题

根据《最高人民法院关于人民检察院对不撤销仲裁裁决的民事裁定提出

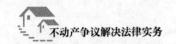

抗诉人民法院应否受理问题的批复》（法释〔2000〕46号）内容如下：

"内蒙古自治区高级人民法院：

你院〔2000〕内法民再字第29号《关于人民检察院能否对人民法院不予撤销仲裁裁决的民事裁定抗诉的请示报告》收悉。经研究，答复如下：

人民检察院对发生法律效力的不撤销仲裁裁决的民事裁定提出抗诉，没有法律依据，人民法院不予受理。"

从上述批复可见，假如检察院受理了监督申请并提出了抗诉，如果没有法律依据的，人民法院也有权不予受理。如检察院发现审判中存在确有错误的问题，依据《监督规则》第一百条规定，"人民检察院发现同级人民法院民事审判程序中有下列情形之一的，应当向同级人民法院提出检察建议：（一）判决、裁定确有错误，但不适用再审程序纠正的"，有权向人民法院提出检察建议，但没有规定检察院提出检察建议之后人民法院的处理方式。

（三）能否向同级或上级法院进行申诉的问题

向人民法院申诉的目的在于，通过申诉的方式，指出已经发生法律效力的裁判文书确有错误，从而通过法院自查自纠的方式启动再审程序。法律依据来源于《民事诉讼法》（2017年修正）第一百九十八条之规定，"各级人民法院院长对本院已经发生法律效力的判决、裁定、调解书，发现确有错误，认为需要再审的，应当提交审判委员会讨论决定。最高人民法院对地方各级人民法院已经发生法律效力的判决、裁定、调解书，上级人民法院对下级人民法院已经发生法律效力的判决、裁定、调解书，发现确有错误的，有权提审或者指令下级人民法院再审"。

综上所述，人民法院发现裁判文书确有错误，可以通过向检察院申诉，请求检察院出具建议重审的检察建议，或者向该院的院长或上级人民法院申诉的方式，才有可能启动再审程序。

三、规范指引

■《民事诉讼法》（2017年修正）

第一百五十三条　人民法院审理案件，其中一部分事实已经清楚，可以就该部分先行判决。

第二百三十三条　执行完毕后，据以执行的判决、裁定和其他法律文书确有错误，被人民法院撤销的，对已被执行的财产，人民法院应当作出裁定，责令取得财产的人返还；拒不返还的，强制执行。

■《最高人民法院关于适用〈中华人民共和国民事诉讼法〉的解释》

第四百六十二条　根据民事诉讼法第二百三十四条规定，案外人对执行标的提出异议的，应当在该执行标的执行程序终结前提出。

■《最高人民法院关于人民法院办理执行异议和复议案件若干问题的规定》

第六条第二款　案外人依照民事诉讼法第二百二十七条规定提出异议的，应当在异议指向的执行标的的执行终结之前提出；执行标的由当事人受让的，应当在执行程序终结之前提出。

■《最高人民法院关于人民法院执行工作若干问题的规定（试行）》

65. 在执行中或执行完毕后，据以执行的法律文书被人民法院或其他有关机关撤销或变更的，原执行机构应当依照民事诉讼法第二百三十三条的规定，依当事人申请或依职权，按照新的生效法律文书，作出执行回转的裁定，责令原申请执行人返还已取得的财产及其孳息。拒不返还的，强制执行。

执行回转应重新立案，适用执行程序的有关规定。

66. 执行回转时，已执行的标的物系特定物的，应当退还原物。不能退还原物的，经双方当事人同意，可以折价赔偿。

双方当事人对折价赔偿不能协商一致的，人民法院应当终结执行回转程序。申请执行人可以另行起诉。

第十五章　旧村改造项目争议之法律意见

22 "三旧"改造是广东省特有的城市更新政策，旧村改造合作企业的主体
资格确定之后，合作企业或项目公司可否转让股权？

 **案例导读**

　　2021年之后我国城市更新的战略步伐进一步加快，而"三旧"改造
政策体系是2008年12月原国土资源部与广东省签订的合作共建节约集约
用地示范省工作协议，将"三旧"改造作为其中一项重要任务和政策创
新，在广东省展开的一项城市更新工作，与全国普遍实行的城市更新政策
是不同的政策法规体系，是国家城市更新政策体系中具有一定特殊性的政
策。"三旧"改造政策在广东省的推进发展取得的巨大成就，得益于务实
灵活的法规政策，该政策的实施充分发挥了市场机制的作用，调动了市场
主体的投资积极性。尤其是旧村改造的政策，规定旧村的宅基地和建设用
地在满足安置房建设之后，余下建设用地作为融资地块，是可以直接协议
出让给合作企业或者村集体的独资企业的，作为商业住宅建设用地不需要
依据《城市房地产管理法》《中华人民共和国城镇国有土地使用权出让和
转让暂行条例》《招标拍卖挂牌出让国有土地使用权规定》等规定，先将
集体土地转变为国有建设用地，再依法在公开交易市场进行招标、拍卖、
挂牌的程序，无疑减少了竞争者，大大降低了拿地的成本，因此，旧村改
造一度成为房地产投资市场最热的风口。某些企业取得旧村改造的合作资
质之后，如果需要将合作企业的股权或者全资项目公司的股权部分或全部
转让给第三方，依据"三旧"改造政策，获得合作企业资质的企业转让股

286

权的，需要村集体的同意，并且需要区政府城市更新部门的实际审批和备案，以防止某些企业挂靠一些大型企业取得资质，或者某些企业取得资质之后再整体转让或贩卖项目。本案就是某知名旧村改造项目合作企业取得合作资格之后，拟转让项目公司的股权，然后就转让该股权的合法性、合规性等问题各方存在重大争议的典型案例。为此，相关城市更新部门就该项目公司拟转让股权的合法性，委托律师进行法律分析，本文就此项目展开探讨。

典型案例1：某村旧改项目公司股权转让的法律意见

委托方：某区城市更新局
受托方：某律师事务所

为加快某区某村的旧改项目，需要就该项目实施主体事宜，聘请有相关专业能力和经验的律师事务所出具法律意见，具体服务内容为：针对该项目的全资子公司拟以增资的方式，引进合作方后变更为合作企业控股子公司一事出具法律意见书：①明确是否违反《招商文件》《合作框架协议》等有关约定；②是否违反其他法律法规；③是否违反公平竞争。接受委托之后，笔者律师团队立即组建精干的专业律师团队，认真研究分析广东省、某市及某区的旧村改造法规和相关政策，并且根据多年从事旧村改造的实践经验，结合该项目的合作企业、项目公司、项目全资子公司的股权结构、企业的关联关系等实际情况，运用可视化脉络图的方式，深入剖析委托方咨询的问题，并得出明确结论。

以下为笔者律师团队就该咨询事项出具的法律意见书。

关于广州某村更新改造项目实施主体相关问题法律意见书（节选）。

致：某市某区城市更新局

某律师事务所（以下简称"本所"）惠承广州市某区局（以下简称"委托人"）委托，特指派本所某律师作为承办律师，根据《广州市某局法律服务定

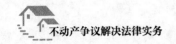

点议价采购合同》（合同编号：HT-2022-××××）的约定，"就该项目合作企业全资子公司以增资形式引入合作方后变更为合作企业控股子公司一事"，按合同要求提供法律意见。承办律师本着独立公正、依法守规、勤勉尽责的执业准则，依照中华人民共和国法律法规等有关规定，依据委托人提供的情况简介和相关材料，出具以下法律意见。

一、出具本意见书依据的政策、法律、法规及司法解释

（1）《广东省旧城镇旧厂房旧村庄改造管理办法》。

（2）《广州市城市更新管理办法》。

（3）《广州市人民政府办公厅关于印发广州市城市更新办法配套文件的通知》。

（4）《广州市人民政府关于提升城市更新水平促进节约集约用地的实施意见》。

（5）《广州市城市更新局关于印发〈关于进一步规范旧村合作改造类项目选择合作企业有关事项的意见〉的通知》。

（6）《广州市某区旧村庄更新改造公开引入合作企业的指导意见》（某府〔2018〕45号）。

（7）《某区 村集体经济组织关于旧村庄更新改造公开引入合作企业招商文件（参考范本）》。

（8）《中华人民共和国公司法》。

（9）《最高人民法院关于适用〈中华人民共和国公司法〉若干问题的规定（二）》。

（10）《最高人民法院关于适用〈中华人民共和国公司法〉若干问题的规定（三）》。

（11）《中华人民共和国村民委员会组织法》。

（12）《广东省实施〈中华人民共和国村民委员会组织法〉办法》。

（13）《广东省农村集体资产管理条例》。

（14）《广州市农村集体资产交易管理办法》。

（15）《企业国有产权转让管理暂行办法》。

（16）《招标拍卖挂牌出让国有建设用地使用权规定》。

二、律师声明

（1）委托人已承诺并保证，所提供的资料文件和对有关事实的口头及书面说明均真实、准确、完整，无重大遗漏。

（2）本法律意见书仅为就委托人提供的材料所作的陈述，并依据现行法律规定政策提出的意见，无法获得对方当事人意见和相佐材料。因此，本法律意见书不能承诺已经全部了解该项目的材料和情况，亦不能承诺准确无误。

（3）本法律意见书不作为行政决策依据，亦不得公开使用或泄露或交付第三人，如依据本法律意见书产生任何后果和责任，与承办律师和律师事务所无关。

（4）在本法律意见书中，本团队仅就委托人的相关法律问题发表意见，而不就其他非法律专业事项发表任何意见。

（5）本法律意见书仅就出具日之前的情形发表法律意见。

（6）由于旧村改造涉及关联方的重大利益，为保障承办律师独立发表意见，本意见书不得公开或泄露给任何第三方。

根据《中华人民共和国律师法》之规定，承办律师在上述文件和法律依据的基础上，遵循律师行业公认的业务标准、行业准则和勤勉尽责精神，按照独立、客观、公正的原则，根据经验、分析论证和客观评判，出具本法律意见。

三、根据项目资料（情况简介），绘制项目脉络图
见图1、图2、图3。

四、就咨询问题发表如下分析与意见

（一）关于某村、城建公司、A公司三方签订《补充协议》，以及A公司以增资形式引入合作方是否有违本项目《招商文件》《合作框架协议》有关规定的问题

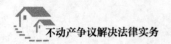

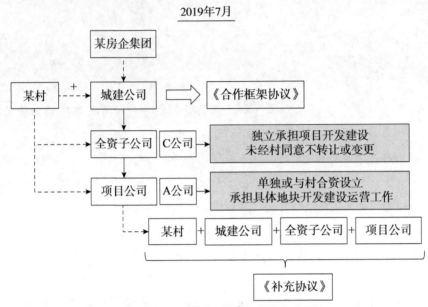

图1 《招商文件》《合作框架协议》的约定

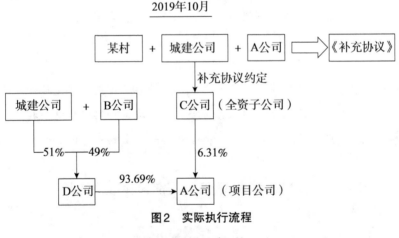

图2 实际执行流程

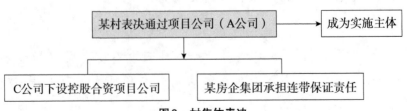

图3 村集体表决

分析如下：

1. 履约主体"子公司"缺失

签订《补充协议》的应该是四方主体，而《补充协议》仅三方主体，不见子公司C公司。根据《招商文件》《合作框架协议》第二条第（一）款约定，以及区府政策合作企业招商文件参考范本的规定，竞得合作的企业城建公司应在《合作框架协议》签订之日起30日内，注册设立1家独立核算、具备独立法人资格的全资子公司，独立从事本项目的开发建设。因此，代城建公司履行项目合作权利义务的主体为子公司C公司，其应独立从事本项目的开发建设，而不能再进行整体"转包"，这是合同约定以及政策规定的本身含义，也是为了保障履约主体的履约能力、履约资格、履约责任的适格性，而如果由"项目公司"代替"子公司"履行整体项目义务，显然缺乏依据。根据《广州市某区旧村庄更新改造公开引入合作企业指导意见》的规定，合作协议应当约定，未经村集体经济组织同意，项目公司不得变更股东、转让股权。《合作框架协议》第二条第（一）项，也明确规定子公司不得变更股东、转让股权，因此子公司对履约是极为重要的。

2. 项目公司成立及签订《补充协议》缺乏依据

（1）根据《招商文件》第二章"招商需求"第二条第（二）款、《合作框架协议》第二条第（二）项规定，子公司可单独或与村共同设立一家或多家具有独立法人资格的项目公司，本案的项目公司并非由C公司单独或与村合资成立，而是与D公司合资成立，而D公司又系城建公司与B公司合资成立。

（2）根据某村、城建公司、A公司签订的《补充协议》的第二条约定，城建公司设立全资子公司C公司，C公司下设A公司，由A公司作为本项目的开发建设主体及实施主体，承接具体改造地块的开发、建设、运营等事宜。而根据《招商文件》第二章"招商需求"第二条第（一）款、第（二）款以及《合作框架协议》第二条第（一）项规定，由子公司独立从事本项目的开发建设，《补充协议》违反上述文件的要求，直接约定由项目公司作为开发建设主体。

（3）《招商文件》和《合作框架协议》第二条第（二）项约定，项目公司仅在"本项目合作改造过程中，根据实际情况和政策要求"，上述子公司方可成立项目公司，因此项目公司成立的时间，应在"合作改造过程

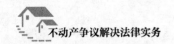

中",必要条件必须是基于"实际情况和政策要求",而且其作用是"分别承接具体改造地块的开发、建设、运营等事宜",就如建设项目"总包"与"专业分包"一样的关系,而本项目的实施方案还处于没有批复的阶段,还未处于合作改造过程中,项目公司A公司在成立的时序、股东构成、必要性条件、具体业务范围方面,都缺乏严密的政策文件依据。

3. C公司失去对项目公司的控股权而存在风险

C公司作为子公司仅持有项目公司A公司的少量股权,失去对项目公司的股权控制权,此并非《招商文件》和《合作框架协议》的本意及要求,也减轻了城建公司的责任。项目公司A公司与城建公司并非直接的投资关系、控股关系,系城建公司的下属子公司D公司、C公司设立的"孙公司"。虽然城建公司需承担A公司违约时的连带担保责任,但若严格按照《招商文件》《合作框架协议》执行,城建公司不仅要承担连带担保的责任,还要承担作为代为履行合作义务的子公司C公司的发起人股东的法定出资责任、公司实际控制人的法定责任(详见《公司法》第十六条、《最高人民法院关于适用〈中华人民共和国公司法〉若干问题的决定(三)》《最高人民法院关于适用〈中华人民共和国公司法〉若干问题的规定(二)》第十八条)。而城建公司虽设立了C公司,但C公司仅需承担少部分的出资责任,两者均不能控制项目公司,但项目公司又将子公司和项目公司的权利义务揽为一体。

4. 某村虽经村民表决同意了项目公司A公司作为实施主体,但与上述文件、协议规定内容不符

(1)子公司才是经村同意可变更股东或转让股权的主体,而非项目公司。

(2)背景资料、表决结果、表决表显示"表决确认由C公司下设控股合资项目公司A公司""某房企集团在A公司违约时承担连带担保责任",而资料显示,C公司并非项目公司A公司的控股股东,某房企集团亦未出现在本案任何文件、协议之中。因此,某村村民的表决事项,属于表决内容存在错误,亦与《补充协议》的内容不符。另外,《补充协议》中的"违约时承担连带担保责任"存在约定不明的问题。《补充协议》第二条"乙方在丙方违约时承担连带担保责任"这句话,在担保期限、担保范围、担保效力等方面都存在约定不明的问题。《民法典》实行以后,对于有限公司对外提供担保的要求

更为严格，《公司法》第十六条、《最高人民法院关于适用〈中华人民共和国民法典〉有关担保制度的解释》第七条第二款，均规定公司对外担保需要董事会或股东会通过决议并出具担保函，而该协议仅一句话，显然缺乏明确、强有力的法律约束力。因此，对于连带担保责任的实现，存在较大的法律风险。特别是三方《补充协议》中不见子公司C公司，故无法对C公司的行为和义务进行约束。

得出结论：

A公司作为项目公司参与签订《补充协议》，取代子公司C公司作为本项目的开发建设主体和实施主体，承接具体改造地块的开发、建设、运营等事宜，违反了《招商文件》《合作框架协议》相关约定，也与某区旧村改造引进合作企业政策的精神、原则及要求不符，减少了城建公司设立全资子公司、承担子公司C公司独立履行开发建设的部分责任和义务，存在法律风险。

（二）关于A公司以增资形式引入合作方是否违反法规政策的问题

分析如下：

1.《关于印发广州市某区旧村庄更新改造公开引入合作企业的指导意见的通知》第二条第（六）款规定，村集体经济组织选择的合作企业应当具备八个条件，而本项目通过两层的代替履行，最后合作企业实为项目公司A公司，但A公司是否具备上述条件、实力和资质，并未根据公开选择合作企业的标准进行审查、核实。

2.法律根据来源于：《村民委员会组织法》第二十四条的规定，涉及村民利益的重要事项，须经村民会议讨论决定；《广东省实施〈中华人民共和国村民委员会组织法〉办法》第三十一条第二款规定，涉及村和村民切身利益的重大事项，村民委员会应当提交村民会议或者村民代表会议讨论作出决定；《广东省农村集体资产管理条例》第十三条、第十四条规定，涉及村重要事务，需经农村集体经济组织成员大会或成员代表会议决定；《广州市农村集体资产交易管理办法》第二条、第十三条规定，属于农村集体资产交易的，需经农村集体资产交易平台公开交易，方为程序合法。综上所述，本项目村民表决的内容是存在错误的，而且从程序上看，《补充协议》也未依法经过"三

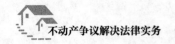

资"平台，存在瑕疵。

3.与国有资产管理相关规定不符。根据《企业国有产权转让管理暂行办法》第二十六条规定，重要子企业的重大国有产权转让事项，应当报同级国有资产监督管理机构会签财政部门后批准。同时，根据第十二、第十三、第十四条规定，国有产权转让还需要清产核资或者评估、公示，并且应在规定的产权交易所进行公开竞争性交易。而本项目虽采取增资方式，但实属转让项目权益，亦应遵守关于国有资产转让的规定，仅经公司的董事会通过，在市国资委智慧国资系统备案，与上述规定不符。

得出结论：

综上所述，A公司以增资形式引入合作方，存在与上述政策、法律规定不符之处。

（三）关于A公司以增资形式引入合作方是否涉及违反公平竞争问题

分析如下：

根据《广州市农村集体资产交易管理办法》第二条、第十三条的规定，以及《招标拍卖挂牌出让国有建设用地使用权规定》第四条的规定，工业、商业、旅游、娱乐和商品住宅等经营性用地以及同一宗地有2个以上意向用地者的，应当以招标、拍卖或者挂牌方式出让。根据广东省特有的"三旧"改造政策，旧村庄全面改造项目，就是集体存量建设用地经过依法拆除之后，将其中部分建设用地转性为国有土地使用权，作为融资地块协议出让给合作企业或者集体独资企业（或者以融资地块公开挂牌招商）。根据《招商文件》第三条第3点、《合作框架协议》第六条第（一）款的约定，融资地块系以"协议出让"方式获得。D公司通过增资方式进入A公司，间接获得协议出让的国有土地权益，间接获得参加本项目拆迁、复建安置建设等项目建设权益。A公司以增资形式引入合作方，规避了农村三资交易管理规定、国有建设用地公开出让的程序性规定，也间接排斥了市场第三方的竞争和参与，存在违反公平竞争的市场原则的情形。

以上意见，仅供内部参考。

五、律师评析

本案件的焦点问题，实际就是项目公司的全资子公司设立的项目，以增资的方式引进第三方是否合规的问题。上述法律意见书已经对相关问题进行了直观又严密的分析，结论是令人信服的。

通过承办本项目，有三个方面的经验值得分享。首先，旧村改造是一项政策性极强的城市更新项目，而且各区政府的政策都不一样，并且在不断地更新变化，所以承办律师需要吃透各级政府颁发的政策，深度领悟政策的原则和精神。在旧村改造中通过公开程序招选合作企业，目标就是招选有实力、有经验和真心实意投入改造的市场主体，如果合作企业中标之后，利用股权转让、增资扩股的方式，将其主体资格分享给其他主体，实际是采用"移花接木"的手法，转包项目或者是分配利益给第三方，因此承办律师需要"透过现象看本质"，领悟政策要求的深层内涵，才能准确适用政策来分析项目的情况。其次，要有实实在在为旧村改造提供过服务的法律经验，如果承办律师没有旧村改造的法律服务经验，没有跟政府城市更新部门，没有跟村集体、村民、开发商、平台公司等市场主体和工作人员打过交道，没有参与各方利益主体博弈过程中谈判和法律文书的审核，没有审核过村集体的《招商文件》《合作框架协议》等文件，没有与村民进行过坦诚交流，就比较难以真正领悟如何保护村集体、村民的核心利益，做到公平、公正对待各方市场主体。只有做到公平、合理及合法，才能顺利推进旧村改造这项极为复杂困难的系统工程，最终实现多赢的局面。最后，就是律师需要具备敬业、勤奋、不怕吃苦的钻研精神，这十分重要。律师工作表面看起来光鲜亮丽，但是实际上，背后更多的是苦练"搬砖"的硬功夫，当遇到具有挑战性的工作任务时，不仅要查资料、啃法条、挑灯夜战，还需要咨询相关的专家学者，甚至向政府富有经验的工作人员咨询。如果律师只是图完成任务、走马观花、不深入钻研，以一种散漫的态度，对待一项高技术含量的复杂工作，是难以得到丰硕成果的，甚至会贻笑大方。

笔者律师团队出具的上述法律意见书，得到某城市更新局的采纳和赞许，认为该分析逻辑严密、依据充分、观点鲜明，体现了承办律师对旧村

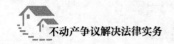

改造政策的深度把握，具有丰富的实践经验，并且彰显了公正无私的职业精神。

六、相关问题与分析

本部分内容可参见笔者相关文章《旧村改造中平台公司之合法性分析》[①]。

2021年之后我国城市更新的战略步伐进一步加快，依据是否主要依靠市场运作机制分类，城市更新可以分为以政府主导的征收储备、原权属人自主改造、市场主体参与的合作改造三种典型模式。而市场主体参与城市更新的过程中，往往将初期、前期阶段的工作交由平台公司先行试探、摸底、居间、策划并推动，虽然有些地区对平台公司进行禁止，但大部分地区对于平台公司的身份资格和合法性，没有明确的规定，因此，平台公司的合法性问题亟待厘清，本文对此展开探讨，以期对实务工作有所裨益。

有学者认为，城市更新从层面上可划分为三层：一是监管层，主要是政府；二是改造主体层，主要是城市更新的权属主体；三是市场主体层，因政府或原权属人缺乏资金实力、人力和房地产开发资质及经验，需引进市场主体参与。市场主体又分为合作企业和平台公司[②]，在市场机制唱主角的城市更新模式中，市场主体中包括了大量的平台公司，尤其是在旧村改造的初期和前期相当活跃。2021年3月1日《广东省旧城镇旧厂房旧村庄改造管理办法》开始施行，将城市更新划分为旧城镇、旧厂房和旧村庄三种类型。该办法第十四条第一款规定："政府、原权利人及其他市场主体可以作为改造主体实施'三旧'改造。"在旧村全面改造类项目的初期和前期，拟合作企业需要处理大量复杂工作，其中包括项目商业价值评估、前期进村的合规性身份、前期投入成本承担及参与者利益分配等敏感问题。这些工作由平台公司处理更为便利，于是平台公司大量出现，积极参与到旧村改造项目中，一方面确实起到了推动和活跃旧改市场的作用，但另一方面也产生了扰乱市场、倒卖项目、

[①]　发表于《广东律师》2021年总第229期。

[②]　黄山：《城市更新项目法律实务及操作指南》，法律出版社，2020年9月第1版。

利益输送等乱象。2019年9月广州市已明令开始清查和整顿平台公司。①为此，本文以下就平台公司参与旧村改造的合法性问题，从合作主体、合作程序、合作内容三个方面分析。

1.关于合作主体的适格性问题

从旧村改造前期所需服务，政策对前期服务机构与合作意向企业、合作企业要求的资质来看，平台公司作为合作主体一般是难以达到适格标准的。其一，旧村改造所需的前期服务内容，需要关于改造意愿和方式征集表决、年度计划申报、基础数据调查、公开招商文件、编制更新单元规划、拟定片区策划方案和实施方案、拟定搬迁安置方案、签约动迁等专业服务，需要具有规划、设计、审计、勘查、评估、法律等专业资质的服务机构，平台公司一般不具备这些资质，即便利用有资质的企业签订了合同，平台公司的主要目标是"锁定"项目，协议往往也逾越了资质范围；其二，对前期服务企业的标准要求比较高，参照一些地区的政策，如东莞的常平镇、茶山镇，除了对企业的资信情况有要求外，还要求"成功的整村改造经验或产城融合项目的一级开发经验，对省、市'三旧'改造政策具有一定的认知、理解与执行的熟悉程度，服务时间为2年，特殊情况可再延长2年"②。一般需要具备较高的资信和经验条件，平台公司一般很难达到这些要求。

实务中发现，平台公司大部分是根据旧改项目新设立的公司，公司名称一般登记为"投资""咨询""置业""房地产开发"等类型有限责任公司，注册资本一般都为认缴。对于平台公司而言，这种新设公司的特点体现了"无债权债务""无固定资产""投入和撤出方便""便于股权利益分配""便于股权代持"等诸多优点，但是这种主体资质是远远达不到旧村改造工作实际要求的。因法律、行政规章对旧村改造市场合作主体并无强制性的规定，平台公司主体虽然不合适，但村集体与其签订前期服务协议或咨询协议，难以以平台公司主体不适格来主张合同非法无效。

---

①　2019年9月发布《广州市住房和城乡建设局关于加强旧村全面改造项目监管工作的通知》；同年10月广州市规划和自然资源局增城分局发布《关于进一步加强市场主体参与我区旧村改造监管工作的函》，坚决杜绝平台中介公司倒卖项目、破坏旧村改造秩序的行为。

②　《常平镇城市更新单元单一主体挂牌招商招引前期服务商工作指引（试行）》（常府〔2019〕1号）。

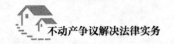

2.关于合作程序的合规性问题

农村集体资产交易坚持"公开、公平、公正"原则，凡涉及农村资产处置、村集体重要事务的决策，程序上须依法合规。法律根据是:《村民委员会组织法》第二十四条规定，涉及村民利益的重要事项，须经村民会议讨论决定;《广东省实施〈中华人民共和国村民委员会组织法〉办法》第三十一条第二款规定，涉及村和村民切身利益的重大事项，村民委员会应当提交村民会议或者村民代表会议讨论作出决定;《广东省农村集体资产管理条例》第十三条、第十四条规定，涉及村重要事务，需经农村集体经济组织成员大会或成员代表会议决定;《广州市农村集体资产交易管理办法》第二条、第十三条规定，属于农村集体资产交易的，需经农村集体资产交易平台公开交易，方为程序合法。平台公司与村集体签订的旧改服务协议，关系村集体和村民的重大切身利益，无疑属于村集体的重要事务，"城市更新项目包含六大表决事项，改造主体及合作企业要严格遵循政策规定的表决程序，避免因程序瑕疵导致表决事项无效或撤销"①。因此，如果平台公司与村集体签订合作协议在程序上不符合上述法律规定，可能导致合同非法无效。

实务中发现，平台公司与村集体签订的合作协议，程序上大多存在瑕疵。比如，协议只有村集体盖章，或部分村民代表签名，甚至只有村委领导签字等，一般未经过集体表决和公示程序，显然违反了关于村集体重要事务需经法定表决程序的相关规定。另外，对于经过公开程序选择为合作企业之后，未经村集体书面同意和政府备案，合作企业通过股权转让倒卖项目公司，或利用村集体自主改造的项目，擅自转让村集体项目公司的股权给开发商的行为②，均涉及村集体重要事务的变更，按规定需要重新执行村集体公开表决和政府审核等程序。因此，平台公司如违反法律规定的程序，即存在合作协议非法无效的风险，在司法裁决中也可能认定为无效合同。

---

① 黄山:《城市更新项目法律实务及操作指南》，法律出版社，2020年9月第1版。
② 2019年9月，发布《广州市住房和城乡建设局关于加强旧村全面改造项目监管工作的通知》，明令禁止平台公司参与旧村前期改造，并且要求各区自查自纠，清理、整治平台公司参与的旧改项目，坚决查处倒卖旧改项目的行为。2020年2月，发布《关于进一步规范旧村合作改造类项目选择合作企业有关事项的意见》(穗建规字〔2020〕16号)，该意见第十条第一款规定:"选择合作改造的旧村，合作协议应当约定，未经村集体经济组织同意，合作企业成立的项目公司不得变更股东、转让股权。"

3.关于合作内容的合法性问题

根据《民法典》第一百五十三条规定，违反法律、行政法规的强制性规定的民事法律行为无效。因此，判断平台公司与村集体的协议内容效力，以是否"违反法律、行政法规的强制性规定"为法律依据。根据《中华人民共和国立法法》（以下简称《立法法》）第六十五条规定，国务院根据宪法和法律，制定行政法规。关于旧村改造的城市更新政策，不仅未列为法律，甚至还未上升到行政法规的层面，即便是国务院各部委和地方政府发布的规定，如根据《立法法》第八十条至第八十六条的规定，也仅为部门规章或地方性规章。而作为全国第一部"三旧"改造省级政府规章的《广东省旧城镇旧厂房旧村庄改造管理办法》，亦未见与市场主体合作内容相关的强制性规定。因此，政府部门发布的指导意见、通知、指引等，对于合同内容效力并无约束力。平台公司与村集体的合作改造协议，一般不违反"法律、行政法规的强制性规定"，难以主张合作内容非法无效。

实务中发现，平台公司为了"套住"村集体的旧改项目，往往在协议中设置排他性的约束性条款。如约定村集体除了与该公司合作，不得再与其他公司合作，必须优先选择其参股或推荐的企业作为合作企业或意向企业，主动向村集体缴纳大额的保证金、定金，如村集体违约的，需双倍返还定金或承担巨额罚款等内容，以此来"捆绑"村集体的旧改工作。此类协议的内容可能违反政府的意见、指引、通知等政策，但也少见违反法律或行政强制性规定，因此，当平台公司与村集体就合作协议发生争议诉至法院或申请仲裁之时，村集体如以合作协议违反政策为由主张合同无效，则难以得到裁判机构的支持。

由此，从合作主体适格性、合作程序合规性及合作内容合法性的角度来分析，平台公司虽然未明显违反法律、行政规章的强制性规定，但也不符合城市更新政策的要求，不符合保障村民、村集体的利益的要求，且平台公司产生的负面影响大于其积极作用，平台公司的角色难以得到政府和政策的"合法性"认同，因此将被清理和整顿。

七、规范指引

《广东省旧城镇旧厂房旧村庄改造管理办法》

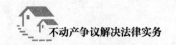

《广州市城市更新管理办法》

《广州市人民政府办公厅关于印发广州市城市更新办法配套文件的通知》

《广州市人民政府关于提升城市更新水平促进节约集约用地的实施意见》

《广州市住房和城乡建设局关于印发关于进一步规范旧村合作改造类项目选择合作企业有关事项的意见的通知》

《广州市某区旧村庄更新改造公开引入合作企业的指导意见》

《中华人民共和国公司法》

《最高人民法院关于适用〈中华人民共和国公司法〉若干问题的规定（二）》

《最高人民法院关于适用〈中华人民共和国公司法〉若干问题的规定（三）》

《中华人民共和国村民委员会组织法》

《广东省实施〈中华人民共和国村民委员会组织法〉办法》

《广东省农村集体资产管理条例》

《广州市农村集体资产交易管理办法》

《招标拍卖挂牌出让国有建设用地使用权规定》

阅《不动产争议解决法律实务——律师实战案例详解，办案实务操作指引》有感

修贤跟我是2012年3月在中山大学进修房地产专业时认识的，2012年下半年我因工作关系离开广州，一晃十年过去了。当初一起学习的同学已记不得几位了，唯与修贤一直保持联系，他多次来上海看我，我几次到广州拜访请教，惺惺相惜。

修贤是西南政法大学、中国政法大学的高材生，不仅学识渊博，而且经验丰富，更兼为国为民的侠义精神，是我的良师益友。

近期，修贤总结梳理15年不动产律师从业经验，择精要编撰了《不动产争议解决法律实务——律师实战案例详解，办案实务操作指引》，并发我先睹为快。

有学者指出：财产即自由，交易即和平。自30年前我国建立市场经济体制以来，不动产的范畴日渐扩大，对党政机关、企事业单位、其他各类组织和广大人民均产生越来越显著的影响。尤其是过去20多年实行土地有偿出让和住房商品化改革后，不少地方政府生存发展基本依靠土地财政，广大人民的资产也高度集中于房地产。实现不动产价值，就需要交易。随着不动产交易市场发育日渐成熟，不动产交易的专业性、复杂性呈几何级数递增，即使是不动产领域的从业律师，遇到新情况、新问题，焦头烂额也是在所难免的，修贤的著作提供了良方。

全书充分体现了南粤大地不尚空谈、务求实用的精神，修贤就比较常见的15类争议，以22个典型实例，进行深入分析、引领思考、指点迷津。我认为，无论是律师，还是不动产领域从业人员、各类组织中的相关管理人员，

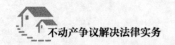

或者个人投资者，都可从中受益。

　　当然，学无止境，相信修贤在今后的执业过程中，还会积累更多鲜活的案例，形成更全面深刻的见解，并在本书再版时及时补充进去，以飨读者。

华宝投资有限公司党委副书记　黄洪永

2022 年 12 月 31 日

蒋修贤 律师 介绍

二级律师　合伙人　硕士
仲裁员　兼职教授　中国交易并购师
华南理工大学法学院　兼职教授及校外硕导
暨南大学　专业学位研究生实践指导教师
广州第八届律师代表　广东律协房产委员
广州律协房产和城更　委员　副组长
政治面貌： 民盟盟员
执业领域： 城市更新/房地产建筑/
　　　　　　公司法/诉讼仲裁业务等

【教育背景】

西南政法大学　法学学士
中国政法大学　法学硕士
中山大学地球和环境学院　房地产EMBA
广州市律师协会第一期（北京大学）高级研修员
工业和信息化部（中山大学）领军人才（第五期）
中山大学企业创业创新高级研修班
广东省2017上市培育高级研修班（中山大学岭南学院）
广州市青年企业家领航计划第四期（中山大学管理学院）
2017年浙江大学青年企业家继续教育结业证书
2018年深圳大学工商管理继续教育结业证书
美国加州州立大学长滩分校CSUL研修生
中山大学管理学院EDP董事长高级研修班（八期）
工业和信息化部电子第五研究所新生代高级研修班
清华大学广州市领航计划青年企业家研修班
广东省工业和信息化厅新粤商（复旦）高级研修班

中山大学第58期企业家工商管理研修班

暨南大学新经济新机遇企业家班第7期

广东省工业和信息化厅（清华大学继续教育学院）研修班

【社会职务】

广州市第八届律师代表大会　律师代表

中国广州仲裁委员会　肇庆仲裁委员会　仲裁员

广东省工业和信息化厅入库法学专家

广州市国土资源和规划委员会　入库法学专家、项目专家

暨南大学　专业学位研究生实践指导教师

华南理工大学法学院　兼职教授及校外硕士生导师

广东省律师协会房地产法律专业委员会　委员

广州市律师协会房地产和城市更新专业委员会　委员　副组长

广东工业大学经济贸易学院　特聘教授

广州华夏职业学院　华夏技工学校　兼职教授

广东省金融法学会　理事

广州市土地利用发展中心　常年法律顾问、项目负责律师

广州市房地产测绘院　法律顾问

广州市房地产中介协会　法律讲师、法律顾问

广东省地产商会　常年法律顾问

中山大学"岭南智库"　法律专家

广东省西南政法大学校友会第三届理事会　理事兼副秘书长

【参与立法】

2020年10月广东省工业和信息化厅《广东省数字经济促进条例》听证专家代表；

2020年11月司法部主持修订《中华人民共和国传染病防治法》广州实地调研会代表；

304

2021年3月12日广东省工业和信息化厅《广东省产业园管理办法（草案）》论证专家；

2021年7月7日广州市人大常委《广州市不动产登记办法》立法讨论；

2022年1月20日参加《广东省自然资源行政处罚自由裁量权实施办法》征意研讨会；

2023年11月15日参加广州市人大常委《广州市违法建设查处条例（修订草案）的议案》专家调研座谈会。

【学术成果】

《律师业务技能与实务研究》专著于2020年12月在中国财富出版社出版；

《浅论土地闲置地免责条件》刊登于《地产圈》；

《诉讼律师看房地产项目法律风险》刊登于《法制与社会》（2017年11月）；

《论房地产、建筑企业合同与法律风险管理》刊登于《法制与社会》（2017年12月）；

《开发商在商品房预售中的法律风险及防范》刊登于《法制博览》（2017年12期）；

《我国现代企业全面法律风险管理》刊登于《时代金融》（2018年第9期 总第709期）；

《小议非上市企业股权激励基本操作规范》刊登于《时代金融》（2018年第9期 总第709期）；

《新时期背景下律师与媒体的基本关系探讨》刊登于《时代金融》（2018年第9期 总第709期）；

《集体建设用地市场的过去、现在和未来》刊登于《创投天下》（2019年3月 总第50期 50）；

《政府采购法律服务推动法治政府进程》刊登于《法制与社会》（2019年5月）；

《当前土地改革背景下农村土地开发法律风险及防范》刊登于《法制与社会》（2019年7月 第19期）；

《新时期农村建设用地开发务实与法律风险》刊登于《法制与社会》（2019年10月第29期）；

《众筹实务与法律风险防范》刊登于《仲裁研究》（第四十四辑）；

《论有限责任公司股东退出机制之务实构建》刊登于《现代交际》（2020年第1期 总第519期）；

《新型肺炎疫情下房屋租金调整的法律分析》刊登于（《广州仲裁》）；

《有限责任公司控制权之务实探究》刊登于《政工参考》（2020年第7期 总第346期）；

《物业出租主要法律风险探析》刊登于《广州律师》（2020年5期 总第87期）；

《土地收购法律风险及防范对策》刊登于《中国律师》（2020年第11期 总第361期）；

《旧村改造中平台公司之合法性分析》刊登于《广东三旧改造》（2021年4月 总第十一期）；

《旧村改造中平台公司之合法性分析》刊登于《广东律师》（2021年第2期 总第229期）；

《城市更新中平台公司之合规性探析》刊登于《NO.1广东地产》（双月刊｜2021年总第39期）；

《城市更新中投资合同风险及争议解决》刊登于《广州律师》（2021年第6期 总第92期）；

《试论高新科技企业股权激励实操》刊登于《中国律师》（2023年第5期）；

《解决"烂尾项目"的创新思维和法律技术运用》刊登于《广东律师》（2023年第3期 总第238期）；

　　　　……

——截至本书出版日，于2018年、2019年、2020年、2021年、2022年度获广州市律师协会理论成果奖，其中2020年度获理论成果奖一等奖，2021年获业务成果奖、优秀专业委员会委员；

——截至本书出版日，于2017年、2018年、2019年、2020年、2021年、2022年度获广东广信君达律师事务所学术成果奖、学术贡献一等奖。

【执业领域与典型案例】

★ **公司法领域**

→ **企事业单位及政府部门法律顾问、收购兼并（国内和国外）、尽职调查**

成功案例：

工业和信息化部电子第五研究所常年法律顾问；

东滕集团常年法律顾问；

宝武集团下属某上市公司与日本JFE公司股权交易与技术交换并购项目；

某央企收购珠海某钢铁厂和码头的律师尽职调查项目案等。

→ **公司治理、股权转让、股权激励设计、股权争议解决项目**

成功案例：

多家国有和民营公司治理合规法律服务项目；

某房地产公司股权激励项目；

巨斯威克集团股权架构设计；

多家企业或个人股权转让诉讼仲裁争议等。

→ **公司所涉诉讼、仲裁及争议解决**

成功案例：

某央企"烂尾楼"近亿元索赔诉讼案；

某大型国有企业与江西某实业公司涉金额1.2亿余元委托借款合同纠纷案；

某铝业有限公司与佛山某铝模科技有限公司租赁合同案。

★ **城市更新、房地产和建筑工程领域**

→ **城市更新、"三旧"改造、工商业园区、商业广场经营等业务**

成功案例：

番禺区、海珠区、经济开发区等多家旧村改造法律服务；

某国有厂区的旧厂改造项目提供全程法律服务；

至泰商业广场常年法律服务；

工业和信息化部电子第五研究所"赛宝国家级双创园区"法律服务项目等。

→ 房地产开发和建设工程、市政工程业务

成功案例：

广东地产商会常年法律顾问；

某房地产开发公司法律顾问；

某房地产公司某开发项目专项法律顾问；

西藏某房地产公司与某建设集团建设数亿元的工程总包合同纠纷等。

★ 重大民商事争议（诉讼仲裁）领域

→ 民商事诉讼仲裁案件、国际经济争议解决等

成功案例：

某矿业有限公司与广东省某县国资办3亿余元矿山承包合同纠纷；

广州某置业有限公司与广州市某区住房建设和交通局行政诉讼案；

某房地产公司与某置业公司近亿元的集体建设用地开发服务合同纠纷；

某国际控股公司与美国公司（N&J USA Inc.）关于FACEBOOK服务合同纠纷国际仲裁案等。

不动产争议纠纷解决具有较强的专业性和复杂性，对于一个法律从业者来说，不仅要重视法律法规的研究，也要善于实务经验总结。蒋修贤律师多年来深耕该领域的研究与实务，对不动产争议纠纷解决有着独到的见解，在本书中他梳理归纳出建设工程施工承包合同、房地产合作开发、商品房屋买卖合同等十几种类型的不动产争议纠纷解决案例，分析总结了办理各类型案件的经验和技能，具有很强的实用性，值得推荐！

——邱新　暨南大学法学院副教授、宪法学与行政法学教研室主任

蒋修贤律师深耕不动产法律领域近二十年，这本《不动产争议解决法律实务》专著，是他多年积累专业经验的总结和升华，具有很强的专业性和实用性，相信每一位阅读本书的读者都会有所收获。

——赵伟时　北京天驰君泰律师事务所　高级合伙人

作者在本书中，完整构建了不动产争议解决法律实务的专业体系。关于物权理论的探讨、司法裁判的考察、办案方法的总结以及法律文件范本，作者都经过精心打磨，专业呈现。所以，本书的价值是多维的，为法律从业者提供经验借鉴，为法律学习者提供实务指引，为理论研究者提供实践样本，我相信读者一定能够从本书中获益。

——杨超男　法学博士　广东广信君达律师事务所合伙人